家庭教育概论

马洪丽　王瑞东　谭颜宇　主编

图书在版编目（CIP）数据

家庭教育概论 / 马洪丽，王瑞东，谭颜宇主编. 北京：中国纺织出版社有限公司，2025.4. -- ISBN 978-7-5229-2689-6

Ⅰ．G78

中国国家版本馆CIP数据核字第20256U2F55号

责任编辑：张　宏　　责任校对：寇晨晨　　责任印制：储志伟

中国纺织出版社有限公司出版发行
地址：北京市朝阳区百子湾东里A407号楼　邮政编码：100124
销售电话：010—67004422　传真：010—87155801
http://www.c-textilep.com
中国纺织出版社天猫旗舰店
官方微博 http://weibo.com/2119887771
河北延风印务有限公司印刷　各地新华书店经销
2025年4月第1版第1次印刷
开本：710×1000　1/16　印张：15.5
字数：247千字　定价：98.00元

凡购本书，如有缺页、倒页、脱页，由本社图书营销中心调换

前　言

随着社会的快速转型和不断开放，我国家庭文化也发生了重大变革。一是家庭生活方式变革。个体社会价值凸显，人户分离现象凸显，使世代同堂的大家庭让位于以父母与未成年人为主的核心家庭，以传统家规、家训、家法维护家庭伦理关系的时代一去不复返了，族亲凝聚力显著减弱。二是家庭情感与精神生活方式变革。结婚率下降、离婚率上升，重组、单亲、丁克、留守和空巢老人等家庭增加。与此同时，随着市场化、信息化、城镇化和高科技在家庭生活领域的广泛应用，传统家庭的部分生活功能与教育功能向社会溢出。现代家庭教育要根据我国家庭文化的新变化，通过家庭教育的推动形成爱国爱家、相亲相爱、向上向善、共建共享的社会主义家庭文明新风尚。

家长是孩子的第一任老师，家庭教育是孩子成长的根基，它的内容往往超越一般的传授、训练或指导，可以统称为生命的教育与陪伴。家庭教育需要家长更多地观察、思考、体验和感悟。

本书结合我国现代家庭教育实际情况，内容涵盖家庭教育基础理论知识、各阶段儿童家庭教育科学方法等内容，以理论与实践相结合的方式对家庭教育的规律和方法进行探讨，力求体现科学性、通识性、实用性和时代性。

本书定位为高等院校的家庭教育教材，读者对象为高等院校学生、家庭教育学的授课教师、研究人员，以及家长和有需要的其他读者。

编者
2024 年 10 月

前 播

目 录

第一章 绪论 ··· 001
 第一节 家庭与家庭教育概述 ··· 001
 第二节 家庭教育的发展历史 ·· 013
 第三节 家庭教育的功能 ··· 044

第二章 家庭教育中的关键要素和影响因素 ································ 053
 第一节 家庭教育的关键要素 ·· 053
 第二节 家庭教育的影响因素 ·· 064

第三章 不同成长阶段的家庭教育 ·· 079
 第一节 婴儿期的家庭教育 ··· 079
 第二节 幼儿期的家庭教育 ··· 100
 第三节 童年期的家庭教育 ··· 122
 第四节 青少年期的家庭教育 ·· 141

第四章 家庭教育的沟通技巧 ··· 153
 第一节 倾听 ··· 153
 第二节 沟通与表达 ·· 164
 第三节 鼓励 ··· 174

第五章 儿童全面发展与家庭教育 ·· 191
 第一节 家庭的健康教育 ··· 191

第二节　家庭的情感教育·································195
　　　第三节　家庭的智力教育·································199
　　　第四节　家庭教育中的人生指导·························202

第六章　**家庭教育的方法**·······································209
　　　第一节　良好习惯的培养·································209
　　　第二节　优秀品质的培养·································217
　　　第三节　规则意识的培养·································231

参考文献··239

第一章
绪论

家庭教育是人类社会最初的教育形态,也是教育的一种基本形态,它与学校教育、社会教育共同构成国家教育体系,对未成年人的德、智、体、美、劳等方面发展,发挥着不可替代的重要作用。相对于学校教育和社会教育,家庭教育具有独特的内涵与特征。准确把握家庭教育的概念和核心要义,是做好家庭教育工作的关键。

本章阐述家庭与家庭教育的基本内涵,梳理我国家庭教育的发展变迁历史,以及家庭教育的基本功能。

第一节 家庭与家庭教育概述

一、家庭与家庭教育的内涵

家是人心目中温暖的港湾,人的一生都与家庭相伴相随。家庭是人一生最早也是最长久的生活环境。从社会学的角度来看,家庭是社会的基本单位,是特殊的社会组织,是人类最基本的社会生活组织形式,是按血缘和姻缘关系建立起来的社会经济组织。

(一)家庭与家庭教育的概念

1.家庭

家庭有狭义和广义之分:狭义的家庭是指基于婚姻关系、两代血缘关系或收养关系形成的社会团体,这样的家庭由一对父母和未成年孩子组成;广义的家庭是指具有共同的祖先、血缘或具有姻亲关系、养育关系的人所组成的亲属团体，这样的家庭不但包括婚姻关系、亲属关系，还包括由婚姻关系所连接起来的较大范围的亲属关系。一般来说，我们可以从以下几方面来理解家庭的含义。

第一，家庭是普遍的社会群体组织。每个人都与家庭息息相关，家庭是个人的成长之源，甚至是个人思想、行动的出发点和归宿。家庭能成为一个人奋发向上的内在驱动力。

第二，家庭是亲密的情感之所。在这里，有夫妻之间的爱情、成员之间的亲情，家庭成员之间尊老爱幼，互相关心爱护。家庭是能够激发爱的力量的温馨之所。

第三，家庭是长久的社会化渊源。在个体的生命历程中，个体首先接触的就是家庭，家庭是个人生存与发展的最宝贵资源，这种资源深深烙印于个体的社会化进程之中。家庭是个体身心发展的催化剂。

2. 家庭教育

家庭是儿童成长最初接触的环境，父母是儿童的第一任老师，家庭教育在儿童的成长历程中有着不可替代的作用。何谓家庭教育？研究者们从不同角度和侧重点给出了不同的回答与解释。当前，有关家庭教育的含义主要有以下几种表述。

家庭教育是指家庭成员之间的相互教育，通常是指父母或其他年长者对儿女或晚辈进行的教育。

家庭教育是指父母对孩子、年长者对年幼者实施的教育。

家庭教育是指家庭成员之间的互动关系，即父母与孩子的双向沟通、相互影响。

这些研究者都从宏观的视角对家庭教育的含义进行了阐述。他们把家庭教育看作一种终身教育而贯穿在个体成长的全过程之中。本书将视角放在0~6岁儿童的家庭教育上，并将这一年龄段的婴幼儿统称为学前儿童。关于儿童家庭教育的含义主要有以下几种表述。

儿童家庭教育是儿童教育的重要组成部分，主要是指在家庭中对学前儿童实施的非正规教育。儿童家庭教育是父母或家庭里的其他年长者自觉或不自觉地、有意或无意地对儿童施行的教育和影响。

儿童家庭教育虽称为教育，但并不是有计划、有准备的教育。它是亲子之间、兄弟姐妹之间在感情的自然流露中所进行的一种教育。

儿童家庭教育有广义和狭义之分：广义的儿童家庭教育是指家庭成员之间的相互影响和教育；狭义的儿童家庭教育是指在家庭生活中，由家长对学前儿童所进行的教育和施加的影响，这种教育和影响包括有意识的、自觉的，也包括无意识的、不自觉的。

为了方便理解和运用，并结合当前家庭教育的实际情况，我们将儿童家庭教育定义为父母或其他年长者在家庭的日常生活中自觉地、有意识地对儿童施行的影响活动及其过程。

（二）家庭教育的意义

从古到今，人们普遍重视家庭教育对儿童发展的影响和作用，概括来说，家庭教育的意义主要体现在以下两个方面。

1. 家庭教育奠定儿童身心发展的基础

家庭环境是儿童成长的初始环境，家庭教育为儿童的身心发展奠定了最初的基础。儿童自呱呱坠地成为独立的生命个体的那一刻起，就受到了来自父母或长辈们的直接照料和养护。儿童在生长过程中，要学会进餐、排泄、如厕，要学会说话、走路和奔跑，要学会与周围环境互动，要学会做游戏等，所有这些生活技能的获得和提高都离不开婴儿时期的家庭教育。父母在早期给予儿童营养和照顾、宽松而暖和的衣服、空气流通和阳光充足的生活场所，以及能促进儿童体力、智力发展的丰富的信息刺激，如适宜的玩具与活动器械、图书与儿童自由探索的活动空间等，这些环境条件的创设，都是儿童发展不可缺少的，并为儿童的发展奠定了必要的物质基础。除此之外，家庭还为儿童的发展营造了一定的教育氛围。由于儿童与父母长期共同生活在同一个家庭环境里，父母与儿童有着深厚的感情并且相互了解，进而形成了良好的亲子关系，这些都为儿童的发展提供了有利的精神滋养，可以有效地促进儿童良好人格的形成。美国社会心理学家伦西斯·雷克特（Rensis Likert）认为："在家庭中所获得的一种成功经验，其后可服务于激发另一些成功的经验，家庭教育的结果可有效地扩充，它既包括某一特殊时刻教育的直接效果，也包括对于其后一连串反应或变化的间接效果。"❶ 许多研究都表明：家庭教育能够促成儿童最初的早期经验和最初的主观能动性，这往往成为儿童后续个性发展的主观基础。

2. 家庭教育支持儿童进步和全面发展

个体刚出生时，对现实的社会生活一无所知。家庭成了儿童认识世界的起点，他们对世界的认识是从对父母的认识开始的，他们与父母的关系常常成为他们与整个世界联系的情感基础和纽带。特别是在儿童人生最初的三五年内，父母在保证儿童日常生活需要的同时，还向儿童传递一定的社会文化规范和生活经验，并且帮助儿童学习语言，学会与人交往的基本方式，掌握社会生活起居的习俗传统和基本的行为准则。当儿童自己还不能独立判断事物或做出选择时，父母的判断就是他们最初的行为标准，儿童总是通过父母的言行来认识和评价周围的世界，社会意识也往往通过家庭的折射进入儿童的心灵，苏联教育家安东·谢苗诺维奇·马卡连柯（Антон Семёнович Макаренко）曾经说过：家庭是最重要的地方，在家庭里面，人初次向社会生活迈进。由此可见，家庭是儿童进入社会的桥梁，而家庭教育则引导儿童认识社会，为儿童适应社会生活打下坚实的基础。

另外，父母之爱在家庭教育中具有重要的价值。这种爱是儿童成长和发展的伟大精神力量。父母和儿童的接触、沟通，父母对儿童的期待、激励等，可以有效地促进儿童自尊和自信的生成，促进儿童表达能力和社会交往能力的提高，浸润儿童思想品质的萌芽。相反，如果父母对儿童漠不关心、粗暴，甚至打骂儿童，则会在很大程度上阻碍儿童的安全感、自信心、良好情绪情感和个性的健康发展，进而也会影响儿童德智体美劳等方面的发展。

总之，家庭教育是儿童进步和发展的重要依托，家庭教育与其他教育形式的恰当结合对儿童的发展具有深远的意义。

二、家庭教育的特点

儿童在出生成长中接触到的第一环境就是家庭，它也是亲子关系建立和发展的基础。儿童从出生到入学前的这一时期与家庭的关系十分密切，因此，这

---

❶ 陈小艳，杨梦琪，叶妙企. 学前儿童家庭与社区教育 [M]. 北京：中央广播电视大学出版社，2016：4.

个时期家庭对儿童的影响非常大。

儿童教育指的是根据孩子生理和心理发展的特点以及敏感期的发展特点而进行有针对性的指导和培养，为孩子多元智能和健康人格的培养打下良好的基础。家庭教育对早期教育有重大影响，主要表现在以下几个方面：

其一，家庭教育对早期教育有重大影响。一个人最早接触的群体是家庭成员，最早受到的教育是家庭教育，家庭成员的道德观念、价值观念、精神境界、理想追求都不知不觉地影响着一个人，这种烙印是最初的、清晰的、持久的，为一个人的各方面的培养和提升奠定了基础。在智力发展方面，家庭早期教育的影响也很大。人智力发展的最佳时期是在学前早期，家庭教育是学校教育、社会教育的先导，由此可以说家庭教育具有率先性。

其二，家庭教育的牢固性超过其他教育。家庭教育一般建立在亲子血缘关系的基础之上，这是家庭教育十分明显而又十分重要的特点。在儿童面前，家长是家庭生活的组织者，家长具有权威的力量。尤其是在儿童还没有独立生活之前，他们在经济、生活、情感上都依赖家长，和家长形成了亲密的依附关系。家庭教育是在物质供养和深厚的亲子感情密切结合下进行的，因而有着学校教育、社会教育没有的自然强化效应。也正是这种亲子血缘关系，父母和孩子在生活上朝夕相处，在情感上紧密相连，他们可以对孩子进行长期的、持久的教育，其教育的牢固性往往要超过其他教育。

其三，家庭教育内容丰富且具有针对性。家庭教育内容涉及范围很广，如道德教育、情感教育、生活教育、知识教育等，只要家长懂的，都可以教给孩子并影响孩子，所以家庭教育的内容十分丰富。家庭教育是家长对孩子所进行的一种个别化教育，这使得孩子与父母朝夕相处，有什么想法都愿意向父母倾诉。儿童在自然状态下，少有戒心，因而思想作风、行为习惯表现得最真实、最充分。所以，一般来说，父母对孩子的性格、脾气十分了解，家长可以针对孩子存在的问题和个性特点因材施教。可见，家庭教育的内容不仅十分丰富，而且具有针对性。

其四，家庭教育方法灵活且具有多样性。家庭教育没有固定的课程标准和教材，在家庭环境中，父母主要是通过日常的生活环节、儿童亲身经历的典型事例来教育儿童，并对儿童言传身教。所以相对于学校教育而言，家庭教育不刻板，家长只是抓住一些可以对儿童进行教育的机会，及时地、有针对性地对儿童施加影响。在这个过程中，家长还可以根据儿童的实际表现与发展水平，随时调整教育方法，逐步达到预期的教育目标。家庭教育具有的随机性与灵活性特征，不仅可以拓展教育内容，而且能丰富教育方法，加强教育的针对性，提高教育的有效性。

其五，家庭教育影响终身但具有局限性。家庭教育的影响是伴随儿童终身的，与学校教育相比，家庭教育更具有连续性和持久性。儿童从出生起就开始接受家庭教育。虽然不同阶段家庭教育的作用大小不同，但始终伴随人们成长的全过程。如果家庭属于民主类型，那么父母还会经常从儿童的言行中受教育，因此家庭教育是终身的。然而，家庭教育毕竟是在特定的范围、特定的关系中进行的一种教育活动，这种教育活动表现出来的特点有其有利的一面，也有其不利的一面。其不利的一面主要表现为家庭教育存在着一定的局限性。在生产力和科学技术高度发展的现代社会，社会对劳动后备力量在科学、文化、道德等方面的素养提出了越来越高的要求。然而，家长所掌握的知识、经验、技能的深度和广度总是有限的，尤其是家长大多不是从事教育的专业人士，其教育水平和教育能力有着很大的局限性，由此造成家庭成员对儿童教育的不一致、不协调，再加上社会和儿童是不断进步和发展的，不同年龄儿童的教育也各不相同，家长相对缺乏教育经验。

三、当前家庭教育中存在的问题

目前，我国社会正在进入一个新的历史发展期。市场经济的迅速发展使人们的思想观念及生活方式发生了很大的变化，优生优育观念深入人心，家庭教育地位凸显。但在具体的家庭教育实践中，还存在以下主要问题。

（一）教育目标功利化

据统计，很多家长都希望自己的孩子将来能够上大学，从而有一个好的人生，这种认识本身就具有片面性。这既是儿童观上的错误认识，也是受不科学的教育实践影响的结果，如望子成龙的观念、学而优则仕的思想、长期的应试教育理念等。其实这种思想瞄准的是未来，是把未来某个阶段的所谓成功所带来的"利益"作为孩子不懈努力的目标。这种渴求的直接结果就是家庭教育的功利化。在强烈的功利主义思想驱动下,家长过早地为儿童升入小学、中学、大学打基础,不断强化家庭教育中的知识教育,弱化关系到儿童健康成长的其他方面教育,无视儿童成长的规律和学习特点,使儿童家庭教育小学化、成人化倾向严重,泯灭了儿童在幼年时期生活与成长的快乐和幸福感,最终也只会离家长想要的目标越来越远。

(二)教育过程两极化

教育过程两极化主要表现在两个方面:

第一,溺爱。这是众多家庭普遍存在的问题。爱孩子是父母的天性,也是家庭教育的出发点和基础。父母之爱是一种强大的力量,它能使儿童产生一种幸福感,这种幸福感是儿童成长与发展的源泉。但有时就像真理再跨前一步就成为谬误一样,倘若父母之爱超出了一定的限度,失去了分寸和理性,变成溺爱之后,就成为一种畸形的爱。这对儿童的健康发展会产生很大的消极影响。

溺爱在现实生活中主要表现为无原则地迁就、娇惯孩子、护短等。尤其是对独生子女,家长过度的爱,越俎代庖,无形之中剥夺了儿童与外部世界互动的机会,使儿童错过了锻炼自身的机会,从小养成一种以自我为中心来思考问题的习惯,从而缺乏自主探索的欲望,依赖心理强、自信心不足、生活能力差,这在很大程度上延缓了儿童的社会化进程。

第二,放纵。当前我国社会生产力快速发展,城镇化水平不断提高。许多父母由于工作原因不得不过着两地分居的生活,于是造成父母在孩子教育或管理上的缺失,尤其是改革开放以来,我国社会大量的农村剩余劳动力涌进城市,农村留守儿童的教育已突出成为家庭教育中一个重大问题。留守儿童教育缺失的主要表现为:父母不在身边,教育管理时间不足,更谈不上儿童与父母之间建立起良好的亲子依恋关系,这造成儿童在发展的关键期不能得到较好的熏陶,各种潜能没能在童年时期被很好地挖掘出来,各种良好的行为习惯也没有得到较好的培养;隔代抚养或是父母一方外出造成的单亲抚养使儿童产生了许多成长中的问题。虽然教育上的这种"放纵"不是有意为之,但它确实已成为家庭教育中需要迫切关注的现实问题。

（三）教育方法简单化

在教育儿童的方法上，家长一方面对儿童充满了美好的期待，另一方面，却又做着事与愿违的事情。原因是，家长缺乏科学的教育理念，教育思想落伍，并且忽视自身建设等。

家长教育方法简单化的直接原因是家长对儿童成长、学习和发展的特点缺乏科学的认识。同时家长自身又不擅于钻研学习和提高自己的教育水平，最终只能做出违背儿童成长规律的事情。教育家瓦西里·亚历山德罗维奇·苏霍姆林斯基（Василий Александрович Сухомлинский）说："要教育好孩子，就要不断提高教育技巧，要提高教育技巧，就需要家长付出努力，不断地提升自己。"

家庭教育是一门科学，更是一门艺术。家长只有读懂了儿童这本书，教育方法才能与时俱进，不断创新，从而促进儿童的成长。

四、家庭教育的原则

虽然家庭教育由于家庭经济水平、家长素质、孩子认知水平及个性等方面的不同而具有一定的复杂性，但仍存在一些普遍性，如每个家庭都期望孩子能够健康成长、成人成才。家庭教育不能单凭父母的热情与愿望、经验与判断，它需要遵循科学的家庭教育的原则。

家庭教育原则是以儿童身心特点为依据，建立在成功的家庭教育经验基础之上的，是家长在对儿童进行教育的过程中所必须遵守的要求和准则。现阶段学前儿童家庭教育主要应遵循以下几个原则。

（一）目标性原则

由于家庭教育存在盲目性、随意性、片面性，因此只有确立目标性原则，才能使家庭教育具有方向性。所谓目标性原则，是指家长应该根据儿童的年龄特征制定适宜的目标，并且目标的制定应该符合儿童身心发展特点，面向儿童全面发展。

1. 基于儿童年龄特点制定目标

儿童的身心发展具有一定的阶段性，不同年龄段的儿童在认知、运动、社会情感等方面存在不同的发展特点。因此，家长要根据儿童的年龄特点、身心发展水平制定适宜的目标。例如，4岁孩子正处于具体形象思维阶段，孩子知道爸爸给了他3个苹果，妈妈给了他2个苹果，爸爸妈妈问他一共有几个苹果时，孩子很快就能说出是5个苹果，但是如果问他3加2等于多少，孩子却回答不上来。因为他们思维的内容是具体的，而不是抽象的，他们不理解抽象的算式，如果家长在这个年龄段要求孩子掌握加减法，那么这个目标就制定得不合理，孩子不容易达到，可能会打击孩子的自信心，得不偿失。

2. 针对儿童个体差异制定目标

虽然儿童身心发展特点具有一定的普遍性，但是由于儿童所处的环境不同，遗传素质也不同，儿童的发展也就具有独特性。每一位家长都要正确看待儿童的成长。每一名儿童都是唯一的，他们具有鲜明的个性，有其自身潜在的各种能力，在他们成长的过程中表现出明显的个体差异。所以家长要了解儿童的成长与发展特点，给他们提供适宜的教育，不要盲目攀比，切忌用一把尺子衡量所有的儿童。事实上，由于家长没有充分关注儿童发展的差异性，忽视儿童的兴趣与能力，盲目让儿童学习各种知识，这样容易使很多具有无穷潜力的儿童泯然众人。

（二）平等原则

尊重和平等是营造良好家庭氛围、保障家庭和谐发展的基础，是营造和谐的亲子关系的保障。自儿童脱离母体那一刻起，他们就成为独立的个体，他们有自己的思想、喜好、权利和存在方式。在家庭中，家长对儿童的尊重表现在平等对话、用心倾听。陈鹤琴说，父母对孩子也应该有礼貌，像对待朋友一样对待孩子，通过商量、询问的方式征求孩子的意见与看法，而非命令式的通知。

1. 倾听儿童的想法与诉求

家长对儿童的尊重和平等相待首先建立在了解儿童身心发展特点的基础之上。儿童有其独特的思维特点，家长不能按照成人的思维特点去解释儿童的行为。例如，一名儿童往家里的鱼缸里倒了一暖壶热水，结果把鱼全都烫死了，而这些鱼是爸爸花了很多钱买的，爸爸很生气，但还是很耐心地询问孩子为什么把热水倒进鱼缸里。孩子说，他觉得鱼感冒了，因为他看见鱼游得很慢，他想起在他生病的时候妈妈让他喝很多热水。爸爸听后顿时怒气全消,把孩子搂在怀里,表扬他是一个善良的孩子。可是如果不倾听孩子的心声,家长就会做出截然相反的解读,比如说孩子不爱护小动物,甚至将孩子打骂一顿。因此,在家庭教育中,家长应放下身姿,用心倾听,进而了解儿童的行为方式,知道儿童由于其自身的年龄特征、思维特点容易好心办坏事。

2. 尊重儿童的感受和意愿

尊重儿童还应该尊重儿童的感受和意愿。一位妈妈特别喜欢给孩子买鱼片干,因为鱼片干富含优质蛋白质和钙、磷等微量元素。她的孩子被迫以吃鱼片干为奖惩标准,结果,为了得到一个芭比娃娃,孩子吃掉了数十袋鱼片干,长出了难看的氟斑牙。后来这位妈妈才在网上看到,鱼片干由海鱼制作而成,含氟量很高,过多食用将导致慢性氟中毒。这位妈妈很后悔没有关注孩子不愿吃鱼片干的意愿。在家庭生活中,对儿童的尊重、平等相待还表现为在外人面前不批评儿童,家长做错事情也应该向儿童道歉,儿童犯了错误不大声斥责儿童,应该心平气和地和儿童讲道理等。

(三)一致性原则

一致性原则是指家长对影响儿童教育的各方面因素(教育要求、教育内容、教育态度、教育方法和教育力量)相互配合、相互统一,从而形成教育合力的原则。教育一致性是树立家长权威不可缺少的保证,也是强化教育效果的重要手段之一。如果家长各行其是,不仅会使教育力量相互抵消,而且不利于儿童良好人格的形成。儿童也会因教育的差异而感到无所适从,甚至对家长产生不正确的爱憎情感,或导致儿童利用成人教育的矛盾来掩盖自己的缺点和错误。因此,在家庭教育中应当杜绝不一致的要求与目标。

1. 家长成员的教育观念要一致

家长对儿童在为人处世方面的要求体现出家长的教育观念。若家长教育观念的不一致,从而导致儿童无所适从,不能使家庭形成统一的价值尺度和评价是非的标准。

2. 家长对待儿童的态度要一致

家长的态度一定要一致,不能一人制止儿童的行为,另一人顺从儿童的行为。例如,孩子做错事,爸爸一批评,妈妈就护着孩子。这就削弱了爸爸的教育权威，也容易导致孩子成为"两面派"。妈妈如果抱开孩子并对他说："你看，你犯了错误爸爸妈妈都很生气，下次改了，爸爸妈妈都会很高兴的。"妈妈这样做就会带来不同的教育效果。想一想人们常说，家庭教育中要有一个唱白脸，一个唱红脸，你认为合理吗？

3. 家长对儿童的要求前后要一致

家长对儿童的教育要前后一致，不能朝令夕改。儿童良好习惯的养成、道德情操的培养，都需要家长持之以恒地关注。家庭教育是一个长期的、连续的过程，家长对孩子的教育应当始终保持积极负责的态度，不能在某一个阶段严格要求，坚持正确的原则，而过了一段时间又采取放任自流的态度，放弃正确的原则。

4. 家、园（校）对儿童的要求要一致

孩子上了幼儿园（学校）以后，家庭教育也要和幼儿园（学校）保持一致，给儿童提出一致的要求，和幼儿园（学校）教育工作相互配合。儿童在幼儿园（学校）能够主动做事情，回家之后却全都让家长代办，由于家庭和幼儿园（学校）要求的不一致，使得幼儿园（学校）的教育效果大打折扣。因此家长要和幼儿园（学校）相互配合，对儿童要求一致。

（四）信任原则

信任是家长相信儿童的能力，并能适时放手让儿童自己探索、自己去完成自己的事情。从儿童呱呱坠地，嗷嗷待哺，到逐渐能跑会跳，会说会笑，每一位家长对自己的孩子总是充满深情的爱。但有时这种爱会使家长失去理性。家长总认为儿童还小，还不懂事，凡事都为儿童包办，让儿童"衣来伸手，饭来张口"，这都反映了家长对儿童的不信任。作为家长，既要看到儿童身心的不成熟，也应该看到儿童本身蕴藏着巨大的潜力，具有强烈的主观能动性。家长要相信儿童，给儿童尝试的机会，相信儿童会在一次又一次的失误中获得发展。心理学上的皮格马利翁效应就说明了家长的信任是儿童成功的主要动力。小来来24个月了，一直以来都是奶奶喂着吃饭，妈妈看到育儿书说孩子24个月以后可以培养他们独立进餐了，于是便要求孩子自己尝试拿着勺子吃饭，奶奶却觉得孩子还这么小，怎么能自己吃饭呢，但奶奶仍然把勺子给了小来来。刚开始小来来会舀不到碗里的饭菜，舀到菜后，也会很费劲地花很长时间才把勺子放到自己的嘴巴里，几天之后，小来来可以自己吃饭了，奶奶还觉得有点不可思议——孩子这么小，居然会自己吃饭了。

（五）因材施教原则

在家庭教育中，家长应从全面发展着眼，考虑儿童的具体特点和实际情况，扬长避短、因势利导，提供充分的条件与支持，从而使儿童获得最佳发展。

1. 教育要从实际出发

从儿童的实际出发，是指从儿童的性格特点、兴趣、能力等方面出发，遵从儿童发展的倾向性。舟舟先天智力异常，在他两三岁的时候，爸爸经常带他在音乐厅里排练，舟舟不吵不闹，细心地观察着周围的一切，尤其是对指挥家张起的动作观察得细致入微。大约在舟舟6岁的一天，乐手们在排练休息时和舟舟开起了玩笑。"舟舟，想不想当指挥家？""想！"舟舟爬上了指挥台，举起了指挥棒。奇迹出现了，舟舟惟妙惟肖地把张起先生的动作都表现了出来，甚至连用左手推眼镜架看谱的动作都模仿得惟妙惟肖。舟舟煞有介事地敲了敲谱台："预备，开始！"舟舟很有感觉的动作惹得众人哈哈大笑，大家纷纷随着他的指挥棒演奏起来。从这个例子中，我们可以看到，只要从儿童的兴趣出发，从儿童的实际出发，给儿童充分的支持与鼓励，那么儿童将可能在某一领域有所专长。

2. 教育要扬长避短

有的家长在儿童很小的时候就开始注意儿童某方面才能的发展，要么只练琴，要么只画画，要么只打球，要么只识字计数，儿童除此之外的素质培养被忽视。但是，家长在满足儿童需要，促进儿童特长发展的同时，要注重儿童其他方面的发展。儿童的发展是全方位的，任何限制其某一方面发展的做法，对儿童的成长都是无益的。

在家庭教育中，家长应该从全面发展着眼，从因材施教着手，首先了解孩子的兴趣、爱好，因势利导，保持其优势；其次，在认识到孩子发展的差异之后，不能够忽视、回避这种差异，而应该结合孩子的现实去分析，使其优势得以充分发挥，使其劣势得以最大限度地改善，并在以后的发展中注重改善的状况，使其逐步达到全面发展的标准和要求。

（六）循序渐进原则

循序渐进是指家长应该根据儿童的年龄阶段和身心发展特点，由浅入深，由表及里，由易到难，逐步提高对儿童的要求。

1. 教育要求应明确而合理

在家庭教育中，家长对儿童提出的要求应该具体明了、能够量化、便于执行。比如，家长为了培养儿童的阅读兴趣，可以和儿童约定，每天一起阅读，每个周末去图书馆，每个月组织家庭读书会，和家长分享读过的书等。家长对儿童的要求要难易适中，不能过难或过于简单，任务过于简单达不到发展的目的，任务过难不仅达不到训练的效果，还会打击儿童的求知欲望，甚至会挫伤儿童的自尊心和自信心，因为儿童的兴趣和成熟感来自一点一滴的成功。

2. 教育要求应逐步提升

任何教育都不是一蹴而就的，要量力而行，循序渐进。日本教育家铃木镇一在小提琴的教学中特别强调渐进性原则，他的教学从简单的音阶、和声开始，要求学生一定要认真掌握，否则不给学生上新课。他对女儿映子的教育也体现了这一原则。映子两岁半开始练琴，由于映子年龄小，音阶、和声练了一年还没练好，铃木镇一就让她继续练，过了一个月终于练好了之后才开始让映子学一首简单曲子——《蝴蝶》。映子用了5个月学会了《蝴蝶》，接着又花了3个月学会了变奏曲。后面的曲目越来越难，可映子越学越快，到了小学二年级，映子开始练习莫扎特第四乐章的总练习曲，这时她已经成了小提琴教室里的顶尖人物。

第二节　家庭教育的发展历史

我国的家庭教育已有几千年的历史，在各个不同的历史时期形成了自身特色，而如何从我国家庭教育发展的历史中继承优秀传统、摒弃其中的消极因素，则是我国家庭教育当代发展的重要议题。

一、我国古代家庭教育的发展

先秦时期是我国家庭教育的形成和初步发展时期，秦汉时期是我国封建家庭教育框架定型时期，魏晋南北朝则是我国家庭教育发展的第一个高峰时期，唐宋时期我国家庭教育发展平稳，而明清时期是我国古代家庭教育繁荣并趋向衰落的时期。

（一）先秦时期家庭教育的萌芽与发展

先秦时期（距今约5000年的原始社会中后期至公元前221年秦始皇统一中国）是我国家庭教育的形成和初步发展时期。奴隶制达到鼎盛的西周，原始的家业世传逐渐发展为比较系统的家庭教育，不仅形成了上至帝王将相、下至平民百姓的各层次家庭教育，而且家庭教育内容涉及胎教、儿童教育、为政教育、德育、智育以及劳动教育等诸多方面，奠定了我国古代家庭教育的基础。

春秋战国时期是中国历史上的大分裂时期，也是从奴隶社会向封建社会过渡的大变革时期。经济的发展、阶级关系和政治制度的转变，促进了科学、文化、社会思想和教育的进步。家庭教育从以王室、贵族为主，逐渐转向以士阶层为主，而士阶层的杰出代表——诸子的家庭教育思想勃兴，形成"百家争鸣"的格局。各派对家庭教育的观点虽然各异，但大多重视环境影响、重视家长以身作则、重视道德教育，并由此形成我国传统家庭教育思想的基本特征，为我国家庭教育的发展奠定了良好的基础。

1. 周公的家教思想

周公不仅对西周政权的建立和巩固有杰出贡献，而且，他对西周礼乐文化的形成有重大建树。周公制定礼乐的根本目的是巩固周王朝的统治，维护"亲亲"与"尊尊"的宗法制及等级制。同时，周公在总结历史经验教训的基础上，提出了"敬德保民"的思想，主张通过教育来实现德治，通过德育培养和造就贵族统治阶级的接班人。周公把道德教育视为关系社稷千秋大业的首要事务。他曾为成王太师，并请召为成王太保，同心协力辅弼教导成王。他继承了前代师、傅、保之教的制度，而且根据礼乐与敬德保民思想，提出了系统的贵族子弟的家庭教育内容。这些内容除礼、乐、射、御、书、数"六艺"外，主要有如下几个方面。

（1）体恤下民，力戒贪逸

周公说："厥父母勤劳稼穑，厥子乃不知稼穑之艰难，乃逸乃谚，既诞。否则侮厥父母，曰：'昔之人无闻知。'"❶（《尚书·无逸》）意思是说，有些做父母的人终日勤劳耕作，可孩子们却不知劳作之苦，一味追求享乐，结果变得傲慢无礼，不听父母教诲。周公认为，家教在于使子弟在艰辛劳苦中懂得创业的艰难，然后知道关心民苦，免于贪逸之灾。

（2）勤勉从政，谨言慎行

周公在实施王室家教时，经常把纣王淫逸无度，荒于政事和文王服田力穑、勤政忘食的正反例子作为教育内容，教训成王，以培养他端庄恭谨，谨言慎行，要求他"明德慎罚"、以身作则。为了搞好这一教育，周公建立了为王太子祭祀的文、武庙，在祭祀活动中进行"王风"教育。这一做法为后来历代皇室所效法，并形成一种制度。

（3）知人善任，勤于求贤

周公素有知人善任、求贤若渴的为政风范，史称"周公吐哺，天下归心"。周公为了维护周王室的统治，不仅自己身体力行，礼贤下士，勤勉谦逊，还把勤于求贤和知人善任作为牧官之法来训练统治阶级贵族子弟，使他们从政后具有辨识官吏的能力。

总之，周公的家教特点是强调王室子弟的道德修养，并把道德修养看作成就未来君王的头等大事。由周公建立的师、傅、保制度，一直延续到清朝末年，它对于帝王之家的教育影响深远。周公不仅在教育成王的实践上花了大量心血，而且他为了建立天子之家的家教制度，亲自制定了《世子法》。《世子法》是我国古代文献记载中的第一个专门以世子（太子）为对象的法令性教育文件。它具体规定了天子之家的家教制度、教育内容、方法和原则、教育目的等，对以后2000多年的宫廷保傅教育影响极大。所以，人们历来将《世子法》视作我国古代皇家家教的经典。

2. 诸侯重视家庭教育

春秋战国时期，周天子的国有制遭到破坏，政治上名存实亡。各国诸侯由于相互兼并，弱小的诸侯国陆续被纳入实力强大的诸侯国中，到战国时期逐渐

---

❶ 毕诚：《中国古代家庭教育》，商务印书馆，1997，第16页。

形成了秦、齐、韩、燕、赵、魏、楚七大诸侯国。

在西周时期，中央王室设立了国学，诸侯子弟在接受家庭教育的基础上，可以进入国学接受正规教育。所以，实际上的"学在官府"是"学在王室"。虽然，历史上也有诸侯立"泮宫"的记载，但在西周时期诸侯建学宫的事例是罕见的。春秋战国时期，天子失宫，学在四夷，诸侯因政治上的强大而要求其子弟在教育上享有特权，一方面大力加强家庭教育，另一方面蓄养文士，创办诸侯宫廷学校，从而把西周时期家庭教育与学校教育相结合的形式发展到一个新的历史阶段，进一步促进了奴隶主上层贵族的学校教育向封建社会的学校教育过渡。

诸侯重视家庭教育的事例有很多，在古籍《国语》《左传》《毛诗》《战国策》《吕氏春秋》等书中有大量的记载。如公元前573年，晋悼公即位，他召集当时的有识之士，如荀家、荀会、韩无忌等为公族大夫，使他们教训"卿之子弟恭俭孝悌"（《左传·成公十八年》）。这种教育，据有关史学家分析，可能是在泮宫中进行的。又如，《国语·楚语上》记载，楚庄王（前613—前591年）也是十分重视太子的家教的，他不仅聘请学识渊博的人当太子的家庭教师，而且虚心向申叔时请教如何教太子的方法。《春秋》是历史书，主要讲国家和国君政治的经验教训。学习它，有助于统治者提升"修己治人"的修养。申叔时还向楚庄王介绍了《礼》《乐》《诗》《国语》等书，认为这些书都可以作为太子的家庭教学内容。可见，春秋时期的诸侯家庭教育已被视为有关国家兴亡和争霸诸侯的有力措施之一。到战国时期，不仅诸侯的家庭教育得到发展，而且诸侯大夫之家，也在养士的同时，大量聘用德才兼备的士作为家庭教师。

3. 士、农、工、商的家教

春秋战国时期，随着井田制和宗法家族制的崩溃，社会制度发生剧烈变化，社会分工把统治阶级以下的社会成员分为士、农、工、商四大类型，他们的家庭教育各有特色。

士的家教，包括文士和武士，他们注重文化知识和做官素养的训练，因而"六艺"是主要的教育内容。此外，还有一种以某一技艺谋生的士，即历史上称为"畴"的知识分子，其家教值得介绍。"畴官"，本是周王室掌握科学技术以服务于贵族的官吏，他们子承父学，世业家传。但在西周末年由于王室衰微，财力不足，不能养活众官，于是畴官及其子弟分散民间，成为依靠家传技艺谋生的士。这些士与那些著书立说的文士不同，他们身怀绝技，如对器械制造、天文、历算、医学、冶金、御车、农学等技术有较深的造诣。凭着自己所掌握的技术，他们既可以用以谋生，又可以步入仕途。因此，这类士人的家庭教育主要是技艺的传授，教育方式主要是师徒制。一般说来，这类士人的家庭教育，具有相当的保密性，传子不传女，甚至有些绝技只授予长子，不授次子，一旦后继无人，家业中断，就会造成绝技失传。

农民的家教，其教育内容主要是农业生产技术和生产经验。如审时耕种、制作农具、利用土地、识别苗莠、种植的疏密、适时施肥，以及适时收货和贮藏等。除生产技术外，农民的家教还很注重对其子弟的劳动态度的教育，故农家的子弟质朴勤劳。

工民之家的家教，各依其所从事的职业而定，主要是做工技术的传授，从而使世业家传。

商民之家，其家教内容主要是市井商贾之事，包括对凶饥、国变和四时的了解，对商品产地和市面行情的观察，以及对商品的购买和出售的规律的认识等。商民之家以营利为目的，父子之教，旨在使其子弟掌握经商之本领。

4. 孔子的家教思想

孔子作为我国古代伟大的教育家，他创办规模较大的私学，祖述宪章文武之道，编纂六种教材，而且对我国古代家庭教育也有卓越的理论贡献。

孔子所处的时代，正值奴隶制向封建制的变革初期，宗族家长制走向崩溃。个体家庭随着士、农、工、商的社会分工的形成而迅速发展。孔子认为，政治的基础是伦理道德秩序的建立，而伦理是建立在父母孩子之间血缘关系之上的，因此家庭的伦理道德的教育就是对国家政治的保障。在孔子看来，家庭伦理教育是一种情谊教育。因为，因情而有礼义。父义当慈，子义当孝，兄之义友，弟之义恭，夫妇乃至与家庭一脉相关的人，随其亲疏、厚薄，莫不自然互有应尽之义。

在家庭教育上，孔子重视早期教育，他认为小时候形成的习性根深蒂固，对人的一生影响深远。同时，孔子还十分注重家庭教育的环境，认为孩子的成长与周围的文化道德环境有关系，所以父母应当注意"居必择邻"，同时对孩子交友也应予以指导，要留心自己的孩子不要被不良的朋友带坏。

总之，孔子的家庭教育理论主要是针对士阶层的，同时普遍适用于不同阶层的家庭。他强调的家教，核心内容是以"孝悌"为本的伦理情谊的培养，其目的在于通过家庭教育手段，来巩固家庭及家庭成员的伦理关系，使"父父""子子"，从而移孝作忠，将家庭伦理关系外延到社会人家关系和转化为政治道德领域，使国在家的基础上建立统治秩序。

5. 孟子的家教思想

与孔子一样，孟子也非常重视家庭教育，并将其与国家治理联系起来，形成了他的"家国同构"的思想。孟子这一思想是此后《大学》著名的"修、齐、治、平"理论的雏形，也为我国上至统治者下至平民百姓重视家庭教育和修身教育奠定了基础。在家庭教育的内容上，与其"明人伦"的教育目的相一致，孟子强调"五伦"教育，即父子有亲，君臣有义，夫妇有别，长幼有序，朋友有信。在"五伦"中，尤其重父子"孝"和兄弟"悌"这两种关系，这种"明人伦"的重视道德教育的传统对我国家庭教育的内容与实施产生了深远的影响。在家庭教育的方法上，孟子强调家长必须以身作则，只有这样才能树立教育孩子的威信。

（二）秦汉时期家庭教育的发展

秦朝是我国历史上第一个封建中央集权制国家，也是我国封建家庭教育框架的定型时期。秦朝建立了大一统的封建王朝，创建了一套促进统一的制度，影响深远。同时，秦朝统治者以法家思想统治人民，表现在家庭教育方面，就是用强制手段推行其主张和秩序。秦朝是封建社会长期实行的父母送惩权（家长将不孝或不听从教育的子弟送官惩处）的始作俑者，对后世的影响较大。

汉朝吸取了秦亡的教训，采取休养生息、放宽控制的政策，使生产恢复、社会安定、学术文化发展，汉武帝时期进入全盛时代。汉朝的家庭教育较之前涉及面更广，内容也更深入，对象从皇帝到士大夫再到平民、手工业者，内容涉及胎教、早期教育、蒙学、女子教育、家传学业、家教劝诫等各方面，形式也更加多样化。

1. 秦朝的家庭教育政策

秦始皇推行"以法为教""以吏为师"的文教政策，认为所有国内臣民不需要接受任何道德教育，也不需要任何宗教、信仰及价值观，他们一生只需要保持人出生时的本性，并详细知晓跟他有关的国家法令就可以了。

秦朝的家庭教育政策受商鞅变法的影响，家庭教育也为"重农抑商、奖励耕战"的目的服务。通过统一教化内容，摒弃仁义道德，专崇耕战，造成社会和家庭的崇战心态。家庭教育要教子弟勇敢战斗，服从命令听指挥。统治者通过实行连坐法，促使家庭普遍教子听从军令、死不旋踵；以法令推行家教政策的思想和主张，例如，颁布"行同伦"的法令，强制推行家庭教育伦理，强制子弟服从家教，实行父母送惩权制度，这对后世影响深远。

2. 汉代形成胎教理论

我国的胎教始于西周，至汉代，贾谊、刘向、王充等人总结前人胎教经验，形成了丰富的胎教理论。

贾谊在总结前人经验和思想的基础上，主张人的教育应当从胎儿开始，并作了专门论述。他认为胎儿期是人生的初始时期，是生命的起点，其发育是否良好，素质如何将决定他未来的发展前途。他的胎教思想包含以下内容：慎选婚配对象。贾谊认为，先辈尤其是母亲的遗传与品德对孩子会产生直接影响。基于此，为了后代的素质着想，他认为孩子的婚配对象应选择"孝悌世世有行义者"。同时，他还强调优化胎儿的发育环境。胎儿的发育环境，一方面指母体本身的环境，另一方面指母体周围的外界环境。对于前者，贾谊主张怀孕的妇女保持身体的自然姿势和情绪的稳定。由于母体的周围环境也会对胎儿产生间接的影响，贾谊以西周胎教为例，主张孕妇不应居住在嘈杂的居室环境中，不听怪诞的音乐，不吃过于刺激的食物。由上可知，贾谊的胎教思想已涉及现代优生优育的内容，具有一定的科学性。

汉代胎教为我国古代胎教理论的发展奠定了基础，其中蕴含的重视母亲素质和外部环境、主张少生优育等优生优育思想，具有一定的科学性，至今仍具有一定的指导作用。

3. 汉朝的女子家庭教育

汉朝的女子教育主要是家庭教育，分为宫廷女子教育和普通家庭女子教育。前者为皇家教育，后者主要是仕宦之家教育。一个后宫就是一所女子学校，皇后的教师就是班昭，其女子教育思想具有很强的代表性。

东汉时期的班昭，博学多才，著有《女诫》，此书是我国封建时期女子教育的重要著作，后世的女教理论大都以此为蓝本。《女诫》分为卑弱、夫妇、敬顺、妇行、专心、曲从、和叔妹七篇，该书站在封建礼教的立场上，集中论述了女子的地位及其应遵守的行为规范。在女子的地位上，班昭从阴阳两性出发，认为男为阳，女为阴，女子必须以卑弱为根本原则，"以夫为天"，这样女子就成为男子尤其是丈夫的附属品，处于从属地位。从以上原则出发，班昭提出了包括"妇德""妇言""妇容""妇功"在内的女子行为规范，形成了较系统的女子修身大纲。女子除"以夫为天"、提升自我素质外，还应处理好和公婆以及叔妹的关系，屈从公婆，顺从叔妹。总之，班昭的《女诫》向女子描述了完整的行为标准，女子在其中地位低下，受到诸多束缚，是封建礼教对女子压迫的重要表现，对后世女子教育影响深远。

而汉朝仕宦之家的女子教育，由子师或保姆、母亲承担，也有一部分由父亲承担，汉朝对女子的家庭教育同对男子一样重视，尤其是早期教育。如东汉末年的蔡邕对女儿蔡文姬进行严格的教育，作《女训》要求女儿外表仪容和内心和谐统一。蔡文姬不负众望，在诗文辞赋、书法音律方面取得很高的造诣，成为中国历史上著名的才女。汉朝也因为对女子家庭教育的重视，涌现出了不少女文学家，如唐山夫人、班婕妤、班昭、卓文君、王昭君、蔡文姬等。可见，家庭教育和家学、家风的熏陶对女子成长的影响极大。

汉朝关于女子教育的内容比较突出，出现了一些专门介绍知名女子的传记和训诫女子的家训，比较有名的如刘向的《列女传》、班昭的《女诫》、荀爽的《女诫》、蔡邕的《女训》等。

（三）魏晋南北朝时期家庭教育的发展

魏晋南北朝是中国历史上大分裂大动荡的时代，政权更迭频繁。由于政局动荡，官学时有兴废，家学的重要性日益凸显出来。如何在乱世中建设家族文化，增强家族凝聚力就显得尤为必要和迫切。人们在保全门户观念的影响下，自觉地对孩子进行家庭教育。这个时期，家庭教育方面的名篇不断问世，被誉为"古今家训之祖"的颜之推的《颜氏家训》也在这时诞生。

著名的历史学家、文学音韵学家、教育思想家颜之推，其所著的《颜氏家训》第一次系统地对家庭教育理论做了论述，是我国现存最早的家庭教育专著。颜之推的家庭教育思想至今仍被奉为家庭教育的瑰宝，具有很高的理论价值和实践意义。《颜氏家训》中包含丰富的家庭教育思想，下面将从三个方面对其进行概述。

1. 颜氏家庭教育的目标

颜之推把培养"国之用材"作为家庭教育的目标，同时论述了家庭教育的特殊作用。他明确指出，在家庭内由家长对孩子进行教育，这就明确了家庭教育的类型、教育对象和特殊性，以示和学校教育的区别。对于家长教育孩子，"夫同言而信，信其所亲；同命而行，行其所服"[1]。同样一句话，人们总是相信亲近的人；同样一个命令，人们总是听从所佩服的人。父母与孩子有着最亲密的血缘关系，又共同生活，他们对孩子的教导比其他人更有信服力和效果。这种特殊性是家庭教育比学校、社会教育有效的优势，同时会成为骄纵、溺爱孩子的难点。在我国家庭教育思想发展史上，这是第一次从父母孩子的角度论述家庭教育的特殊作用。

2. 颜氏家庭教育的原则

一是"固须早教"。颜之推认为，家庭教育抓得越早越好，甚至要从十月怀胎开始。如果普通家庭不能从胎教开始，那么也应该从婴幼儿时期就开始进行教育。因为孩子在婴幼儿时期比较容易受到影响，而且可塑性强，所以早期教育的效果是最好的。在孩子能感知外界事物的时候，就应加以教诲。

二是"威严而有慈"。颜之推认为，父母在教育孩子时，态度应该是既威严又慈爱，二者不可偏废，要做到严慈结合。父母对孩子态度严明慈爱，孩子才会言行谨慎，听从父母教诲。

三是不要娇惯溺爱。颜之推从日常生活观察中认识到，在家庭中由父母亲自教育自己的孩子，最容易出现的、也是最普遍存在的问题是娇惯溺爱。他发现许多父母对孩子只知道爱而不知道教，任其为所欲为。该批评的，反而给予奖赏；本应斥责的，却表示赞赏。这样是非颠倒，久而久之，孩子就会误以非为是，以恶为善，长此以往很难纠正过来。

四是一视同仁，不要偏爱。在多孩子家庭里，父母对孩子一般做不到一视同仁，这是古今中外家庭教育中常见的问题，也是造成家庭教育失败的重要原因之一。颜之推注意到了这一家庭教育的弊端，他告诫父母，对于有德行、有才智的孩子，父母自然应当赞赏、爱戴，对于德行、才智不太好的孩子，父母同样应当加以同情、怜惜。有的家长偏爱某个孩子，其用心是为了孩子好，但

---

[1] 赵忠心，周雪敏.中国家庭教育发展史[M].南昌：江西高校出版社，2020：124.

结果却是害了他。颜之推的这种观点是很有道理的，被父母偏爱的孩子，往往容易形成骄横放任的毛病，因为偏爱已超过了有益的爱的限度，就成为不理性的爱，也就是溺爱。

五是以身作则，树立良好家风。颜之推认为，在家庭教育中，长辈不能只是说教，更重要的是要以身作则，这有利于良好家风的建立，而且这也会影响到家庭教育的成功。他指出："夫风化者，自上而行于下者也，自先而施于后者也。是以父不慈则子不孝，兄不友则弟不恭。"❶也就是要求长辈要给晚辈做好榜样。

六是重视环境和师友的影响。颜之推重视环境对孩子的影响，他认为孩子也一定要谨慎地结交师友，以防误入歧途。他认为，孩子生活在什么样的环境中或者是和什么样的人交往，那么他们就会变成什么样的人。

3. 颜氏家庭教育的内容

颜之推所主张的家庭教育内容丰富而全面，具体包括以下几个方面。

（1）勤学

颜之推认为，无论是农、工、商、学，都必须勤学，以求得进步。他告诫子弟，与其不学无术，一生愧辱，不如数年勤学。他列举了中国古代许多勤学苦读的故事，勉励子弟要像古人那样勤学。

（2）自立

他要求子弟要学习一技之长，以自立之本，反对依赖父母。颜之推一生历仕四朝，饱尝离乱之苦，却能以一介儒生，保持家业不坠，始终以其才学立世，同时，他目睹很多士大夫子弟依仗家中权势不学无术、游手好闲，最后政权更迭，落得流离失所的悲惨下场。他深感只有依靠自己的真才实学，才能求得生存和发展。他也常以自己的亲身体会，让孩子明白积财千万，不如薄技在身的道理。

（3）务实

颜之推认为，读书的唯一目的就在于"利行"。他尖锐地批评了当时社会上的某些读书人，书读得不少，满腹经纶，却只会夸夸其谈，不做实事，光说不练。他告诫子弟要将读书所掌握的学问，用来解决实际问题，不能只会

---

❶ 赵忠心.中外家庭教育思想简史[M].北京：中国妇女出版社，2021：30.

空谈。

(4) 节操

颜之推在北齐主持文林馆时，多培植汉族人士，因此遭到鲜卑贵族的嫉恨。当时，不少汉人学鲜卑语，以之为入仕的捷径。颜之推在《教子》篇里讲到这样一个故事，一位士大夫要求儿子学鲜卑语，弹琵琶，目的是服务于异族鲜卑统治者，他对此非常反感。他正气凛然地说，即便是能当上宰相，也绝不允许自己的子孙卖国求荣。这个故事体现了颜之推非常重视子孙的节操教育。

(5) 重农事

在"劳心者治人，劳力者治于人"的轻体力劳动的世俗观念占统治地位的封建社会，颜之推认为"贵谷"是"务本之道"，教育子孙不要轻农事，这种思想是十分可贵的。

(6) 勤俭而不吝啬

颜之推反对奢侈浪费，主张俭朴。他教导子弟要分清俭朴与吝啬的界限，对自己生活节省，是俭朴；对穷人不抚恤，是吝啬。他要求子弟做到"俭而不吝"。这是中华民族的优良传统美德，今天也应该继承和发扬。

(7) 婚姻勿贪势家

颜之推继承了祖上的规矩，教育子弟对待婚嫁，门当户对即可，万不可贪图钱财。

(四) 唐宋时期家庭教育的发展

隋朝在结束南北朝分裂局面之后，开始出现了全国大一统和文化繁荣的景象，但隋朝的国运不长。唐朝继隋朝之后，在文化上有很多开拓和创新，如完成自汉朝以来的儒家经学的总结，大力发展学校教育，推行以科举考试取士的选士制度等，从而促进了整个社会重视文化教育的风气形成，一批又一批的庶族地主通过教育和科举的途径登上了政治舞台，出现了"读书做官热"。宋代沿袭隋唐的科举取士制度，而且特别注重文化与教育，由此在这个社会自皇室宗亲贵族阶级至官僚阶层和广大平民之家，都把家庭教育作为政治活动和家庭生活中的一件大事。

1. 唐宋时期家庭教育特征

概括来说，唐宋时期的家庭教育有以下几个明显的特点：

一是开始形成独立而完整的学校体系。从皇家的家教来看，开始形成独立而完整的学校体系。如隋朝最早在东宫设置"门下坊"和"典书坊"。门下坊设左庶子、内舍人和录事诸官，典书坊也设庶子、舍人、洗马诸官，这些官员主要从事皇太子的文化与道德教育。唐代除三公三少外，还设有太子宾客，并设置詹事府统管东宫政教，詹事府内设左右谕德官专门讽喻规谏皇太子。唐朝将隋朝的门下坊改为左春坊，典书坊改为右春坊，在贞观年间又专门为皇太子设置崇文馆，设学士官，并建有东宫图书馆，所藏大量图书为"秘书"，专供皇室子弟教育使用。

宋朝为了加强皇太子的教育，增设詹事讲读官、太子侍读、太子侍讲官等，并设置资善堂作为皇太子及其他诸王子的肄业之所。南宋初期还在东宫门内建有书院。

二是家庭教育与科举考试紧密结合。由于科举制度的推行，从而激发了广大庶族地主阶层和少数平民之家的读书兴趣，使得家庭教育越来越与科举考试紧密结合，"望子成龙"成为家庭教育的动机和目的。

三是封建纲常的礼教占有重要位置。礼教不仅有成套的理论和实践要求，而且随着家庭教育的学校化，日渐渗透到家庭教育的实际活动中。在唐代和宋代，《家范》《家规》《治家格言》之类的礼教内容，开始丰富和完善起来，它对于封建社会后期家风的形成也很有影响。

2. 唐宋时期编写蒙学教材

我国历来重视家庭教育尤其是早期教育，所谓"蒙以养正，圣功也"。在我国封建社会时期，一般是8~15岁儿童的"小学"教育阶段，称为"蒙养"教育阶段。由于家庭教育要以识字启蒙教育为基础，所以编写蒙学教材成为人们普遍关心的一件大事。

我国古代一直重视蒙学教材的编写，概括来说，唐宋以前被保存下来的蒙学教材有秦朝李斯的《仓颉篇》、汉朝史游的《急就篇》和蔡邕的《劝学篇》、梁朝周兴嗣的《千字文》，其中《急就篇》和《千字文》对后世影响深远。唐宋时期的蒙学教材，继承和发展了前人的经验，突破以往单一的识字课本类型，开始出现按专题编写的现象，主要包括以下几类：

一是识字教学的教材。如《开蒙要训》《百家姓》《三字经》等。这些教材的主要目的是对儿童进行识字教育，同时辅助性地介绍一些基础知识。《开蒙要训》流传于唐朝五代，全书1400字，多为生活常用字，用四言韵语的格式依次介绍自然名物、社会名物、身体疾病、器物工具等内容。《百家姓》相传于宋初所编，作者佚名，全书集各种姓氏编为每句四字的韵语，便于诵读，共400多字。《三字经》相传为宋末王应麟所编，全书共有356句，每句三个字，句句成韵，叙述了教育的重要性、三纲五常十义、五谷六畜、四书五经、历朝史事等。《百家姓》和《三字经》是我国古代最著名的蒙学教材，与《千字文》合称为"三、百、千"。

二是伦理道德的教材。如宋吕本中的《童蒙训》、吕祖谦的《少仪外传》、程端蒙的《性理字训》等。我国历来极其重视对孩子的道德教育，以往的《孝经》《论语》中包含大量此类教育，唐宋时期的蒙学教材开始分专题对此进行编写。此类教材侧重于向儿童传授伦理道德知识（包括"三纲五常""三从四德""礼义廉耻"等）以及为人处世、待人接物的准则。

三是历史教学的教材。如唐李翰的《蒙求》、宋王令的《十七史蒙求》、胡寅的《叙古千文》和黄继善的《史学提要》。这类教材有的叙述历史的发展，有的选编历史故事或历史人物的名言善行，在介绍历史知识的同时渗透思想教育。

此外，唐宋是我国诗歌发展的顶峰，为了对儿童进行文辞和美感教育，当时也编写了大量有关诗歌教学的教材。如朱熹的《训蒙诗百首》、陈淳的《小学诗礼》及谢枋得重订的《千家诗》等。唐宋时期的蒙学教材开始分类按专题编写，丰富了其内容和形式，且蒙学教材遵循儿童的心理特点，采用韵语形式，便于记诵，并力求把识字教育、基础知识教育和伦理道德教育结合起来。

（五）元明清时期家庭教育的发展

元明清诸朝，是我国封建社会走向衰落的时期。封建统治阶级为了加强思想控制，在推行残暴的专制统治和经济剥削政策时，大力加强社会基层组织如保甲、村社等建设，加强家族权对家庭成员的言行管教，按照宋明理学家的"齐家""治国"思想，把以"修身"为手段的"齐家"家教与国家政治秩序及社会伦理道德秩序的巩固紧密联系起来，形成了元明清时期以"存天理、灭人欲"为核心的禁欲主义家庭教育特色。

元朝的统治时间较短，家庭教育成果较少，但也有其独特的成就，如耶律楚材的家庭教育，为祖国大家庭民族文化的交融做出了贡献，也为我国家庭教育宝库增添了新的内容。明清时期是我国封建社会的发展由盛转衰的时期，也是我国古代家庭教育由繁荣逐步走向衰弱的时期。明朝确立了"治国以教化为先，教化以学校为本"[1]的文教政策，统治者一方面竭力强化皇权，另一方面大兴文教。重文政策促进了文化教育的恢复与发展，学校教育、科举比前代更为兴盛，读书人受到特殊的尊重，在这种情况下，教子读书做官被许多人视为振兴门户的必经之路，家庭教育由此兴盛起来，并达到了繁荣和鼎盛阶段，表现为：家训著作急剧增多，层出不穷，数量之多远远超过了以前各个阶段家训著作的总和。《中国丛书综录》记载，中国古代家训类书籍总共有114种，其中明代28种、清代62种，两项总计占古代家训著作总数78%以上。其中有些还对后世影响深远，如朱柏庐的《治家格言》。

为了加强思想控制，明清实行文化专制统治，竭力推崇程朱理学，屡兴文字狱，科举制也逐步沦为八股取士。文化专制尤其是程朱理学对我国的家庭教育也产生了一定的影响，如在家庭教育中，父权制家长作风盛行，重视从严治家，注意家风、家纪的教导和灌输，重视伦理道德的说教。虽然明清时期我国家训著作较多，但大部分家训内容大同小异，新意不多，表明我国明清家庭教育在繁荣的同时，也呈现出了衰弱的迹象。这说明中国古代家庭教育到此已接近尾声，它必将随着时代的步伐，走向一个新的阶段。

二、我国近代家庭教育的发展

此处的中国近代特指从1840年鸦片战争开始到1949年中华人民共和国成立的这一段时期。1840年的鸦片战争，英国人用坚船利炮打开了中国的大门，我国开始了近一个多世纪的屈辱的近代史。鸦片战争后，家庭教育思想进入演变与转折的历史时期。一系列不平等条约的签订使中国逐渐丧失了独立国的地位，改变落后现状、争取国家富强成为国人的首要任务，无数仁人志士开始了艰苦的探索。甲午战争后，外交政治的沉重失败引起了先进知识分子对传统思想文化的反思，加快了向西方学习先进思想的步伐，以康有为、梁启超为代表

---

[1] 黄河清. 家庭教育学[M]. 广东：华东师范大学出版社，2014：34.

的维新派吸取国外先进的思想文化与教育，积极改革封建政治体制，从而将这一学习运动推到最高层次。

近代中国社会的变革并不是我国原有封建制度自然演变和发展的结果，而是在外国资本主义的入侵和压力下进行的。同样，我国近代家庭教育的发展一方面继承了古代家庭教育的传统，另一方面也顺应了时代的变迁，反映了近代中国社会政治、经济、制度的变革，尤其是"西学东渐"的影响。因此在整个百年家庭教育近代史中，始终呈现出历史与现实、传统与现代、民族性与世界性的双重矛盾和双重关注。

（一）继承古代家庭教育思想

任何一种文化形态，一经形成便具有一定的延续性和稳定性。虽然随着社会的变迁尤其是西方教育思想的引进，我国近代家庭教育发生了很大的转变，传统家庭教育受到了很大的冲击，但我国古代传统家庭教育的精华显示出了强大的生命力，得到了众多思想家和教育家的继承和发展。

1. 崇尚德育

传统的家庭教育，均把孩子的品德教育、行为习惯放在重要位置。传统的道德观念认为良好的思想品德是做人、立世的根本，培养孩子成为一个有良知、懂孝道、有责任心的人是家庭教育的重要任务。传统"德育"的观念比较宽泛，总体来说，主要包括"孝""俭""爱"等基本内容。到了近代，道德教育依然是家庭教育的重要内容。

2. 注重身教

中国的家庭教育历来重视家庭环境与家庭风气，它对孩子产生的潜移默化的影响不可小觑。良好的家庭氛围、风气与父母等长辈的示范作用又有着不可分割的关系。父母等长辈若以身作则，时时刻刻注重自身形象，就会为孩子的成长打下良好的基础，有利于家庭教育的顺利实施。

近代的教育家也同样推崇积极的榜样作用。陈鹤琴先生明确提出：做父母的一定要以身作则。父母要想得到孩子的敬畏，仅仅依靠对孩子严厉是不可取的，需要在行为举止上使孩子佩服你。如果做父母的行为乖张、举止轻狂，引起做孩子的轻视之心，那么即使你天天打他们、骂他们，他们也不会敬畏你的。

近代的教育家与优生学家潘光旦极其看重榜样的原则。他觉得品格教育在全部教育里虽说是最难的，但也很容易。它不需要多说话，不用许多的书本，更不用什么仪器材料，它只需要一个榜样。如果家长的一言一行，无论在人前还是人后，都能一贯地遵守相当的道德标准，这就是品格教育。儿童是最能模仿的动物，不教而自教的效果自然而然就会达到。

3. 重视胎教

我国胎教思想始于西周，至汉代，思想家贾谊、刘向及王充等人开始总结前代胎教经验，具有民族特色的胎教理论逐渐形成。胎教的价值在近代家庭教育思想中也同样得以体现。如康有为在其《大同书》里对胎教进行了详尽的论述，虽然他勾勒的大同社会是理想的产物，在当时的社会条件下难以实现，但他的胎教思想以近代医学为指导，并将个别家庭的活动上升为大众的活动，准确地把胎教定位于产前的保养与美感的熏陶，这在我国的传统胎教理念的基础上前进了一大步。

4. 看重社会责任

几千年封建社会形成的宗族、门第观念要求孩子的命运与家庭甚至整个家族的未来息息相关。家庭教育的成败，成为整个家族能否在国家和社会政治生活中占有一席之地的重要大事。家庭教育，对于治国安邦具有基础性的作用，"家之正则国之定"。《礼记·大学》里谈到"修身""齐家""治国""平天下"的关系时，认为"齐家"是"治国""平天下"的前提条件，告诫人们"齐家"在社会生活中的重要作用。"齐家"即"治家"，治家的关键又在于家庭教育。这个理论一直是指导中国历代家庭教育生活的准则。由于近代复杂的国际国内形势，家庭教育的作用也不仅仅局限于自己的小家，而是与民族前途与国家救亡紧密结合起来。

针对近代"爱国救亡"的时代主题，家庭教育也衍生出新的施教方针及内容："尚武精神""合作精神"与"爱国精神"。近代知识分子对家庭教育的"救亡"任务抱有极大的期待，希望能通过清明开通的家庭教育为国家培养一代又一代的可以担当重任的人才。

当然，除上述几个方面外，我国近代家庭教育对古代家庭教育的继承还有很多，例如重视立志教育和环境教育、主张严慈相济等。

（二）近代家庭教育的变化

虽然我国近代家庭教育保留了一些古代的优良传统，但由于受社会变迁，尤其是西方教育思想的冲击，我国近代家庭教育发生了很大的变化，主要表现在以下几方面。

1. 家庭教育制度化

家庭教育的最大特点是长期分散到各家各户进行，具有相当强的独立性和特殊性，因而在中国古代史上，家庭教育向来是"家长"自发进行的，从来没有纳入国家的教育体系之中。在近代，随着向西方学习的不断深入，法律制度的建立及不断完善促进了我国家庭教育制度化的发展，其最主要的表现则是政府颁布的关于家庭教育的一系列法令。

1903年，张之洞、张百熙和荣庆拟定了《奏定学堂章程》，后经皇帝批准在全国范围内推行，这就是历史上著名的"癸卯学制"。在这一学制中，清政府规定了新的学校教育制度，从蒙养院到大学毕业共计30年，分三段七级。其中，针对蒙养院的四年教育则专门通过了另一部《蒙养院及家庭教育法》。《蒙养院及家庭教育法》是我国近代第一个家庭教育法令，也是中国教育史上第一个有关家庭教育的法令。在这一法令中，政府第一次对家庭教育的作用、教育目的、教育对象、教育内容和方法等做了全面的规定。虽然由于清政府的腐败无能，致使其成了一纸空文，但其标志着家庭教育第一次被纳入整个国家的教育体系之中，具有划时代的意义，成为我国家庭教育制度化的开端。国民政府则在1938~1945年期间颁布了以下五部关于家庭教育的法令：《中等以下学校推行家庭教育办法》《推行家庭教育办法》《家庭教育讲习班暂行办法》《家庭教育委员会暂行组织通则》和《家庭教育实验区设施办法》。

由此可见，我国民国时期形成了较为完备的家庭教育法令体系。除对家庭教育的目的、对象、内容等一般问题进行探讨外，还对推行家庭教育的实施组织（由早期的"家庭教育会"发展为"家庭教育班"，后为"家庭教育讲习班"，专门管理机构及推行主体由最初单纯的"中等以下学校"扩展到大专院校及其他社会教育机关，最后以"家庭教育实验区"为试点）进行了规定，这些措施有效地指导了家庭教育的实施。

2. 家庭教育科学化

与自给自足的小农经济相对应，我国古代家庭教育呈现出强烈的经验性，注重的是长辈对晚辈人生经验的传递与教诲。流传下来的对于家庭教育的论述也是相关经验的总结，缺乏理论依据和科学基础。近代以来，尤其是进入20世纪后，随着西方教育理论的传入，我国家庭教育开始逐步走上了科学化的道路。其中，康有为、梁启超、鲁迅、陈鹤琴、陶行知、郑晓沧、张宗麟等一批先进的知识分子都对我国近代家庭教育尤其是幼儿教育的理论进行了革新。而我国近代著名的家庭教育家陈鹤琴则认为家庭教育必须建立在家长对儿童身心发展特点和规律的了解以及对儿童尊重的基础上。他把心理学作为其家庭教育思想的理论基础，并以此对其家庭教育的原则和方法进行论述。而其1925年出版的《家庭教育》一书也可视为我国家庭教育系统化和科学化的重要标志。

3. 家庭教育民主化

在我国古代，"父为子纲"的封建家长制使得父母对孩子享有绝对的权威，父母往往将孩子视为自己的私有物品，孩子毫无自由、平等可言。近代以来，随着封建专制制度的逐步瓦解，尤其是西方自由、民主、平等思想的传入，我国传统的儿童观受到强烈冲击，家庭教育开始朝着民主化方向发展。著名学者鲁迅曾一针见血地指出了我国传统家庭教育的弊端，"所有小孩，只是他父母福气的材料，并非将来的'人'的萌芽"[1]，正因如此，鲁迅呼吁"救救孩子"，要求父母对于孩子"应该健全的产生，尽力的教育，完全的解放"，以此改革家庭教育的实施。

著名家庭教育家陈鹤琴主张民主、平等的儿童观与教子观，他认为儿童的各种本性本能同成人是一样的，区别就是儿童的身体比成人的小一些罢了，因而他在家庭教育的原则和方法上提出做父母的不可常常用命令式的语气去指挥他们的小孩子，应当同小孩子做伙伴。

4. 家庭教育开放化

在古代，封闭的自给自足的自然经济占统治地位，与此相对应，我国古代的家庭教育也具有强烈的封闭性。在教育内容上，重视行为习惯的培养和伦理

---

[1] 黄河清. 家庭教育学[M]. 广州：华东师范大学出版社，2014：43.

道德的灌输，内容相对狭窄。在教育形式上，各自以家为政，交流较少。进入近代后，"西学"的传入丰富了我国家庭教育的内容，其由传统的道德型教育逐步过渡到知识型教育。除传统家庭教育的基本内容外，西文、西艺、西方的政治、经济、军事、历史、地理等知识也逐渐融入我国家庭教育，大大促进了其发展。"西学"的传入使我国近代家庭教育内容呈现出开放性和知识性的特征。在教育形式上，清末尤其是进入 20 世纪后，一些家长会送孩子出国留学，国际间的教育交流逐步增多，家庭教育打破了其原有的藩篱，家长开始用一种新的家庭教育形式来实现让孩子接受新式教育的愿望。

我国近代家庭教育在向西方文化取经的同时，也结合当时中国的现实情况对传统的家庭教育思想进行了适度改造与适当吸收，因此近代中国家庭教育始终保持了浓厚的民族性。近代中国的家庭教育思想是特定历史时期的一个矛盾的结合体，它的微妙、敏感、多元化同它所处的时代一样具有独特性。同时，我们也可以看到，近代中国的家庭教育思想不可避免地具有一定的局限性：由于社会变革的深度与广度有限，当时的家庭教育思想与真正意义上的现代家庭教育思想相比还是相当稚嫩的，而且迫于当时内忧外患的社会现状，很多知识分子在对传统的家庭教育思想进行审视的过程中，难免缺乏相对的客观性，很多传统的家庭教育思想被赋予了较低的价值，而对很多西方家庭教育观念又推崇过高，因而缺乏一定的客观平等性。尽管如此，近代中国家庭教育思想的演变给我们带来的启示与重大意义是不容忽视的，我们无论身处何种历史时代，家庭教育的关键作用都是要牢牢记住的，家庭教育思想要主动迎接各种变化和挑战，只有这样，我们传统的文化精华才能更好地得到延续，造福后人。

（三）近代家庭教育思想

1.曾国藩的家教思想

曾国藩在教育上的贡献主要体现在家庭教育方面，其家庭教育思想受当时的儒、墨、道家等传统文化的影响，渗透着浓厚的中国传统伦理思想。

（1）修身为人之道

曾国藩深受儒家思想的影响，非常注重修身养性，以此来完善自身的品德修养。具体从"孝悌仁爱""勤劳节俭""虔敬诚实""立志自强"四个方面进行教育，把家中子弟培养成品德高尚的人。在他看来，修身养性必须具备以下诸要素：慎独、主敬、刚毅、有恒、谦谨、平实等。这些要素的实现，就可以体现出一个人的品德、心态、价值观和思想境界的高尚。

（2）读书治学的思想教育

曾氏家族提倡半耕半读，非常强调读书的重要性。曾国藩提出了读书可以改变气质的观点，勉励诸弟及子侄奋发读书，愿他们成为"读书明理之君子"。他的家书中多次提出自己的读书观：只要自己肯发奋、下功夫，什么地方都可以学。

（3）勤俭持家的思想教育

曾国藩深受封建传统文化熏陶，对于勤和俭的理解是非常深刻的：一个家族能够保持兴旺发达，一个最简单的道理就是要学会勤俭。这也是他家庭教育思想的核心部分。他苦口婆心地教导两个儿子，越是官宦人家的子弟越要勤俭自律，只有这样，将来才能成大器。更为难能可贵的是，处于清末社会的曾国藩有很多超越时代的远见卓识。

（4）交友处世之道

曾国藩在家庭教育中，注重协调处理好多方面的关系，把握家庭教育的系统性。他的教育思想和视野，并没有仅仅局限于自己的家庭内部，也关注家庭之外。曾国藩提出要慎重妥善地处理好各方面的关系，包括邻里关系、结交朋友、与人交往等，这体现了家庭教育的系统性，也在实践上保证了家庭教育的整体优化。首先，曾国藩教育兄弟及子侄处理好邻里之间的关系。他深知一个家庭如果不能与亲族邻里很好相处，这个家庭一定会招抱怨和仇恨，终究要带来衰败。因此，他很重视教育家人善待邻里。其次，在总结自己的心得基础上，他很重视教育子弟选择和结交朋友。他认为，选择交什么朋友是第一要事，告诫子弟要交志趣远大的朋友。最后，曾国藩还教育子弟要处理好与他人的关系，尤其提出了戒傲气，举止要重厚的基本原则。

在中国近代史上，曾国藩是最受关注的，同时也是最具争议性的人物之一，人们对他的评价也是毁誉各异，但他的家庭教育思想却得到了充分的肯定。在长达六十多年的一生中，曾国藩写了1000多封家书和大量的日记，字字句句都包含了他对家人的教育、关心以及对左邻右舍的谦让、照顾，可以说，曾国藩的家书、家训、家规对后世影响巨大。

2. 朱庆澜的家教思想

朱庆澜是我国近代著名的爱国将领。民国初年，他出任广东省省长，其间撰写了一部名为《家庭教育》的著作，于1917年公开出版，并分发给广东全省的家家户户。朱庆澜行伍出身，肩负一省的行政重任，为何要亲自撰写家庭教育著作呢？朱庆澜在《家庭教育》一书的"前言"中对此有所交代："中国本是极大极强的国，因何变成这样全无出色地位？并非国不好，实在是人不好。天生人人都是好的，所以不好的缘故，都由于自小未曾受过好的教育。照此看来，要把中国变强，非把中国的小孩好好教育起来，否则中国永无翻身的日子。我做广东的省长，就是广东一家的家长，家家的小孩，做省长都应该帮着教育。只是地方太大，功夫来不及。因此，编写了一本《家庭教育》的'白话'（文），由我捐献印刷出来，分与大众。大众看了这本书，就同对着省长说家常话一样。人人能照这本书教育子弟，能替国家养成好人民，是国家的大福气，能在家里教成好儿子，就是各家的大福气了。"[1]

（1）家庭教育的原则。

第一，父母要给孩子做个样子。朱庆澜认为，家庭教育的根本道理是做父母的要以身作则。他通过学校教育和家庭教育的对比，指出家长的以身作则尤为重要。朱庆澜注意到家庭教育的一个重要特点是：父母和孩子天天朝夕相处，父母每时每刻都在接受孩子的"监督"，其言行举止难以完全回避孩子。因此，朱庆澜告诫父母要处处、时时、事事以身作则，他认为，这是家庭教育的"根本法"，非常重要，决定着家庭教育工作的成败。朱庆澜的这种说法是很深刻的。

第二，教育定要跟着小孩的程度。现代心理学告诉我们，不同年龄阶段的儿童，其心理特点不同，知识水平和接受能力不同。要教育好儿童，必须使教育工作符合儿童的年龄特征。朱庆澜提出的"教育定要跟着小孩的程度"，就是这个意思。他形象地比喻说：教人的（教育者），不跟着教的人（受教育者）的程度走，好似主人请个吃素的客，却预备了一桌荤菜烧烤，主人只管费了事，客却没有地方下等。这个比喻十分贴切。教育孩子，脱离实际，徒劳无益。

第三，注意"家庭气象的教育"。所谓"家庭气象的教育"，就是指家庭环境、风气的影响。针对当时中国大多数家庭是大家庭、成员序列多、构成复杂这一实际，朱庆澜提出，要搞好儿童的家庭教育，必须首先把整个家风治理

---

[1] 赵忠心.中外家庭教育思想简史[M].北京：中国妇女出版社，2021：233.

好，不但对出生以后的儿童来说是重要的，哪怕是在儿童出生以前也是十分必要的。

第四，父母要共同教育孩子。朱庆澜提出：父母要分担教育，不要叫小孩分个亲疏轻重。父母共同承担教育孩子的责任。他之所以提出这样一个教育原则，是有针对性的。他认为都是做父亲的，单管教儿子，所以叫儿子看重父亲，一面却生个害怕父亲的意思，不知不觉同父亲疏远起来。而做母亲的，单管养儿子，所以叫儿子亲热母亲，一面却生个撒娇的意思，不知不觉看轻了母亲。

朱庆澜特别指出家庭教育中常常出现的两种错误做法及其后果：一是母亲只养不教，父亲只教不养。这就会让小孩觉得爱他的只有母亲，自然同父亲疏远起来。二是母亲和父亲在教育孩子过程中相互拆台。父母这样教法，一定会把一个好孩子教成一个极胆大、既不孝父又不孝母的人。为了避免出现孩子对父母态度轻重亲疏的问题，做到相互配合，共同教育好孩子，朱庆澜要求做父亲的，一面教儿子，一面也要养儿子；做母亲的，一面养儿子，一面也要教儿子。父母同时去教，小孩知道做了坏事，无地可以躲藏，无人可以保护，自然不敢做坏事，父母同时去养，小孩知道父母都是我的大恩人，自然不会亲热这面，疏远那面，自然变成个孝顺儿子。

第五，划清界限掌握分寸。做父母的，都希望把孩子培养成既活泼又有规矩的人。但真正能做到不是一件容易的事。朱庆澜认为，许多父母都分不清活泼同放肆、规矩同呆板的界限：一教孩子活泼，就无论何事都听他自由；一教他守规矩，就无论何事都不准他自由，这是家庭教育中常常出现的两种偏向。其实，活泼同放肆，规矩同呆板，两者大有区别。朱庆澜认为，有规矩的自由叫活泼，没有规矩的自由叫放肆；不放肆叫作规矩，不活泼叫作呆板。他的这种分法是科学的，体现了辩证法的思想。在家庭教育中，强调要注意划清某些界限，实际上就是要求父母在管教孩子时要掌握分寸、尺度，无论进行哪个方面的教育，都要适度、适可而止，不得过头过分。

第六，言行谨慎，防微杜渐。朱庆澜注意到家庭教育是在日常生活中由父母言传身教进行的，父母的言行对孩子的影响常常是在无意中发挥作用的。因此，他提出父母在孩子面前一定要言行谨慎。朱庆澜认为，对孩子的教育和影响，在大量情况下并不是有意识的。然而，恰恰就是这些无意中的言行却给孩子带来极为深刻的影响。为了做到防微杜渐，朱庆澜要求父母不但要自己言行谨慎，而且要严察孩子的言行。他说，有时带小孩出门，要细细察看他同别家小孩的说话举动。回到家来，先把自己的小孩说话举动，哪样好，哪样不好，好好分别指出来，好的夸奖他，不好的劝诫他。再把别家小孩言动的好与不好一一与他分别指出来，好的教他要学，不好的教他要戒。这是要求家长要增强教育意识，成为教育孩子的有心人。

第七，打骂不如劝教。朱庆澜反对打骂孩子，认为父母打骂孩子危害很大，他提醒家长，希望小孩学好，万万不可用打骂。即便不得已用了这种方式也要注意效果：用打的时候，定要背着人去打，使他知道挨打是顶失礼的事，是父母无可奈何的事。

第八，"家庭同学堂要一气"。在家庭教育中，家庭和学校要步调一致，密切配合，相互支持，保持教育的一致性。朱庆澜认为，家庭和学校的教育不一致，就会影响学校的教育效果。只有父母与学校密切联系，加强沟通，相互配合，小孩知道做坏事无地可以躲藏，才能够学好。

（2）家庭教育的内容

朱庆澜提出的家庭教育内容是很丰富的，而且侧重于思想品德方面，这是符合家庭教育实际的。具体包括以下内容：

第一，仁义礼智信的教育。朱庆澜认为，"仁"就是良心。教孩子爱人、爱物件的良心就是"仁"的教育，在进行"仁"的教育时，主张摆事实讲道理，并且父母要以身作则。而"义"的教育，在朱庆澜看来，就是做该做的事，不做不合理、不该做的事，谓之"义"。他认为，对孩子进行"义"的教育时，要结合实际，从小事做起。关于"礼"的教育，就是教孩子长幼秩序、礼义、礼貌等。"智"的教育就是知识方面的教育。"信"的教育就是诚实品德教育，要求小孩子要诚实守信。

第二，"制苟且的教育"。"苟且"有三个意思：一是只图眼前，得过且过；二是草率、马虎、敷衍了事；三是不循礼法，不守规矩。制苟且的教育就是禁止、纠正苟且的毛病，养成做事有头有尾、严肃认真和守规矩的好习惯、好作风。

第三，勤俭的教育。勤俭是中华民族的传统美德。朱庆澜认为，不勤俭危害很大。他告诫父母：不要学那绝无见识的父母，把儿子当成祖宗，任他享福，却自己爱做牛马，替他受罪，不但苦了自己，并且害了儿子。

第四，公德的教育。朱庆澜认为，爱自己的心是私心，爱大众的心是公德心。而一个缺乏公德心的人是无益于国家的，因此，要对孩子从小就进行公德的教育，要让孩子心中不要只有自己，没有他人，主张从小事上培养孩子的公德心，这样，孩子长大了不但能成一个爱国的好国民，也可以成一个不讨嫌、不结怨、保护家门的好子孙。

第五，军国民教育。朱庆澜认为，要教小孩子从小就知道国就是家，家就是国的道理，让孩子从小锻炼身体，强健体魄，服从规矩，将个人命运与国家前途命运紧密联系在一起。朱庆澜的这一思想反映了要求国家独立、富强和发展的愿望，顺应当时社会发展潮流，是比较进步的教育主张。

朱庆澜的家庭教育思想不仅在一定程度上揭示了家庭教育的规律，而且体现了爱国主义思想，这在北洋军阀的黑暗统治时期，不能不说是一种反潮流的思想。他所提出的家庭教育内容，主要体现在思想意识、道德品质、行为习惯等方面，反映了他对家庭教育的基本功能有着很深刻的认识，而且这些家庭教育内容也有很强烈的人民性。

3. 陈鹤琴的家教思想

陈鹤琴是民国时期著名的儿童教育家、儿童心理学家。他一生主要从事一系列开创性的幼儿教育研究与实践，有《智力测验法》《玩具与教育》《家庭教育怎样教小孩》《家庭教育》等著作。陈鹤琴用自己孩子们的成长诠释了自己的家庭教育思想学说。

（1）家庭教育目的

培养勇敢、进取、合作、有思想、肯服务于社会的儿童。

他继承了中国传统的"以品学为目的"的家庭教育观，注重从小教会孩子学会做人、做好人、做一个服务于社会的人，这是传统教育的精华。同时，他也针对当时中国现实中存在外国化和宗教化等教育倾向，提倡办一种中国化、平民化的教育，即"活教育"中要求"学会做人、做中国人、做现代中国人"的教育观在家庭教育中的具体表现，将之与传统教育中退让、保守和明哲保身等区别开来，结合中国现代社会发展对人的要求，提出做父母的应当培养孩子为人服务的习惯，具体做到不自私，让孩子坚持自己的事情自己做，同时做到不任性，守秩序。陈鹤琴认为这还需要从最初接触的人际环境——家庭入手，培养孩子的同情心和利他精神，他从正反两方面举例说明了同情行为在家庭中和社会上都是非常重要的美德。他对家庭教育目的的要求也反映了时代的要求，与张宗麟的幼儿教育目的是一致的，同时，要求幼儿合作、勇敢和服务社会的精神仍是今天的教育任务。

（2）家庭教育内容

体、智、德、美和谐发展。

陈鹤琴继承了中国传统教育中培养幼儿良好行为习惯和礼貌举止等精华，增加了体育这一内容，符合幼儿身心发展规律。要求在家庭日常生活中渗透美育，作为人格陶冶的重要内容，符合现代家庭教育的发展趋势。其中，体育强调良好生活卫生习惯的养成，德育注重儿童的情绪发展和学会初步的待人接物，智育注重丰富幼儿的经验，通过美育，发展孩子的想象力和创造性，使其自己能够想、自己能够做，具有独创精神。

（3）家庭教育原则

陈鹤琴在其长期的家庭教育实践中，总结了家庭教育的原则。

其一，科学育儿原则。陈鹤琴认为幼儿家庭教育是一门重要的科学，必须展开科学实验和研究，寻求教育规律，并认为家长应具备科学的儿童观。儿童观是指对儿童的看法和态度，包括对儿童期的意义、儿童的身心特点等的认识，这直接影响到教育者的态度和方式，进而关系到家庭教育的效果。陈鹤琴提出注重科学育儿是中国家庭教育由经验性向科学性转化的关键。

其二，正面教育原则。根据幼儿好模仿、易受暗示、喜欢成功、喜欢被称赞的心理特点，陈鹤琴认为，父母应营造一个积极向上的环境氛围，对幼儿进行正面的引导和教育。父母要多鼓励孩子，表扬孩子，让孩子在家庭中感受到温暖，得到抚爱，这对孩子的性格和情感发展具有特别重要的作用。由此，他反对消极的压制和惩罚。比如，年幼的儿子看到人的头发剪后可以长出来，于是将洋娃娃头上的头发剪得光秃秃，母亲看见后问明其理由，非但不训他，而且让他观察结果，这种积极的引导对于培养儿童的科学实验精神和求知欲具有重要的意义。

其三，以身作则原则。陈鹤琴认为，小孩子是好模仿的，从语言到行动，以大人为一面镜子。父母的人格，即父母的认知、情感、行为等因素及家庭的环境布置无不渗透着教育者的价值取向，对孩子具有强烈的感染力，儿童的价值观念和行为模式可以说是父母的价值观的一种折射。所以,做父母的不得不事事谨慎。由此可知,父母应以身作则,尤其是教育孩子时,应持同一态度,以免造成儿童无所适从,出现难以形成稳定的价值观的情况。

其四,游戏的原则。陈鹤琴认为,小孩子生来是好动的,游戏是儿童的特殊生活,也是儿童的第二生命。游戏对于孩子来说益处是多方面的,运动身体可以获得健康的体魄,心境也会快乐,知识就容易增进,思想也容易受到启发。由此可知,游戏是儿童学习的最佳途径,也是幼儿期获得经验的来源。

总之,陈鹤琴以儿童心理研究成果为家庭教育的理论基础,并以这两方面的理论和实践为基础,进行了富有中国本土化特点的幼儿教育理论体系探讨,他的教育理论对我国幼儿教育产生了重大影响,尤其是在20世纪80年代中期,掀起了研究其教育思想的高潮,他的教育思想指导着中国20世纪至今的幼儿教育的发展方向,是具有中国特色的幼儿教育理论的开拓者。

三、我国当代家庭教育的发展

我国当代家庭教育的变革,主要关注中华人民共和国成立之后,我国家庭教育在政策演变、教育体系和具体实践等方面的变化与发展,通过了解不同阶段我国家庭教育积极探索、锐意改革的发展道路,探寻家庭教育不断完善政策设计和优化实践路径的改革特点。

(一)我国当代家庭教育的制度探索

中华人民共和国成立以来,我国家庭教育政策历经萌芽探索期、改革发展期、奠基深化期和立法规范期几个阶段,每一个阶段都积累了丰富的理论和实践经验,为我国家庭教育持续发展奠定了重要的政策基础。

1. 萌芽探索期

萌芽探索期指的是1949~1977年这段时期。中华人民共和国成立后至改革开放前,家庭教育政策体系虽然尚未完善,但有关教育的政策文本都关注到了社会主义性质的家庭教育,家庭教育逐渐成为教育改革的一部分。

中华人民共和国成立后,教育领域开始着手整顿教育的旧象乱局,明确了发展新教育的方针,将基础教育的发展提到重要地位。1952年,相继颁布了

《小学暂行规程（草案）》和《中学暂行规程（草案）》两个政策文件，文件规定："每学期要邀请家长举行学生家长会议，反映家长对学校的意见，听取学校的工报。"❶在两个政策文本中，明确了家庭成为学校教育的重要参与者。20世纪60年代，教育部相继出台《全日制小学暂行工作条例（草案）》《全日制中学暂行工作条例（草案）》等政策文件，进一步提道："通过家庭访问或举行家长会等方式，同学生家庭保持联系。"❷重申了家校共育的重要性，家庭教育的重要作用也得到进一步凸显。

中华人民共和国成立后，国家先后出台了《中华人民共和国婚姻法》与《中华人民共和国宪法》，两部法律文件都提到了有关家庭教育的内容，家庭教育开始探索制度保障的建设。如1950年颁布的《中华人民共和国婚姻法》，明确了家长对孩子应尽的义务与责任，开始从法律层面规范家庭教育中父母的义务与责任；1954年，国家颁布了我国的第一部《中华人民共和国宪法》，作为中华人民共和国根本法，对妇女、儿童的根本权益给予法律规范和保障，从法律层面确立了家庭教育的重要地位。这两部法律初步体现了我国家庭教育开始进入制度建设轨道，开启了社会主义家庭教育制度化的探索之路。

从中华人民共和国成立至改革开放前这段时间，虽然家庭教育只是在部分教育政策或相关法律法规中有所涉及，家庭教育政策的系统性和针对性有所欠缺，内容也还不够健全，但有关家庭教育的探索和实践为之后的政策制定和优化奠定了坚实的基础。

2. 改革发展期

改革发展期指的是1978~1995年这段时期。1978年后，我国教育事业开始步入改革开放的全新阶段，教育改革和发展也迎来了新机遇，家庭教育在这样的背景下也迈入改革发展的新时期。

1981年，《中共中央转发全国妇联党组〈关于两个会议情况及1981年妇联工作要点的报告〉的通知》提出，"全国妇联应把抚育、培养、教育三亿以上的儿童和少年，作为自己的工作重点""做好家庭教育工作，帮助家长加强和改

---

❶ 何东昌.中华人民共和国重要教育文献1949—1975[M].海口：海南出版社，1998：1153.

❷ 何东昌.中华人民共和国重要教育文献1949—1975[M].海口：海南出版社，1998：374.

进对孩子的教育"。❶ 家庭教育成为全国妇联的重要工作内容，标志着我国家庭教育事业工作进入一个新的发展期。1988年，《中共中央关于改革和加强中小学德育工作的通知》文件强调，教育部门和学校要积极主动地指导家庭教育，家庭教育也是教育部门关注的重点。1992年，国务院印发《九十年代中国儿童发展规划纲要》，规定要"建立学校教育、社会教育和家庭教育相结合的育人机制，提高家长保育孩子的能力"❷，家庭教育的重要性得到进一步凸显，家庭教育的内涵也在不断扩展。

改革发展期，我国逐步推动家庭教育法治化进程。1986年，颁布的《中华人民共和国义务教育法》进一步明确了家庭的教育责任，保障适龄儿童、少年接受义务教育成为法定的权利。1991年颁布的《中华人民共和国未成年人保护法》，也明确了家长应肩负起未成年人的监督、指导、监护等相关责任。此外，《中华人民共和国妇女儿童权益保障法》（1992）、《中华人民共和国教育法》（1995）等多部法律亦对家庭教育进行了系统规划，加快了家庭教育法治化的进程。这些法律文件，为家庭教育发展提供了法律保障，对家庭教育法治化建设起了重要的助推作用。

改革开放之后的这段时期，关于家庭教育的政策设计得到进一步发展，其中的重点内容，一是明确了家庭教育的主体责任与义务，二是未成年人的保障权益进一步凸显，三是重视家校社协同育人机制的建设，特别是这些家庭教育内容写进了制度文件，从而进一步推动了家庭教育的持续健康发展。

3. 奠基深化期

奠基深化期指的是1996~2009年这段时期。奠基深化期的一个标志性事件，是1996年全国妇联、国家教委印发《全国家庭教育工作"九五"计划》，这是改革开放后第一个以"家庭教育"直接命名的专门化政策，我国家庭教育开始走上专门化、制度化、常态化的发展之路。

1996年印发的《全国家庭教育工作"九五"计划》，具有非常重要的标志

---

❶ 中华全国妇女联合会."四大"以来妇女运动文选（1979—1983）[M]. 北京：中国妇女出版社，1983：39.
❷ 薛二勇，周秀平，李健. 家庭教育立法：回溯与前瞻[J]. 北京师范大学学报：社会科学版，2019（6）：10.

性意义。它意味着家庭教育常态化的以五年一个周期持续推进，也体现了家庭教育政策的持续性和发展性。2002年，全国妇联、教育部颁布《全国家庭教育工作"十五"计划》，重点加强家长学校及多主体结合的家庭教育指导工作体系的建设。2007年颁布的《全国家庭教育工作"十一五"规划》，是由全国妇联、教育部等八部门联合制定的，由此开启了多部门介入家庭教育的常态化协作，在"十一五"规划中，也首次把家庭教育纳入公共服务领域，凸显了家庭教育的公共性特点。

2001年，三个重要文件同时颁布，分别是《公民道德建设实施纲要》《中国儿童发展纲要（2001—2010年）》《中国妇女发展纲要（2001—2010年）》。三部政策文件都对家庭教育中的德育建设提出了要求。2004年，中共中央、国务院印发的《关于进一步加强和改进未成年人思想道德建设的若干意见》，这部政策文件也提出，要进一步发挥家庭教育在未成年人思想道德建设中的核心功能，以凸显家庭的育人功能。家庭和学校一样，也承担着育人的重要职责，家庭在德育建设中有着得天独厚的优势。

这一时期，家庭教育还注重协同推进。全国妇联、教育部于1997年、1998年分别发布《家长教育行为规范》和《全国家长学校工作指导意见（试行）》，两个文件都提到了要重视家长学校的建设，通过家长学校来提升家长的素质。2004年，教育部和全国妇联联合颁布的《关于进一步加强家庭教育工作的意见》，提出了家长学校的建设目标："到'十五'末期，有条件的中小学、幼儿园至少有一所家长学校。"[1] 家长学校建设成为这一阶段的重要目标，家长学校建设也呈现出多样化的形态，如流动儿童家长学校、社区家长学校、家庭教育指导中心等。

总体而言，这一阶段的家庭教育开始进入常态化发展阶段，关注家庭教育中独特的育人优势，推进建设多主体协同的家庭教育指导体系，家庭教育的内容不断得到深化，政策体系不断得到完善。

4. 立法规范期

立法规范期指的是2010年至今。2010年后，家庭教育在法治化建设方面

---

[1] 全国妇联办公厅编. 妇女儿童工作文选（2004年1月—2004年12月）[M]. 北京：中国妇女出版社，2005：305.

取得了显著的成效,家庭教育政策体系越来越完善,在促进未成年人全面健康发展方面,家庭教育的保障性功能也得到进一步加强。

2010年,全国妇联等九部门联合印发《全国家庭教育指导大纲》,这是一部指导家庭教育的重要性文件,规范了家庭教育的开展,并指导各责任主体如何去开展家庭教育。2011年,全国妇联等部门印发《关于进一步加强家长学校工作的指导意见》,对家长学校建设提出了新要求、新目标,强化对家长学校的规范化管理。2012年,颁布的《关于建立中小学幼儿园家长委员会的指导意见》,对家长委员会的建设提出了要求。随后教育部印发《关于加强家庭教育工作的指导意见》,家庭教育的总体格局逐步形成。

家庭教育的立法探索,首先是全国各地的先行立法探索,从法律层面规范家庭教育的开展。如重庆市2016年通过了《重庆市家庭教育促进条例》,2017年贵州省颁布了《贵州省未成年人家庭教育促进条例》。此后,山西、江西、江苏、浙江等10个省市也相继出台了家庭教育促进条例。地方层面的立法探索,为国家层面对家庭教育进行立法规范提供了基础和经验。2021年,第十三届全国人民代表大会常务委员会第三十一次会议通过了《中华人民共和国家庭教育促进法》,这是我国首次对家庭教育进行专门立法,这部法律规范了家庭、国家、社会各方责任,指引了家庭教育的未来发展方向,对我国家庭教育发展有着重要的指导意义。

可以说,我国家庭教育得到了党和国家的充分重视,家庭教育政策不断优化,家庭教育的内容逐渐丰富,家庭教育的指导体系逐步规范,法治化建设在持续推进,形成了具有中国特色的家庭教育体系。

(二)我国当代家庭教育的发展趋势

通过梳理我国家庭教育政策的演变路径,其在教育主体、教育内容、教育过程、价值取向方面,体现出我国家庭教育现代化转型发展的多样化特征,其发展趋势大致可概括为以下几个方面。

1. 科学化发展

首先是家庭教育的理论化探索。坚持以党的全面发展教育方针、"三个面向"纲领和素质教育为指导思想,通过吸取其他学科的最新成果,与教育学、心理学、社会学、管理学等学科实现相互融合,使我国家庭教育朝科学化方向发展，由经验育人向科学育人转变。

其次是家庭教育内容科学化。通过运用科学的社会知识、人文知识、自然知识，不断丰富家庭教育内容，以此来指导家庭教育的开展，使孩子形成正确的世界观、人生观、价值观，不断丰富和发展自己的精神世界，培养孩子追求真理和明辨是非的能力，使孩子科学地学习和生活，全面和谐健康发展。

最后是家庭教育方法科学化。随着社会的发展、时代的进步，家长的文化程度不断提高。因此，家庭教育的方法也不断科学化。不少家长已开始注意阅读、研究家庭教育方面的理论和书籍，同时开始研究教育学、心理学等方面的家庭教育知识；运用适合孩子成长成才规律的、科学的家庭教育方法和手段使家庭教育活动奏效，做到优生、优育、优教；对孩子的教育由过去的打骂型、唠叨型、溺爱型、放任型向引导型、陶冶型、明理型、民主型发展。

2. 规范化建设

长期以来，家庭教育被视为群众性的自发行为，或是学校德育工作的附属品，家庭教育的研究及家庭教育知识的普及在一些人眼里只是"小儿科"。改革开放后，家庭教育事业有了很大的发展，家庭教育的社会地位逐渐提高，教育已经成为一项系统工程，家庭教育、学校教育、社会教育都是教育领域不可或缺的重要环节，家庭教育已成为社会主义教育体系中不可或缺的重要组成部分。由于教育在推动社会进步中的突出地位，家庭教育由个人行为转变为政府行为的格局将会更加明朗化，国家将会采取更加有力的措施统筹管理家庭教育，如国家相继出台的家庭教育法律法规，不断彰显出家庭教育的重要性。众多政策文件也把家庭教育作为考核相关职能部门的重要内容，强化家庭教育多部门协同推进。通过设立权威的家庭教育管理和指导机构，并提供专项家庭教育事业发展的经费，助推家庭教育向可持续、规范化发展。

3. 素质化取向

当前，我国教育领域正在经历深刻的变革，即由"应试教育"向"素质教育"转型。各级各类学校要组织素质教育实践活动必然离不开家庭教育的支持，素质教育的推进，也需要家庭教育实践中自觉地由"应试教育"向"素质教育"转化。进入21世纪后，随着社会对人才素质要求的提高及学校全面实施素质教育的力度加大，素质教育走进家庭教育的趋势将会更加明显。全面推进素质教育将不再只是学校的事情，它也是家庭教育的一部分，是全社会的大事。"素质教育"理念将进一步为家长所接受，素质教育将成为家庭教育的核心内容。

4.学习化之路

未来的社会是一个知识型社会，更是一个学习型社会。在这种学习型社会里，"学习型家庭"将是家庭教育中的新形态。"学习"将成为家庭教育明智而又自觉的要求。"学习型家庭"所提倡的家庭成员全员学习，有利于营造浓厚的学习氛围，对孩子更是一种熏陶；"学习型家庭"所提倡的家庭成员之间的相互学习，使亲子关系更为密切，家庭教育的效果会更为显著。"学习型家庭"也进一步对家长提出了更高的要求，学习家庭教育知识将成为家长的"必修课"，作为家长，只有掌握丰富的家庭教育知识，才能不断提高自己的家庭教育水平。在21世纪的知识经济社会里，快节奏的社会变化给我们带来了很多挑战，面对知识很快老化、过时的现状，我们需要不断学习以应对新环境。在这样的学习型社会里，学习将与人们毕生相随，并成为支撑人生发展的主要力量源泉，不断学习，终身学习，也是家庭教育的重要任务。

5.整体化发展

21世纪，我国的教育从全局看，必须是面向世界、面向未来的教育；从教育系统看，必须是家庭教育、学校教育、社会教育紧密结合，形成一体化的教育。因为，学校、家庭、社会构成学生成长的三维空间，这个立体的空间里，来自各方面的信息都从多角度作用于少年儿童。三大教育的关系是：家庭教育是基础，学校教育是主导，社会教育是依托，彼此既是独立的又是相互联系的，从而构成了一个完整、统一的现代教育体系。随着我国经济、社会的发展与进步，随着素质教育的全面推进，家庭教育、学校教育、社会教育相互沟通，紧密结合，协调一致，组成一个整体、形成一个合力，共同培养社会主义现代化所需要的高素质的全新人才，这是教育现代化的必然趋势。

第三节 家庭教育的功能

家庭教育功能是家庭的社会功能之一，是家庭教育对个体与社会产生的作用,表现为家庭教育如何培养合格的人以及如何推动社会的发展。

准确理解家庭教育功能的内涵,是全面客观认识家庭教育功能的先决条件。家庭教育功能与家庭教育目的、家庭教育内容存在紧密联系、又存在差异,通过辨析家庭教育的功能、目的与内容的范畴,以深化对家庭教育功能的认识。

一、家庭教育功能的内涵与属性

现有的研究成果鲜有界定家庭教育功能的内涵,内涵的迷失会影响家庭教育功能的认知。因此,界定家庭教育功能的内涵是重要的,也是必要的。

(一)家庭教育功能的内涵

家庭教育功能可以从"家庭+教育功能"来认识,也可以从"家庭教育+功能"来认识。本书倾向于从"家庭教育"及"功能"认识家庭教育功能。通过认识家庭教育、功能和家庭功能,以界定家庭教育功能内涵。

现今对家庭教育的认识较统一,如《中华人民共和国家庭教育促进法》规定"家庭教育,是指父母或者其他监护人为促进未成年人全面健康成长,对其实施的道德品质、身体素质、生活技能、文化修养、行为习惯等方面的培育、引导和影响";也可以是"父母或其他年长者在家庭中对儿童和青少年进行的教育"[1]。因此,家庭教育是父母或其他年长者对未成年人实施的教育。

不同学科领域对功能的内涵有不同的认识。在哲学领域,"功能是指有特定结构的事物或系统在内部和外部的联系和关系中表现出来的特性和能力"[2]。在社会学领域,"功能是观察到的那些有助于一定系统之调适的后果……显功能是指有助于系统调适、为系统参与方期望和认可的客观后果,潜功能是无助于系统调适、系统参与方不期望也不认可的客观后果"[3]。其他观点还有,"功能指事

---

[1] 夏征农,陈至立. 辞海[M].6版.上海:上海辞书出版社,2009:1049.
[2] 金炳华. 哲学大辞典(分类修订本)[M].6版.上海:上海辞书出版社,2007:951.
[3] 默顿. 社会理论和社会结构[M]. 唐少杰,齐心,译. 南京:译林出版社,2008:130.

物或方法所发挥的有利的作用"❶。因此,功能是事物或系统在内外部联结中表现出来的特性、能力、作用。

《中国大百科全书》指出,"家庭功能,是指家庭对人类生存和社会发展所起的作用;有政治、经济、教育、抚养与赡养、情感交流等功能。"❷家庭有生物、经济、教育等功能,而家庭教育功能是家庭功能的关键分支,家庭教育功能的实现程度影响着家庭功能的达成度。

基于以上家庭教育、家庭功能、功能的内涵的分析,本教材对家庭教育功能的界定是:家庭教育与家庭(内部)、社会(外部)所产生的复杂联系及其呈现的特性、能力、作用,表现为家庭教育对个体发展与社会发展的作用。

(二)家庭教育功能的属性

家庭教育功能的属性是其区别于家庭教育方法、内容等要素所具有的本质性特征。基于家庭教育功能的内涵,家庭教育功能的属性可以归纳为抽象性、导向性与潜在性三种。

家庭教育功能的抽象性是指家庭教育功能肉眼不可见,认识其需要充分利用认知与思维。一方面,认识家庭教育功能的抽象性,可以通过抽取家庭教育功能共同的、本质的属性。家庭教育功能的本质属性表现在家庭教育对个体与社会的能动作用,尤其是对个体社会化的作用,引导个体认识与遵守社会规则,成为社会人。另一方面,家庭教育功能的抽象性可通过个体与社会来认识。家庭教育功能是对个体与社会的能动作用,即推动个体实现社会化与社会向前发展。

家庭教育功能的导向性是指家庭教育如何培养个体,才能实现个体社会化与社会发展。家庭教育功能引导和规范所培养的个体,既要符合个体社会化的要求,遵守社会行为规定;又要成为社会人,参与社会活动,成为推动社会发展的人力资源。

---

❶ 中国社会科学院语言研究所词典编辑室.现代汉语词典[M].7版.北京:商务印书馆,2016:444.

❷ 中国大百科全书总编辑委员.中国大百科全书(第11卷)[M].北京:中国大百科全书出版社,2009:182-183.

家庭教育功能的潜在性是指不能立即看得见所产生的作用,需在一段时间后才能在个体与社会上看得见效果。个体从出生到进入社会需要经过漫长的时间,家庭教育会引导个体认识、遵守社会行为规范,引导个体接受更高层次的教育,从事社会工作。等个体从事社会生活活动后,产生社会价值,推动社会向前发展,才能体现家庭教育功能的效果。

二、家庭教育的个体和社会功能

(一)家庭教育促进个体社会化

家庭被誉为个体社会化的第一个基本单位,对个体社会化起重要作用。家庭教育发挥对未成年人的学业引导、道德品质培养、维持家庭关系和睦等功能。

1. 个体社会化

个体社会化的个体指家庭中的未成年人。但不同的学科领域对社会化有不同的理解,综合多学科观点认识社会化,可以进而认识个体社会化。

(1)心理学领域的社会化

心理学领域的社会化,基于心理发展基础,通过刺激—反应和顺应—内化,掌握社会规范,实现社会现实内部化的过程。

(2)社会学领域的社会化

社会学领域的社会化,强调人从自然人成长为社会人,掌握社会规范,遵守社会的价值观念与行为方式。

(3)行为科学领域社会化

行为科学领域的社会化,强调规范的内化,做出符合社会规范的行为。

综合不同领域的社会化,关键词是社会人、社会规范。本书对个体社会化的界定是:未成年人从自然人成长为社会人的过程,通过自学或他人教育的方式掌握社会规范,做出符合社会规范的行为。

2. 家庭教育对个体社会化的促进

自个体出生后,家庭教育就开始影响个体发展,从家庭抚养到资本传递,家庭传授社会规范,引导个体遵守社会规范,帮助、引导个体从自然人成为社会人。

家庭抚养是个体社会化的起点。《中华人民共和国未成年人保护法》规定：未成年人的父母或者其他监护人应当履行生活保障、关注心理需求等监护职责。可见，在个体社会化中家庭抚养是重要的。一方面，父母基于个人的生活经验、学识认知等，满足个体的衣、食、住等生理需求，父母通过教育个体如何称呼身边人来认识人际关系，父母通过身边的事情告诉个体哪些事情能做、哪些事情不能做等接触与了解社会行为规范。但受制于个体的认知发展不充分等因素，个体在感知运动阶段（0~2岁）与前运算阶段（2~7岁）较难自行分辨哪些事情能做、哪些事情不能做，对社会规范的认知还很模糊。此时，父母的教育为个体掌握社会规范奠定了基础。另一方面，个体通过模仿父母的言行举止，观察父母的表情、言语等，以奖励或惩罚作为依据，知晓哪些事情能做、哪些事情不能做，感知社会规范。

未成年阶段是个体社会化的关键时期。人的发展大致分为未成年和成年两个阶段，不同发展阶段对应不同的个体社会性发展任务等，而未成年阶段是个体社会性发展和能否顺利成为社会人的关键时期。这又与家庭教育是否到位、父母能否将社会行为规则准确传授给个体紧密相关。随着互联网的发展，手机迅速普及，部分父母开始用手机、电视"抚养"未成年人，时常打开视频、动画作品给未成年人观看。一方面，父母无须时时盯着未成年人，减少时间与精力的付出，未成年人也可以从视频、动画作品等学到相关知识。另一方面，如此的抚养行为危害巨大，亲子、同伴关系发展滞后，未成年人可能学到某些暴力行为，长时间面对智能产品也损害视力；未成年人进入学校后，注意力难以集中于教育内容，成绩落后，甚至有部分未成年人难以完成义务阶段教育，学业荒废，无所事事。

当个体成年后，原生家庭的教育对个体社会化作用逐渐降低，个体完成社会化，成为社会人。个体开始组建新的家庭，为人父或为人母，对下一代实施新的家庭教育，影响其孩子的个体社会化发展。

总而言之，家庭教育推进个体社会化，体现在家庭抚养，满足生理需求，初涉社会行为规范，帮助个体成为社会人。而家庭抚养又为后续的资本传递奠定基础。

（二）家庭教育推进社会发展

家庭教育不可能直接推动社会发展，必须得经过个体。经济、文化、政治、习俗、体制等发展都属于社会发展。而"人口因素是社会存在与发展的必要条件"❶，人是社会活动的主体，在社会发展中，人是不可或缺的因素。回归到家庭教育，家庭教育不可能直接推动社会发展，必须得经过个体才能推动社会发展，那么家庭教育如何通过个体去推动社会发展呢？

1. 家庭教育为社会发展储备人力资源

人力资源是推动国民经济和社会发展、智力劳动和体力劳动能力的人的总和，或者说是，能够推动整个社会经济发展的劳动者的能力。因此，人力资源是指具有劳动能力的人的综合，包括在劳动年龄范围内、未达到劳动年龄、超过劳动年龄仍有劳动能力这三种情况。家庭教育主要面向未成年人，个体未达到劳动年龄，家庭教育起储备人力资源作用，待个体达到劳动年龄后再输送到社会，从事社会工作以推动社会发展。

家庭教育储备人力资源，主要体现在以下几个方面。

（1）家庭教育培育劳动的意识与基本技能

家庭在劳动教育中发挥基础作用，家庭教育培养个体的劳动意识与技能是职责所在。那么家庭如何培养个体的劳动意识与技能？现实情况是：独生孩子现象普遍，家庭将孩子当成宝贝一样对待，孩子很少从事家务活动，久而久之，孩子看不起劳动，更缺乏必要的劳动技能。少数孩子受制于学历文凭的限制，难以从事高深知识生产劳动，只能从事一线生产劳动，但由于他们从小到大较少从事劳动，不愿意从事一线生产劳动，最后只能成为啃老族。对家庭而言，加大家庭的经济压力；对社会而言，浪费人力资源，加重社会的福利负担，降低社会发展速度。家庭应安排孩子从事力所能及的家务活动，从小培养孩子爱劳动的意识，父母适当、适时指导使孩子掌握必要的劳动技能。

（2）家庭引导孩子就读感兴趣的专业，从事社会所需的工作

我国有2000多所高校，500多个专业。面对如此多的院校与专业，家庭与孩子都会犯难，不知道如何选择院校，更不知道如何选择专业。当前热门的专

---

❶ 邓伟志. 社会学辞典 [M]. 上海：上海辞书出版社，2009：436.

业，说不定 3~4 年后成为冷门专业。在现实生活中，常常出现父母与孩子的选择不同的情况，父母希望孩子选择 A 专业，而孩子喜欢 B 专业。父母基于个人经历和认知，认为选择某专业能让孩子以后能过上更体面的生活，享受更好的社会待遇等；但孩子更倾向于选择自己喜欢的专业，从事自己喜欢的工作。现今，有很大一群年轻人在入职 1~2 年后开始产生职业倦怠，其中一个重要原因就是从事自己并不感兴趣的工作。因此，家庭在指导孩子填报高考志愿时，应尊重孩子的意愿与兴趣，让孩子带着兴趣学专业，以此奠定未来就业的专业知识与技能基础。当孩子就业择业时，家庭给予必要的指导，根据实际情况、社会发展趋势等就业择业；在条件允许的情况下，鼓励孩子到国家、社会需要的地方建功立业。

2. 家庭教育为社会安定奠定基础

家庭教育发挥社会安定的功能体现在防范未成年人犯罪和预防未成年人免受侵害。为实现这一功能，家庭实施预防教育与保护教育相结合的措施。

（1）家庭教育需履行维护社会安定的责任

在论述家庭教育履行维护社会安定的责任之前，可以先了解未成年人犯罪和侵害未成年人犯罪的情况。据 2022 年 6 月发布的《未成年人检察工作白皮书（2021）》显示，未成年人犯罪有抬头趋势，未成年人犯罪呈低龄化；侵害未成年人犯罪总体呈上升趋势，且侵害未成年人犯罪类型更集中。

未成年人犯罪和侵害未成年人犯罪有抬头的趋势，这与家庭教育的缺位紧密相关。家庭教育的缺位表现在：父母的教育观念、方法不正确，将孩子发展寄托于学校教育；父母忙于生计，无暇教育孩子，隔代教育盛行。家庭教育的缺位产生不良连锁反应：个体缺乏爱的关怀，缺乏安全感，性格叛逆，与社会闲散人员交往，出现不良行为却得不到及时纠正，最终走上违法犯罪道路。

家庭教育维护社会稳定在于，引导个体完成社会化进程，遵守社会规范与法律法规，降低未成年人犯罪可能性；同时，引导个体运用法律法规保护自己的合法权益，免受不当行为的侵犯。因此，家庭教育不能缺位，应履行培养个体的职责。

（2）家庭教育实施防范教育与保护教育相结合的措施

家庭作为社会的一部分，应履行维护社会安定的责任，创造家庭和个体发展良好的发展环境。因此，家庭作为防范未成年人犯罪与预防未成年人免受侵害的重要主体，是个体发展的第一关卡，要履行好防范与预防的责任。家庭教育，一方面要开展预防犯罪教育，另一方面要开展个人行为保护教育。

家庭实施预防未成年人犯罪的教育。《中华人民共和国预防未成年人犯罪法》规定：家庭要开展预防未成年人犯罪教育，增强未成年人遵纪守法意识，提高自我管控能力。家庭如何预防未成年人犯罪教育，可从以下两方面发力。

第一，增强未成年人法治观念。日常家庭教育活动适当引入相关法律法规，如亲子共同阅读法律绘本、聆听法律的歌曲、观看宣传海报等，引导个体在头脑中树立一种法律意识；家长还可以通过分享违法犯罪所受的惩罚等，引起个体的警示。通过上述方式，帮助个体树立遵法守法的意识。

第二，引导个体用法规范行为。个体要牢牢树立违法犯罪是要受到惩罚的意识，明确哪些行为能做、哪些行为不能做。尤其是在个体与同伴交往后，家长要关注孩子的行为有没有受到同伴不良行为的影响，在言语、行为等方面是否有危险倾向，是否有霸凌行为等，如发现有危险行为，家长应及时引导和制止。家长树立良好的行为示范，注意夫妻之间的行为举止，用沟通解决问题。处于家暴家庭中的个体，很容易出现打、骂等不当行为。保护未成年人免受侵害教育。

家庭不仅要教育个体遵纪守法，还要引导其树立保护意识与掌握自我保护的技能。

第一，家庭应引导个体树立保护自己的意识。社会上存在形形色色的人，难以分辨哪个是好是坏，家庭引导个体树立保护自己的意识，谨慎与不明底细的人员交往。

第二，家庭应引导个体在危险情境中要首要保护自身安全。如面临抢劫危机时，宁可放弃钱财，首先保护自己的人身安全，假装顺从、伺机报警、等待救援等。

第三，家庭应传授必要的个人保护技能。如在危险的情况下，采取双手抱头、保护头部、蜷缩身体等手段。

家庭教育经由个体才能推动社会发展，在家庭教育引导、规范与保护的基础上，个体需遵纪守法，增强个人发展能力与树立贡献意识，从而以个体发展推动社会发展。

第二章
家庭教育中的关键要素和影响因素

教育是树立个人品性的根本所在，家庭给予每个青少年的教育则是所有教育的源泉。在家庭中，施教者的教育理念、教育方法，以及施教者与受教者的思想交流、语言交流、情感交流、行为交流、家庭氛围和生活方式都对青少年的成长产生重大的影响。

本章分别就家庭教育的关键要素和重要影响因素进行梳理。

第一节 家庭教育的关键要素

教育是一种复杂的社会现象，也是一个多因素、多层次、多类别、多领域、多形态的社会子系统。正因为教育的复杂性，所以需要将其分解，对构成教育的基本要素进行描述和研究。施教者、受教者和教育中介系统是构成教育活动的三大基本要素。人类未成年前的漫长依赖生活期决定了家庭是其受教育的首要场所，父母是其最初的主要施教者，而家庭环境则是影响其发展的教育中介系统。

一、施教者

作为家庭教育中的主要施教者，父母具有哪些角色特点？应遵循什么角色规范？为了扮演好父母角色，需要进行什么内容的角色学习？这是本部分需要探讨的主要内容。

（一）施教者的角色特点

社会角色是与人的社会地位、身份相一致的整套权利、义务和行为模式。它既是对于处在特定地位上人们行为的期待，也是社会群体或组织的基础。根据这一诠释，父母的施教者角色具有以下特点。

1. 不可转移

父母的施教者角色与教师的教育者角色不同。学校的教师是一种获得性角色，是指个体经过长期专业学习，通晓教育教学知识，了解少年儿童身心发展规律，掌握科学教育方法，获得教师资格认证，通过教育行政部门的业务考核，被确认能够胜任教育教学工作之后才能获得的角色。而家庭中的父母则是一种先赋性角色，其施教者角色是由血缘关系赋予的，年轻的夫妻诞育下孩子后即荣升为兼具养育与教育职能的家长，不需要考核，也无须专门部门的"认证"。父母担任施教者的角色从孩子出生的那一刻起便确定了，无论孩子的先天条件如何，父母都必须履行教育职责，不能"主动辞职"，终身不"下岗"。所以说，父母的施教者角色具有天然的不可转移性。

2. 不可替代

父母的教育具有不可替代性。母亲怀胎十月，与孩子气息相通、骨肉相连，母子之间有着天然的情感链接。孩子的健康成长，离不开母爱。一般来说，母亲作为女性，具有耐心细致、情感丰富、敏感细腻、亲切温和、善于倾听等特征，更能给孩子提供细心呵护、情感支持和心理安全感。同样，父亲的参与对孩子的情感、个性品质、社会性、思维等方面发展也具有重要影响。尤其在孩子进入幼儿期后期，父亲在某些领域能比母亲发挥更大的作用。当孩子进入 4~5 岁这个阶段，有了"我"这个意识的时候，他非常需要的心理营养是：肯定、赞美、认同。如果说安全感的给予方面，妈妈比爸爸更重要。那么，在肯定和认同这个部分，爸爸的重要性要大过妈妈。

3. 功能多重

父母既是孩子的监护人、养育者，又是孩子的老师；既是孩子的长辈、领路人，又是孩子的朋友。父母角色的多重性要求他们在家庭教育中既要有家长的高度，又要有平等的态度，在不同的教育情境中灵活地进行角色切换，发挥多重功能，不仅要给予孩子行为的正确示范，还要对孩子进行道德引领、心灵陪伴和精神滋养。

4.影响深刻

重要他人是指对个体的社会化过程具有重要影响的重要人物，分为互动性重要他人和偶像性重要他人。互动性重要他人是孩子在日常交往过程中认同的重要他人。父母与孩子朝夕相处，情感深厚，并且父母对孩子的教育是在日常的交流互动中进行的。因此，父母常常是孩子最依赖的人，也是对孩子社会化影响最早、最全面、最深刻的互动性重要他人。尽管孩子进入学校后，随着孩子年龄阶段的变化，教师和同伴群体也成为孩子的重要他人，但是相对而言，父母依然是孩子可依赖性较强的重要他人。

（二）施教者的角色规范

父母的角色规范是指父母必须遵守的行为准则。《家长家庭教育基本行为规范》（2020）和《家庭教育促进法》都提出了家庭是人生的"第一个课堂"，父母是孩子的"第一任老师"。"第一任老师"的内涵非常丰富，主要表明了两个意思：一是强调家庭教育功能的基础性和重要性；二是家庭教育相对于学校教育，在对孩子的影响顺序上具有优先性。

孩子的性格、行为、人格深深地受到父母教养方式的影响：

如果孩子生活在批评挑剔当中，他便学会了责备。如果孩子生活在敌意当中，他便学会了打架。如果孩子生活在嘲笑当中，他便学会了害羞。如果孩子生活在羞辱当中，他便学会了罪恶感。如果孩子生活在容忍当中，他便学会了忍耐。如果孩子生活在鼓励当中，他便学会了自信。如果孩子生活在称赞当中，他便学会了感谢。如果孩子生活在公平当中，他便学会了正义。如果孩子生活在安全感当中，他便学会了信任。如果孩子生活在赞同当中，他便学会了自爱。如果孩子生活在接纳和友谊当中，他便学会了在世界上找到爱。

作为孩子的第一任老师，父母应该接纳、赞美、鼓励和宽容孩子，不要经常批评、嘲笑、侮辱和打骂孩子。为了培养身心健康、人格健全的孩子，父母必须规范自己的家庭教育行为，尽可能做到以下几个方面。

1.以身作则

脑科学研究发现，人类的模仿性学习能力很强，是因为人脑中有一种"镜像神经元细胞"。这种细胞的特点是使人看到他人做一个动作时，自己相同的脑区神经元会被激活。这也是孩子从小就会通过观察和模仿，学习成人的原因。❶ 孩子的年龄越小，越喜欢观察和模仿。正因为父母的一言一行会被孩子不知不觉地模仿和学习，所以父母要亲自教养孩子，给孩子做出好的榜样，以身作则，身体力行。父母的行为举止是无声的语言，是最有说服力的教育。同时，父母要求孩子做到的，自己必须先做到，在孩子面前才有威信，才可以使孩子信服，进而取得良好的教育效果。

2. 正面管教

教育最重要的目的之一就是让孩子获得自信、自尊、自立。肯定和赞扬可以令人情绪上产生快感，心理上得到满足，精神上受到鼓舞。父母在教育孩子时，宜采用科学的、正面的、积极引导的方式，肯定孩子付出的努力和坚持，聚焦孩子的优点、长处和进步，使孩子产生积极的内心体验，增强孩子的自信心、自尊心和上进心，进而强化其争取进步和保持优点的意愿和行为。培养孩子，不是靠不断修正他的错误，更多的是靠培养他积极的心态、坚韧不拔的品质。

3. 接纳宽容

不少父母在教育孩子的过程中，常常有"恨铁不成钢"的心态，容不得孩子的过失和错误，只要一发现孩子犯错，立刻批评甚至责骂孩子。实际上，面对孩子非原则性的无心之失，父母可以运用"宽容"感化孩子，平等交流，以情动人，以期望和信任去促使孩子改正错误、减少过失。但是，面对原则性错误，如道德品质方面的问题或者违反社会规则、法规法律的情况，父母应该严肃对待，严厉批评。让孩子认识到问题的严重性并进行改正。

（三）施教者的角色学习

为了更好地履行父母职责，扮演好施教者的角色，弥补理想角色与实际角色之间的差距，父母必须进行角色学习。

父母的角色学习主要涵盖两方面内容：一是自我教育，"育儿先育己"，包括如何适应家庭压力、如何改善家庭沟通、如何进行情绪管理、提升自我成长和自我觉察的能力、家校沟通的艺术等；二是家庭教育知识，包括如何经营

---

❶ 李浩英. 好习惯重塑全新大脑 [M]. 北京：电子工业出版社，2021：16-17.

亲子关系、如何帮助孩子成长、管教孩子的艺术、了解不同阶段孩子的发展特点和心理需求等。总的来说，父母的角色学习不仅针对孩子，还需要针对父母自身。

其一是自觉性。前面谈到父母的施教者角色具有天然的不可转移性。这意味着，没有任何个人和组织能够强迫父母"先学习、再上岗"。可以说，父母的角色学习主要依靠其自觉性。父母要树立自觉学习的意识，主动地学习家庭教育知识和方法，不断提高自己的家庭教育素养，给孩子提供身心发展需要的营养。

其二是终身性。与父母终身不"下岗"相对应的是，父母的学习将持续终身。孩子在成长的不同阶段遇到的重点任务和出现的问题都不同，父母需要持续不断地学习，以便了解和应对这些变化。在孩子成长的不同阶段，父母扮演的主要角色和承担的教养职能也不同。因此，父母需要做好终身学习的准备。

其三是互动性。父母除理论学习外，最终的落地是通过与孩子之间的亲子互动完成的。世界上没有哪个专家能成为针对所有孩子的教育专家，只有父母能成为自己孩子的教育专家。父母学习教育理论知识后，必须结合孩子的性格特征和兴趣爱好，通过与孩子的交流互动，了解孩子的想法和需求，才能真正找到适合自己孩子的家庭教养方式。

其四是实践性。父母角色学习最终都要落实在实践上。很多父母反映，他们学习了很多理论但依旧教育不好孩子。原因主要有两个：一是原生家庭的影响。每个人在自己的原生家庭中，习得并形成了难以改变的亲子沟通习惯和模式，即便长大成人，为人父母了，还是会不自觉地按照自己熟悉的模式进行亲子互动，只有不断学习、不断实践才能慢慢改变。二是"知"和"行"之间还有很长的距离。"知易行难"，父母角色的学习如果没有实践就没有任何意义，育儿的知识只停留在理论层面是无法对孩子产生任何影响的。父母在进行角色学习之后，必须不断地进行实践，并在实践中不断察觉、不断调整，才能找到适合自己的家庭教育方法。

其五是合作性。好的家庭教育绝不是单打独斗，需要父亲与母亲共同参与，还需要共同生活的其他家庭成员如祖父母、外祖父母的协助和配合。因此，父母与其他共同生活的家庭成员一起合作学习，有利于达成一致的教育理念，共同构建文明、和谐的家庭关系，为孩子的健康成长营造良好的家庭氛围。

二、受教者

　　家庭教育中的受教育者也可称为教育对象，主要是指家庭中的孩子辈。家庭中的孩子作为受教育者，受教育权是基于其社会化发展需求决定的。同时，受教育权也是儿童的基本权利，在家庭中同样应该得到保障。

　　社会化就是通过各种教育方式，教给"自然人"社会知识、技能与规范，使其形成自觉遵守与维护社会秩序的价值观念与行为方式，并逐步接受社会文化、适应社会生活的全过程。根据个体的发展阶段不同，个体的社会化主要分为初级社会化、次级社会化和再社会化等类型。初级社会化也被称为预期社会化，指的是儿童在进入成年期前，为成为合格的社会成员、承担正式的社会角色做准备时期的社会化。

　　在现代社会中，对儿童影响最深、最重要的社会化主体有家庭、学校、同辈群体和大众传媒等。其中，家庭是儿童遇到的最初的社会化主体，父母是儿童社会化最重要的力量，对儿童人格的塑造具有重要的核心作用。在家庭中，通过父母有意识的训练和教导，儿童的规则意识和道德观念被强化。同时，儿童通过模仿父母的一言一行、一举一动，与父母及其他家庭成员的互动，学习语言、社会规范、生活技能，学会与人交往、建立情感联系，不知不觉地将社会文化规范和价值标准内化。

　　在预期社会化阶段，家庭教育是人类从刚出生时那个脆弱的、一无所知的"自然人""生物人"，成长为一个合格社会成员的首要影响因素。可以说，人类从婴儿时期就已经成为一个受教育者和学习者。

　　孩子作为家庭教育中的受教育者，是儿童权利得到保障的一种体现。受教育权是国际公认的未成年人所应享有的一项不可剥夺的基本权利。

　　1989年联合国通过的《儿童权利公约》规定了儿童享有的各项权利。最基本的权利可概括为四种：生存权、受保护权、发展权和参与权。保障儿童的发展权中很重要的一点是要确保儿童的受教育权。对此，我国法律也有相关规定。《中华人民共和国宪法》（2018年修订）规定"中华人民共和国公民有受教育的权利和义务，国家培养青年、少年、儿童在品德、智力、体质等方面全面发展"。《中华人民共和国未成年人保护法》（2020年修订）也规定"国家保障未成年人的生存权、发展权、受保护权、参与权等权利"。其中，"发展是儿童的本质，儿童拥有充分发展其全部体能和智能的权利，包括有权接受一切形式的教育（正规的和非正规的教育），有权享有促进其身体、心理、精神、道德和社会发展的生活条件"❶。《中华人民共和国义务教育法》（2018年修订）规定"适龄儿童、少年的父母或者其他法定监护人应当依法保证其按时入学接受并完成义务教育"。《中华人民共和国家庭教育促进法》规定"未成年人的父母或者其他监护人负责实施家庭教育"。以上法律法规在规定儿童的发展权除涵盖了儿童的受教育权外，还规定了父母作为主要施教者，有义务也有责任保障儿童的发展权，即保障儿童接受家庭教育和义务教育的权利。

总之，儿童的社会化发展特点，意味着他们在很长一段时间内都是一个"受教育对象"。国家、学校、社会、家庭应为儿童受教育权的实现提供全方位的保障。父母作为儿童的监护人和教育者，除了肩负着重要的家庭教育责任，还必须确保儿童接受学前教育、义务教育，创造条件引导孩子接受高等教育及丰富的社会教育。

三、环境

家庭教育与家庭生活具有一致性。也就是说，家庭教育的过程是在家庭的日常生活中进行的，家庭教育不可能脱离家庭生活，是与家庭生活融为一体的；同时，家庭环境本身就是一种潜在的教育因素，对孩子的身心发展起着潜移默化的作用。总之，家庭生活环境直接影响着家庭教育，影响着孩子的身心发展。家庭教育环境可以分为物质环境、文化环境和心理环境三个层面。

（一）物质环境

家庭物质环境是家庭生活的硬件环境，是人们赖以生存的基础，它包括家庭居住环境、生活设施等。

---

❶ 陆士桢，魏兆鹏，胡伟. 中国儿童政策概论 [M]. 北京：社会科学文献出版社，2005：175.

1. 居住环境

家庭居住环境是孩子直接的生活空间，它直接影响着孩子的生活、学习、娱乐和身心健康。居住环境不同，对孩子身体、智力、个性的影响也不同。如果生活环境不丰富、不安全，就不利于孩子接触更多的信息，对知识丰富、智能增长都有限制。从对孩子个性的影响来看，如果环境嘈杂拥挤，让人感觉心情烦躁、压抑，很容易使孩子缺乏交往兴趣及对周围事物的关注。

每个家庭的经济条件、居住条件不同，家庭环境的位置也不会相同，应该因地制宜、合理灵活地进行安排，营造一个整洁卫生的环境，这样能使孩子感到舒适轻松、心情愉快；相反，如果屋子里杂乱无章、肮脏不堪，不仅会影响孩子身体的健康，还会使孩子感到抑郁，甚至烦躁。平时，家长可以引导孩子一起来做家务，布置家居环境。家长应该为孩子创设独立的活动空间，作为家庭生活的一员，每个孩子有自己喜欢的活动、特殊兴趣，家长应根据孩子的年龄特点和兴趣爱好合理安排他的活动空间，也可以和孩子一起设计、布置，让孩子既动手又动脑，设计一个属于他的、任他活动的小天地。

2. 生活设施

家庭的经济状况决定着家庭的物质生活及生活设施的水平。物质生活好一些，家庭设施用品现代、齐全一些，自然会带来很多生活上的便利，可以减轻家长的家务负担而拥有更多的精力教育孩子，也可以减少很多家庭矛盾而使孩子感受到家庭的温馨。丰富的物质生活可以使孩子尽可能多地享受到生活的乐趣，物质条件太差就有可能制约孩子的发展。但如果家庭物质生活过于铺张浪费，会让孩子养成不知勤俭节约、花钱大手大脚、不思进取、学习不上进的不良习惯。历史上富家孩子骄奢淫逸、不成大器的大有人在，贫寒子弟坚韧不拔、立志成才的故事也不绝于耳。所以，家庭生活设施方面，父母应该进行合理安排。

无论家庭经济条件如何，家长都应该为孩子创造条件适中的家庭生活设施。为此，家长应该做到以下几点：

首先是合理规划家庭经济支出。家长要从实际出发，有计划地组织消费，量入为出，勤俭持家。如果家长支配经济生活没有计划，不会精打细算，胡花乱花，这会导致孩子不会珍惜财物，容易养成入不敷出的习惯。

其次是让孩子参加家庭经济管理。家庭经济实行民主管理，让孩子也参与其中，这样就可能增强孩子的责任感，培养孩子的参与意识，并从中学会支配家庭经济。如果父母不让孩子了解家庭经济的管理支配，不让孩子直接参与，那么孩子就可能"不当家不知柴米贵"。

最后是合理使用家庭经济收入。一般来说，家庭经济收入可分为三个部分：一部分用于日常的基本生活需要的消费开支，就是解决衣、食、住、行等方面的消费；另一部分用于改善家庭物质生活和精神生活的消费，比如购买洗衣机、电冰箱等，旅游，把生活水平提得更高一些；还有一部分用于家庭成员的智力开发、更新知识、发展特长等消费，如缴纳各种学费，购买书籍、文具、电脑等。如果把家庭经济收入这三个部分的开支分配得当，比如，在发展部分上适当多给予投入，多给孩子创造受教育、发展智力、增长才干的物质条件，那么，这种消费就会有利于孩子的身心健康发展。而如果在孩子身心发展上舍不得投资，把大部分收入用于享受上，这就会对孩子产生不良的影响。

（二）文化环境

家庭文化是社会文化的组成部分，也可以说是社会文化的亚文化。它是家庭和家庭成员在长期共同生活中形成的各种文化形态的综合体，主要包括家庭观念、家庭文化设施和家庭生活方式等方面。那么该如何优化家庭文化环境呢？我们不妨从以下几个方面谈起。

1. 家庭观念

家庭观念是关于家庭如何生活的观念以及有关家庭结构、家庭成员行为、家庭成员之间关系的看法。家庭观念受一定社会文化背景的影响。中国社会长期占优势的家庭观念，是家庭整体利益优先于家庭成员个人利益的观念。随着社会发展变迁，这种观念正逐步在淡化。当代家庭应该与时俱进，在传承传统优良家风的同时，跟上时代的步伐，要考虑到现代社会人们对独立人格的尊重及人与人平等关系的诉求，家庭成员之间应该互尊互敬、互爱互助。因此，作为家长，应该考虑到孩子以及每个家庭成员的发展，应当把夫妻之间、亲子之间的关系建设成为平等、民主的关系，建立团结进取的学习型家庭。通过良好的家庭熏陶，每位家庭成员，包括孩子要形成这样的观念：人要不断学习，掌握本领，才能够寻求和把握属于自己的幸福；同时能爱他人，使别人因为你的存在而感到快乐和幸福。

2. 家庭文化设施

家庭文化设施包括报刊、书籍、电脑（互联网）、音像设备（如电视机、放像机、音响器材等）、乐器、游戏用品（如棋类玩具等）、体育用品（如健身器材：球类、跳绳等）等。这些设施是孩子精神食粮的来源，家长要尽量全面提供。"书籍是人类进步的阶梯"，家里储存一些有趣的图书，会吸引孩子在闲暇时进行阅读，这不仅会丰富孩子的知识、开阔孩子的视野，更会陶冶孩子的情操，使其养成健康向上的学习习惯。

3. 家庭生活方式

家庭生活方式是家庭成员在家庭生活方面的价值倾向和行为方式，它具体包括饮食起居、行为举止、人际交往、闲暇时间的利用等。每个家庭都有其独特的生活方式，每种方式都通过不一样的途径影响着每一个家庭成员。家庭生活是否规律，饮食是否健康，会直接影响到孩子的身体健康；家庭闲暇生活安排得是否合理健康，会影响到孩子的兴趣爱好。家庭生活方式会从方方面面影响到孩子的成长与发展。

养成健康良好的家庭生活方式，要做到以下几点：

一是生活作息要有规律。每天要按时起床、吃饭，按时午休、入睡，父母应当制定合理的家庭作息秩序，并以身作则，引导孩子遵守作息时间。

二是饮食要科学合理。家长适当学习一些营养学的知识，形成健康的饮食观念与习惯。一日三餐科学搭配、营养美味，提高饮食质量，保证孩子身体健康。另外，要合理安排家庭闲暇时间。当今社会，生活节奏极其快速，科学安排工作、学习之余的休闲时间，才能做到真正按照每个人的意愿休息、娱乐和满足各种不同的需要。

三是家庭生活适当开放。部分家长考虑到对孩子的保护，会限制孩子与他人交往，孩子待在家中的时间越来越长，这不利于孩子社会性的成长。因此，家长应该想方设法引导孩子走出家门，走向外界多接触小伙伴，也欢迎孩子的伙伴、邻居以及亲朋好友来自己家玩，或者几个家庭结伴出去游玩，让孩子走进同伴群体，参与广阔的社会生活，加强社会交往，学会用自己的眼睛观察周围的世界、亲自体验生活，这样能够开阔眼界，增长见识，接受锻炼，以获得适应社会生活的能力。

（三）心理环境

心理学研究表明，孩子心理健康与家庭心理环境关系非常密切。健康的家庭心理环境是指一个家庭中拥有和谐的亲子关系、良好的情绪氛围、科学的教养方式以及有效的沟通渠道等。在争吵不断、自私冷漠的家庭中长大的孩子，常表现出对人冷淡、遇事偏执、情绪不稳定等特征，常常把自己的负面情绪迁怒于他人或事物，对外界的信息也总是持怀疑和拒绝的态度；而和谐温馨的家庭情绪氛围可以使家庭成员产生安全感和人际信任，使孩子在潜移默化中学会诸如互助互爱、合作宽容等正确的人际互动方式，学会如何表达和处理不良情绪，这样的家庭氛围为孩子接受家庭教育奠定了心理基础。孩子只有在这样的家庭心理环境中成长，才能成为一个心智健全的人。

家庭心理环境得建设要从以下几个方面入手：

一是多给孩子心理支持。在繁忙的工作之余，父母应该多抽出一点时间和精力单独与孩子相处，让孩子在相处过程中感受到父母对自己的接纳和心理支持，从而在心理上产生安全感。在与孩子的单独相处过程中，孩子也会从父母那里学习和掌握各种生活技能、学会与人相处。在相处过程中，父母也可以通过了解孩子的内心需要，向孩子传授各种社会知识和生活常识、教会他们如何与人交往及如何处理生活中遇到的问题等，这有利于孩子形成正确的思维方式和生活习惯。同时，要挖掘自己与孩子共同的兴趣点，因为，共同的兴趣点会使家庭成员心与心的距离更近，当父母和孩子之间有了共同的兴趣爱好和共同的努力方向时，彼此就会更加默契与和谐，相互之间的沟通也会因此而更加深入和频繁。因此，家长应该与时俱进，不断学习新知识，找到与孩子相同兴趣的结合点，才能与孩子产生共同语言，开展共同的活动。同时，家长还应鼓励孩子参与家庭事务的管理，提升孩子在家庭的归属感和价值感，培养孩子的责任心。

二是营造融洽的情绪氛围。家庭情绪氛围是家庭成员之间通过语言和相互之间的态度与感受构成的一种人际氛围。家庭情绪氛围的好坏对孩子心理的健康成长有着极为重要的意义。家庭情绪氛围需要每一位家庭成员共同营造，父母首先应该以身作则，工作中遇到的不愉快情绪不要带回家中，更不能将自己的不满情绪发泄到孩子和其他家庭成员身上。当然每个人都会有负面情绪，家庭是一个安全的场所，是心灵休息的港湾，当一个人受了委屈时，最能提供安慰的地方就是自己的家。父母在孩子受到委屈或遇到不开心时，首先应该理解孩子的感受，耐心地倾听他表达情绪和感受，然后再帮他分析所遇到的问题，商讨合理的解决办法。在这个过程中，孩子不仅得到了心理安慰，解决了心中的困惑，还在交流中学会了为人处世之道。父母要学会相互支持，营造丰富多彩的家庭生活内容，因为丰富多彩的家庭生活内容可以使生活充满情趣，对孩子具有极强的吸引力。比如，在空闲时间，父母带着孩子共同参加各种有益的文体活动，或去图书馆、科技馆、博物馆等地涉猎知识，或游览历史遗迹、风景名胜、郊外踏青，亲密接触大自然。丰富多彩的家庭生活有助于培养孩子积极向上的人生观、乐观开朗的性格，同时可以锻炼和提高孩子的人际交往能力，在丰富多彩的家庭生活中逐渐提升孩子的社会适应能力。

三是采取科学的教养方式。父母采用科学民主的教育方式，在家庭生活中营造民主、平等、和谐的氛围，家庭成员之间平等互助、互相关心、随和谦让、互相包容，父母以平等的态度对待孩子，孩子就会愿意接受父母的教导和建议。当孩子出现失误时，父母能以科学的方式恰如其分地指出，不仅能使孩子及时改正，还可以逐渐培养孩子坦诚真挚、谦虚谨慎以及尊重他人、重责任等优良品质。

良好的家庭心理环境是孩子良好心理素质和健康成长的重要保证，对孩子身心的健全发展有着长远和深刻的影响。因此，为了孩子心理的健康成长，应优化家庭心理环境，积极营造和谐融洽的家庭情绪氛围，保持畅通有效的沟通渠道，构建民主平等的亲子关系，用科学的教养方式解决孩子在成长过程中遇到的各种问题，使孩子拥有良好的心理环境，从而快乐健康成长。

第二节　家庭教育的影响因素

一、家长教育观

（一）儿童观

家长的儿童观是实施家庭教育的基础，它主导着家庭教育的定位和方向。

社会的发展要求我们必须建立现代的、科学的儿童观。社会和家长应该明确下面几个基本理念：

第一，儿童是自然人，也是社会人。儿童是一个自然人，有其自身的发展规律，不是成人社会的附属品；儿童也是一个社会人，一方面应该享受相应的社会地位和权利，另一方面当他们需要一种有利于其成长发展的社会环境时，社会应该尽可能提供给他们。

第二，儿童是不成熟的人。首先，儿童是人，他与成人一样是有价值的主体，成人要承认儿童的主体地位，尊重儿童的人格和尊严。其次，儿童又和成人不同，儿童处于个体发展的特定阶段——儿童期，这一时期其身心发展具有不成熟性，需要成人的照顾和保护。

第三，儿童是具有主观能动性的人。儿童不是被动地接受外界客观环境的刺激，而是积极、主动地对外部刺激加以选择，他们有自己的需要、兴趣和认知结构。

第四，儿童是具有独立个性的人。由于先天遗传因素、后天环境和教育因素的共同作用，每名儿童都具有自己的个性。个性，简而言之就是一个人的独立性、独特性和不可替代性。家长必须尊重儿童自身的特点，发展儿童的个性。

（二）儿童发展观

科学的儿童发展观能有效指导家长促进儿童的发展。众多专家、学者的研究理论表明，科学的儿童发展观应该包括以下几个方面：

（1）儿童的发展以个体的生物遗传素质为基础

个体的生物遗传素质，指儿童个体从亲代的遗传基因中得到的，同时具有人类和个体特征的生物机体因素。遗传素质为儿童的发展提供了一种潜在的可能性，家长必须尊重儿童的发展规律，了解儿童发展的顺序性、差异性、阶段性等规律特点，科学地引导儿童发展。

（2）儿童的发展需要儿童主动的活动

儿童先天具有的"有吸引力的心理"，能使儿童在正常条件下，自发、主动地在环境中学习。这种学习不需要他人的指导、奖励或惩罚，它来源于儿童的内部需要，是儿童主动进行的活动。儿童就是在这种不断主动与外界刺激进行联系、互动的活动中得到发展的。因此，家长在教育中应注意调动儿童的积极性，发挥儿童的主体性。

（3）实现发展是儿童的权利

1989年联合国大会通过的《儿童权利公约》明确提出了儿童"发展的权利"问题和保障措施。实现发展是儿童的权利，这已经成为一种世界性的共识。

（三）教育观

（1）树立促进儿童和谐和可持续发展的教育目的观

首先，家庭教育必须促进儿童的和谐发展。儿童是身体、情感、意志和行为等因素组成的整体，家长应该重视儿童德智体等方面的全面培养，让儿童获得身心和谐发展。其次，家长应该注意儿童可持续发展的需要，既满足儿童处于儿童期的需要，又能关照其身心的均衡、持久发展。

（2）"教、学、做"合一

这是陶行知提出的教育观，很适合儿童的认知特点。"做"指活动，是儿童主动参与的过程，教与学以"做"为中心。在家庭教育中，家长应尽量让儿童手脑并用地去做，在自主活动中获得经验，增长能力"做"的过程是儿童发明和创造的过程，甚至是破坏和探寻的过程。"做"能够提升儿童感知世界的能力，能够增强儿童生活的能力。

（3）家长是儿童成长的支持者

虽然儿童能够主动学习，但是儿童很多方面发展毕竟不成熟，需要家长为儿童的成长提供支持和帮助。因此，家长要注意观察儿童，了解儿童的发展需要，了解儿童在探索世界过程中的困难，并在此基础上给予儿童必要的、恰当的帮助。

（四）成才观

（1）尊重儿童的兴趣与特长，树立多元成才观

加德纳的多元智能理论表明，人的智能是多元的，每一名儿童都有其优势智能，都有发展的潜力，在一定的环境下能得到充分的发展。成才的途径是多元的、成才的形式也是多元的。儿童不一定要成为科学家、工程师等具有高学

历、高职位的人，只要儿童从事自己感兴趣的职业，做自己喜欢做的事，能发挥一定的自我价值和社会价值，家长都应该认可和支持自己的孩子。

（2）重视儿童健全人格的培养

健全人格是指人在自身所处的社会文化环境中保持良好的认识水平、稳定的情绪情感、恰当的行为方式和正常的社交功能。儿童一切素质的发展应该建立在健全人格发展的基础之上，健全的人格也可以促进儿童整体素质的提高和发展。家长应该重视儿童的人格教育，利用家庭教育资源的优势，维护和发展儿童的健康心理，促进儿童身体和心理方面的健全发展。

一个人的价值大小、幸福与否，主要体现在做人和做事上。做人和做事相比，首先要学会做人，其次才是做事。而健全人格的培养实质是对儿童进行"做人"教育，如爱心教育、礼仪教育、劳动教育、明辨是非教育等，教育儿童学会生存、学会做人、学会竞争。家长在教育儿童时，应该用"博爱"来教育儿童，即"老吾老以及人之老，幼吾幼以及人之幼"。教育儿童不仅要爱自己，更要对周围世界充满爱，要有责任感，学会以宽容和平和的心态来对待生活和他人。

二、家长教育方式

（一）传统的家长教养方式

方式是指人们说话、做事采取的方法和形式。由于说话、做事的对象不同，所以形成了各种不同的方式，如工作方式、生活方式、劳动方式、教养方式等。教，即教导、教育。养，即抚育、养育。因此，家长教养方式是指家长在教育和抚育孩子时所采用的比较稳定的方法和形式，是教育观念和教育行为的综合体现。这种方法和形式是相对稳定的，体现了父母对孩子的教养态度和感情，是父母与孩子互动的基本方式，反映了亲子交往的实质。从20世纪60年代开始，有部分研究者从类型学的角度将教养方式区分为各种类型来进行研究。其中具有代表性的是美国心理学家戴安娜·鲍姆令特（Diana Baumrind）的研究，她从控制、成熟的要求、父母与儿童交往的清晰程度以及父母的教养四方面来评定父母的教养行为，将父母的教养方式分为权威型、专制型和放任型三种。马丁和麦科比在鲍姆令特的研究基础上，将放任型分为溺爱型和忽视型,提出了四种类型的教养方式,即权威型教育方式、专制型教育方式、溺爱型教育方式和忽视型教育方式。

(二)科学的家庭教养方式

不同的教养方式会对儿童产生不同的影响,造就他们不同的未来。科学的教养方式是儿童健康成长的重要因素。有研究表明,家庭心理氛围较好且对儿童有一定要求和约束的家庭中的儿童,其智商和情商高于家庭心理氛围较差的儿童。只有采取科学的教养方式才能营造良好的家庭心理氛围,这种氛围主要表现为平等、理性、开放。

1. 平等

儿童是人,是具有独立人格的个体。父母应该把儿童看成和自己一样平等的人,同时尊重儿童的意见、兴趣和需求,与儿童平等对话。父母的高姿态和高高在上体现的是父母地位的优越感和权威,会给儿童造成很大的胁迫感。"蹲下来,与孩子平视"是父母和儿童沟通和交流时应遵循的原则,只有这样,儿童在成长过程中才有安全感,才敢于并乐于在父母面前说出自己的意见和要求,真正成为家庭中的平等一员。同时,尊重儿童是让儿童尊重别人的最好教育。在与父母相互尊重的过程中,儿童才会懂得克制自己,懂得谦让和尊重别人。

2. 理性

在家庭教育中,家庭成员特别是父母,不但需要用无私的爱来关爱孩子,更需要情感与理智相结合,坚持科学育人,使儿童的身心得到健全发展。父母对孩子的爱是天性,也是教育儿童的基础。家长要通过无私的爱来感化儿童,通过理性的爱来要求儿童。家长要针对儿童的身心发展特点对儿童进行教育,既不放纵儿童,也不过分限制、强迫儿童。家长对儿童要有严格的要求,但并不是过度苛刻或不合理的限制,而是符合儿童心理发展水平的要求。家长在教育儿童的过程中,要时刻保持清醒的头脑,约束自己在心理上的冲动,做出理性的反应行为。家长尽量不训斥、指责儿童,要选择适合的方式从正面感化儿童,比如摆事实、讲道理,以理服人,以情动人。

3. 开放

家庭成员之间注重相互之间的沟通交往,在心理状况的外在表现形式上要直白,能以其他成员习惯的方式,平等、直接地表现自己的心理活动,家庭中就会形成一种民主、开放的心理氛围。家长与儿童之间经常沟通、思想一致，不仅能够让父母更了解儿童，认识儿童，还有利于培养儿童诚实、正直等良好的性格和社会适应能力，同时能培养儿童不畏困难、团结一致的优良品质。

三、家长教育能力

（一）家长教育能力对家庭教育的影响

《心理学大辞典》对能力的定义，是使人能成功地完成某种活动所需要的个性心理特征或人格特质。教育能力是指家长在一定教育观念的指导下，进行家庭教育实践活动时所需要的个性心理特征。家长的教育能力体现在其运用家庭教育观念指导家庭教育实践的过程中，是家长进行家庭教育的必要条件，直接关系到家庭教育的效果。

家长教育能力对教育行为产生深刻的影响。家长具备一定的科学教育知识和观念并不代表家长一定能很好地进行家庭教育，教育知识和观念转化成教育行为要求家长具备一定的教育能力。可见，家长教育能力的强弱对家长的实际教育行为有很大的影响。具有较强教育能力的家长，善于观察儿童，能及时了解儿童的需求，正确评价儿童，能很有技巧地解决实践中的一些教育矛盾和问题，能将科学的教育观念转化为科学的教育行为。而教育能力较弱的家长，对于教育过程中产生的一些问题不能把控，或是采用一些不科学的方式来对待儿童，造成了不科学的教育行为。

家长教育能力对儿童个性发展产生深刻的影响。家长对儿童形成全面、客观的认识，准确分析与判断家庭教育中遇到的问题，是家长提升教育能力的基础。这些教育能力体现在行为上，往往通过亲子之间的交往关系影响儿童个性的发展。家长与儿童进行有效的交往，尊重儿童，处处维护儿童的权利，不仅能更好地认识儿童，了解儿童的特点和需要，而且这种安全的心理氛围为儿童自身形成其他的交往行为提供了安全感和范例，有助于促进儿童健康心理的发展。如果家长和儿童之间的交往存在障碍，那么会让儿童产生不良的心理感受，对儿童的个性发展有负面影响。

（二）家长需要具备的教育能力

儿童由于其发展所处的阶段和特点，与其他年龄段的儿童相比有很大的不同，因此需要家长具备多方面的教育能力，以促进儿童身体和心理全面发展。

一是自我认知能力。家长的自我认知能力是指家长在与儿童进行日常交往时，对自我生命价值的认识和对自己的家庭教育角色的分析、定位等能力。具备自我认知能力的家长在家庭教育过程中，能够更加注重儿童的主体性，能够及时发现和满足儿童的需要，不断地去更新和完善自己的教育观念和方法。具体来说，家长的自我认知能力体现在以下几个方面：对自我生命价值的认识；对自我教育角色的认识；对家庭教育方式和效果的认识。

二是对儿童的认知能力。家长对儿童的认知能力是指家长对儿童身体、心理等方面需要的客观认知，并能有意识地尊重自然发展规律满足儿童的各种需要。对儿童的认识和了解是家长教育儿童的前提。走进儿童的内心世界，把握儿童的特点，是家长必备的教育能力。

三是观察、记录能力。家长的观察、记录能力是指家长有目的、有计划地观察儿童，并对儿童的行为过程进行真实的记录，以便了解儿童发展需要的能力。家长在日常生活中，要关注儿童的表现和反应，及时了解儿童的需要，并以适当的方式回应。对儿童进行观察记录的过程有助于家长及时、准确地获得有关儿童学习和发展的信息，有助于家长充分地了解儿童，解读儿童的行为，并为儿童提供更合适的家庭教育。

四是评价能力。在家庭教育中，儿童是通过家长对儿童的评价来认识自己、认识世界。家长会针对儿童的行为进行价值判断，判断儿童的哪些行为是正确的，哪些行为是不正确的。正是在这个教育过程中，儿童逐渐树立起对自己的认识。因此，家长应该具备较高的评价能力，科学、客观地评价儿童。

四、家庭结构

家庭是儿童产生原始的自我感觉以及形成基本的身份、价值和信念的背景，是儿童成长的"第一所学校"。不同的家庭结构由于其构成的独特性而具有独特的人际关系，会对儿童的教育和成长产生非常重要的影响。

随着社会的发展和改革开放的进一步深入，我国的经济运行机制发生了很大改变，经济体制改革又牵动着社会的各个层面发生一系列的深刻变革。家庭作为社会结构最基本的构成单位受到了直接而深刻的影响，家庭结构产生了很明显的变化。四世同堂、三代同居的传统家庭日益减少，核心家庭已经居于支配地位；单亲家庭、再婚家庭不断涌现。社会变革引起了家庭结构的变革，家庭结构日趋简单化、核心化成为家庭结构变革的主导趋势，家庭结构的变化和调整给学前教育带来了很大挑战。

（一）家庭结构的核心化对儿童家庭教育的影响

核心家庭在儿童家庭教育中的自身优势包括以下几点：

（1）家庭氛围民主和谐

在传统的家庭中，长辈与晚辈之间是简单的服从与被服从的关系，晚辈遵守封建社会的"三纲五常"，对长辈绝对服从，在一定程度上不具有独立的人格。而核心家庭中父母仍是家庭教育的主导者，家庭关系相对简单化，亲子关系密切，父母能够与孩子互相沟通，容易营造和谐民主的家庭氛围。

（2）有利于教育合力的形成

儿童家庭教育的忌讳是教育者之间教育理念不一致，老人宠爱、溺爱孩子，而父母则希望严格要求孩子，这种教育理念的不一致对儿童个性的培养危害很大。而核心家庭中的父母在教育儿童的原则和立场方面，更容易达成一致，这对儿童的教育和成长非常有利。另外，父母因为没有其他人可以依赖，对儿童的教育会更有责任感和迫切感，力求一起面对儿童的教育问题，这样更容易形成教育合力。

（3）家庭教育资源质量优化提升

核心家庭成员减少，孩子有机会得到父母更多的关爱，接受父母在教育上更多的投资。同时，随着时代的发展，父母文化程度的提高，父母不断更新家庭自身的教育观念和方式，教育能力得到不断提升。父母不仅尽全力保障儿童基本的学习环境和条件，还为儿童其他方面的能力发展寻求空间。

当然，核心家庭在儿童家庭教育中也有弊端。在核心家庭中，家庭内社会互动的对象和内容比较单一，儿童扮演的角色单一，缺乏在多维人际交往中成长的机会，在这种环境中成长的儿童一般"以自我为中心"的观念更强。另外，由于我国大部分核心家庭中的夫妇都是双职工，他们用于工作的时间和精力都较多，这容易影响他们对儿童的关注和照顾，容易使他们和儿童接触的机会减少，进而影响儿童的健康发展。

（二）日益增多的单亲家庭使父母教养角色失衡

单亲家庭是指父亲或母亲单独抚养未成年孩子的家庭。当然，离异家庭只是单亲家庭中的一种，单亲家庭也可能是其他原因造成的，比如丧偶、未婚先孕等。

家庭对儿童来说是温暖的港湾，是成长的绿洲。家庭结构的解体对于幼小的儿童来说，是非常严重的精神危机。家庭结构的变化破坏了儿童原本的成长环境，摧毁了原本幸福温馨的家庭，它给儿童带来的心灵创伤和精神痛苦是沉重的。父爱母爱各有特点，不可或缺，不可相互替代。一个家庭成员的离开，带走的不仅是亲情，更意味着父母中一方在儿童未来成长中的缺位。

（三）隔代家庭的增加导致家庭教育环境不和谐

隔代家庭是指儿童没有和父母在一起生活，主要由祖辈家长进行抚养和教育的家庭。目前，隔代家庭数量有增长的趋势。儿童年龄越小，与祖辈生活在一起的三代家庭所占比例越大。也就是说，随着社会日益老龄化，隔代家庭现象会越来越普遍。

祖辈家长抚养、教育儿童有其一定的优势。比如祖辈家长能有较充足的时间陪伴儿童，有丰富的经验来照顾儿童的生活起居，祖辈家长抚养儿童对其自身保持健康的心态也大有裨益。但是，由于祖辈在生理和心理上带有老年人的特点，他们的价值观念、知识结构、教育方式与现代社会存在一定的差距，所以隔代家庭对儿童家庭教育难免会产生一些不利影响。

隔代家庭对家庭教育环境的影响主要体现在亲子沟通上。由于祖辈在儿童的成长中担任了一定或是全部的抚养责任，其父母与儿童之间很少或没有互动，这必然会影响亲子之间的关系。父母与儿童双方对彼此的依赖都很低，相互信任程度不高，儿童不愿亲近父母，不愿与父母沟通，而父母也会认为祖辈培养出来的儿童自主性、自制性不强，不信任儿童。

同时，接受隔代教育的儿童的监管人大多数是祖辈，他们普遍年纪大，不能很好地在学习上帮助与指导儿童,不知道如何从心理上关心儿童,在和儿童的沟通上也存在较大困难。这种不和谐的家庭教育环境对儿童的成长非常不利。

基于目前核心家庭居于支配地位,单亲家庭、隔代家庭不断增多的家庭结构新趋势,这三类家庭在教育的过程中分别应该注意以下问题:

(1) 坚持科学育儿原则,做严宽有度的民主型家长

目前,核心家庭中大多为独生孩子,所以孩子很容易成为家庭关注的焦点,父母对孩子的教养表现出高度保护、过度疼爱的特点。父母把所有的希望都寄托在孩子身上,对孩子百般呵护和溺爱,在这种环境下成长的孩子容易形成不良性格。因此,核心家庭的父母应该坚持科学的家庭教育原则,做严宽有度的民主型家长,这样才有利于儿童的成长。

民主型家长能给予孩子适度的关爱与要求,能和孩子进行平等的沟通与对话,能接纳孩子合理的意见和想法。家长关注孩子、多了解孩子的需求本是好事,但不能满足孩子任何无理的要求,家长的爱应该是有原则的。尊重孩子是家庭教育的首要原则,爱而不骄,严而有格,宽松而不放任,自由而不放纵,所以父母在家庭教育中应当做到严宽有度。

(2) 增强角色意识,创设快乐的单亲家庭教育氛围

在单亲家庭中,父母要增强角色意识,促进孩子健康快乐地成长。无论造成单亲的原因是什么,负责抚养孩子的家长应该尽快调整好自己的情绪和心态,努力为孩子营造快乐的家庭氛围。如果父亲或母亲每天沉浸在痛苦或抱怨中,家庭氛围过于沉重,孩子自然也不会快乐,长期如此对孩子的个性发展是很不利的。在婚姻关系破裂后,家长双方仍然应对孩子负责,避免孩子产生失去一方亲人的感受,尽量多创造机会让孩子感受来自父母共同的爱和关心。

(3) 强化亲子关系,打造新式"隔代教育"

隔代家庭的两代家长面对儿童成长和教育过程中的种种矛盾和问题时,应该学会相互协调,强化亲子关系,通过沟通形成一致的教育观,合力打造新式的"隔代教育"。所谓新式"隔代教育"是指祖辈家长强化自身的教育责任并勇于接受新思想,掌握孩子的成长规律,了解孩子的成长需求,尽量用现代科学知识抚养教育孩子。祖辈家长应该积极创造机会让孩子和父母多接触,多沟通感情,两代人共同努力营造一个有利于儿童成长的和谐温馨的家庭

教育氛围。

要克服隔代家庭对孩子成长的弊端，祖辈和父辈一定要确立各自的教育地位和关系，给自己一个明确、科学的定位。首先，父辈家长一定要明白自己才是儿童家庭教育的主要实施者，不能把抚养权、教育权全部交给祖辈，无论多忙，一定要多抽时间与孩子在一起。父辈要经常与祖辈交流，了解他们的教育方式，表达自己的教育观点，帮助老人接受新事物。其次，祖辈家长也应当主动配合父辈家长对孩子的教育。最后，祖辈家长和父辈家长应该就孩子的教育达成一致，维护双方的威信。当两代人对孩子的教育产生分歧和矛盾时，一定要相互沟通，统一认识，择善施教，共同促进儿童的全面发展。

五、家庭关系

家庭的基本构成要素是人，家庭中的每一个成员都处于特定的关系之中，因此家庭内部存在各种各样的家庭关系。根据家庭主体的不同，家庭关系主要包括夫妻关系、亲子关系、兄弟姐妹关系、家庭其他成员之间的关系等，家庭成员之间的血缘关系和婚姻关系比一般的人际关系更加亲密和稳定。家庭成员之间的各种关系及其紧密度、稳固度等会以不同的方式对儿童家庭教育产生影响。

（一）夫妻关系

夫妻关系是家庭最基础的关系，夫妻关系衍生出亲子关系，然后再衍生出其他家庭关系。在家庭中，夫妻关系不仅是夫妻双方的联系和作用，也为孩子的成长提供重要的家庭氛围。不同类型的夫妻关系对家庭教育的影响是不一样的。

1. 粘黏的夫妻关系

这是一种忽略自我的夫妻关系，在这样的关系中，父母独立意识差，相互依赖，情感粘黏。这种家庭中父母分不清楚成人和儿童角色的差别，要么为孩子全权包办，要么对孩子放任不管，不能正确地履行父母的职责。此外，父母人格的不健全以及相互粘黏的关系，本身就给孩子树立了一个不健康的榜样，不能给予孩子一个正确的示范。

2. 冲突的夫妻关系

在这种夫妻关系中,父母关系紧张,经常争吵、敌对,发生冲突。冲突的夫妻关系会让孩子处于一个不和谐的家庭氛围中,对孩子的成长产生很多的负面影响。有研究表明:在充满矛盾的环境中,儿童缺少精神与心理健全发展所必需的条件,发生神经性心理病态的危险急剧增长,行为的放纵与缺乏自制力日趋发展,适应能力逐渐降低。

3. 健全的夫妻关系

健全的夫妻关系以爱情为核心,夫妻双方都处于平等的地位,是独立的自我。健全的夫妻关系会给家庭尤其是孩子带来良好的影响:家庭气氛和谐,为孩子的健康成长提供了良好的家庭环境;家庭充满了爱,孩子也懂得去爱别人,关心别人,尊重别人。

(二)亲子关系

亲子关系是以血缘和共同生活为基础,由父母与孩子之间相互影响、相互作用构成的,是亲子双向行为体系的自然关系和社会关系的统一体。这种关系有三层含义:一是生物学意义,主要表明的是血缘关系;二是社会学意义,主要表明的是法律、制度、地位等关系;三是心理学意义,主要揭示其特定的情感态度、行为方式等方面的联系。亲子关系在家庭中是直系血亲中最近的一种关系,直接影响儿童的成长。

亲子之间的角色关系直接影响儿童的性别角色意识、道德责任感、自然生活秩序等的建立与发展。从心理层面而言,亲子之间的心理地位、情感交流、重要他人等都构成亲子关系的重要方面,从而影响家庭教育。积极的亲子关系能够促进儿童的发展,而不协调的亲子关系会带来儿童角色认知上的偏差,并产生与父母对立的情绪和行为等一些不良的影响。

在核心家庭和主干家庭中,由于父母工作较忙,祖辈帮忙抚育儿童的情况很多,祖辈成为和儿童接触时间最多的人,隔代家庭中的祖辈更是承担了抚养和教育儿童的责任。如果祖辈具备一定的教育知识,能够理性地教育孙辈,祖孙关系和谐,对于儿童的成长和发展有促进作用。如果祖辈溺爱、娇惯孙辈,会不利于儿童良好个性的形成。

（三）兄弟姐妹关系

兄弟姐妹关系，是指在多子女家庭中，一个孩子和其他孩子之间形成的一种关系。作为同代人，他们之间的感情比同学、朋友之间的感情更近、更深。在多子女家庭中，父母对待孩子不同的方法和态度，使兄弟姐妹关系成为诸多家庭关系中相对复杂的一种。处理好兄弟姐妹关系，能够锻炼每个孩子的各种能力，尤其是人际交往能力；处理不好不仅会伤害到孩子的积极性，而且会影响夫妻关系、亲子关系。

六、家庭经济状况

家庭经济状况是指家庭的经济收入、生活水平、收入来源和生活消费支出等情况，家庭经济状况的好坏与家长的职业、受教育程度、家庭结构、家庭人口等方面有直接的关系，对整个家庭生活也会有一定的影响。家庭经济状况对儿童家庭教育有一定的影响，具体表现在以下方面。

（一）家庭经济状况影响儿童生活环境

1. 家庭经济状况对儿童物质环境的影响

家庭经济状况较好的家庭，能够为儿童提供舒适的居住环境，使儿童能够拥有自己的独立空间，有较大的活动场地玩耍、学习和探索。家长有经济实力给予儿童更多的教育投入，比如买更多的玩具和图书、音像资料等，为儿童买各种手工材料让他们操作，带儿童去旅游，带儿童去听音乐会、看画展等。而经济状况较差的家庭，即使家长也很重视儿童的教育，但是由于经济条件的限制，他们给予儿童的教育资源会很有限。

2. 家庭经济状况对儿童精神环境的影响

家庭经济状况影响家庭的精神环境。例如，如果家长的工作比较稳定，有固定的上下班时间，家长回家以后陪伴儿童的时间和机会比较多，也有较多的精力去关注儿童。但是有些家长，可能工作强度比较大，体力劳动比较多，也会面临加班，回家以后很疲惫，对儿童的关注和交流相对较少。

(二)家庭经济状况影响儿童身体健康

家庭经济状况和儿童的健康关系密切。有研究表明，从出生开始，儿童的健康就与家庭经济状况产生联系。家庭经济状况较差的儿童更有可能经历子宫里的生长延迟和神经性行为成长不充分，他们更可能早产，而且往往体重偏轻，或容易窒息，或出生时有缺陷，易患胎儿酒精性中毒症，带艾滋病毒。生活在环境较差，尤其是对胎儿有潜在危害的地方，母亲怀孕期间因为经济困难、营养不良等原因，有可能会给胎儿带来早期的健康问题。而家庭经济状况较好家庭的孕妇居住在环境较好的地方，营养科学合理，能到正规的医院生产等，这些都有利于母婴的健康成长。

一般来说，经济状况较好的家庭，会更注重为儿童提供搭配合理、营养均衡的饮食。而经济状况较差的家庭，因为条件的限制或父母本身观念所限，更注重儿童是否吃饱。这些都会影响儿童身体的发育和健康。

(三)家庭经济状况影响儿童认知水平

经济状况较好的家庭能够为儿童提供更多、更丰富的认知刺激，如玩具、图书、学习材料、活动等，这些有利于儿童认知的发展。而经济状况不太好的家庭，一般比较重视儿童知识的获取，较少关注其他方面的发展。

(四)家庭经济状况影响儿童社会情感和行为

尽管家庭经济状况与儿童社会情感和行为的关系不如其与认知的关系密切，但家庭经济状况的好坏对儿童的情感和行为也是有影响的。调查发现，收入较高的家长会更加关心儿童的社会交往情况，关注儿童良好的习惯和健康的情感，他们更希望儿童在幼儿园获得快乐。因此，家长会更注意和老师的主动联系，详细了解儿童的情况，采取合适的教育方法。而收入较低的家长因为忙于生计，少有时间关注儿童的情感需求，在观念上更关注儿童的生活起居和饮食，而在一定程度上忽略儿童的社会性情感。

第三章
不同成长阶段的家庭教育

本章从不同时期儿童生理和心理发展的特点出发，揭示各个阶段儿童的主要发展任务和规律，从而锁定适宜该年龄段的家庭教育的主要内容和特点，最后提出有针对性、有可操作性的家庭教育的具体方法。

第一节 婴儿期的家庭教育

0~3岁是人生发展的第一阶段，新生命的诞生让家庭生活迎来了崭新的篇章。家庭成员会因为一个新成员的到来而欣喜不已，特别是作为头胎家庭来说，年轻的夫妻荣升为父母，但他们却没有"父母说明书"可以学、无法领取"父母毕业证"合格上岗，所以往往会从最初的期待和喜悦，落空为日复一日的操劳和抱怨，甚至逃避父母责任。而此时婴儿只能依赖唯一的环境——家庭教育环境，家庭成员的一言一行都直接影响婴儿的身心发展水平，婴儿就像一张白纸，任由家长的管教方式进行涂抹，从而形成了人生的底色。年轻的家长若能在该阶段就掌握婴儿的身心发展规律、了解家庭教育的主要内容和办法，便是先持证再上岗，有了更多的知识储备和底气，对养育健康聪明的孩子、维护和谐的家庭关系起到至关重要的作用。

一、婴儿身心发展的特征

0~3岁的婴儿期是人生发展阶段。儿童的生理和心理机能发展通常都以3~6个月为分水岭，例如身体生长发育、感知觉、动作、思维、语言、自我概念、情感、个性和社会性发展等方面，0~3岁入园前的婴儿和3~6岁入园后的幼儿本质上有着较大的区别。由于婴儿年龄较小，难以使用明确的语言或行动来表达自己，所以成人很难理解婴儿，不知道他此时需要什么，也不知道他是怎么想的，为什么要这样做。因此家长常常会误解孩子，甚至给孩子贴上不良标签。但是当家长学习了婴儿身心发展知识，能够理解该阶段婴儿有特殊的身心发展规律，知道他们这些表现都是正常的，便能缓解教养焦虑，从容地遵循发展规律为婴儿提供科学的喂养和教育指导，从而促进婴儿身心的健康发展。

（一）婴儿生理发展的特征

婴儿期生理发展迅速，该阶段是婴儿对世界初步探索、形成基本动作的主要阶段。其发展内容主要从身体的生长发育、感知觉的发展和运动能力的发展这三个部分展开。

1.身体的生长发育

婴儿期儿童身体发展是人生全程中最迅速的阶段。该阶段早一个月和晚一个月出生的儿童都有截然不同的生理表现，如新生儿仅在头一个月里体重就增加自重的一半或以上，这是未来任何一个月龄阶段都无法企及的发展速度。除身高体重发展快速变化外，婴儿的"身材"也在发生着较大的变化，由原先呈现出"婴儿肥"头大身小的身体形态，逐渐按照头尾原则的规律发展躯干和四肢，变得越来越修长，从而达到支持身体运动的发展需求。

2.感知觉的发展

（1）婴儿听觉发展

听觉能力开始于胎儿期4个月左右，婴儿自出生起最敏锐的感觉是听觉。新生24小时内的婴儿已经能对听觉刺激做出追踪的反应，并有音乐感知能力；出生仅3天的新生儿已经对母亲的声音产生了感知偏爱；5个月的婴儿能够区分出母语与其他语言的不同，6个月的婴儿能敏锐地识别母亲的声音。

（2）婴儿视觉发展

出生一天的新生儿在空白视野里进行水平方向的视觉搜索，其眼动无目的，容易被家长误解为孩子视力有问题，但事实上出生超过一周的新生儿才开始对图形特征进行有倾向性的探索，表现出视觉聚焦能力增强。出生两周内的新生儿对明暗反应敏感，超过两周的新生儿才开始具备颜色辨别能力，4个月的婴儿对颜色的感知能力已接近成人。

（3）婴儿形状知觉发展

心理学家使用视觉偏爱法测试婴儿对物体形状的辨别能力，发现婴儿随着年龄的增长，逐渐偏爱看新奇、复杂的东西，而且不同阶段的婴儿最合适的视觉刺激皆不同，这说明婴儿在不断地记忆和学习新信息。

（4）婴儿味觉发展

新生儿出生后便表现出味觉偏好，他们吮吸甜味汁液的频率和持续时间快和长于其他味道的液体，且表现出对不同味道的表情变化，例如甜味能让婴儿减少苦恼，引发愉快的情绪。新生儿还能对不同的气味做出反应，尤其对牛奶的气味表现出偏爱，出生两周后便可以通过乳房腋下的气味来识别母亲。

（5）婴儿触觉发展

2岁前的婴儿主要靠触觉来认识世界，也通过身体的亲密接触来发展与父母的依恋关系，因此触觉是婴儿认知和社会性发展重要的感觉通道。如果经常温柔地拍打按摩婴儿，并引逗婴儿微笑，婴儿就能跟抚养者建立良好的互动关系，从而为建立安全的依恋关系奠定基础。新生儿出生后即有触觉感受，这源于他们先天的无条件反射动作，如吮吸反射、抓握反射等。婴儿对抚摸、温度和疼痛都很敏感，但长时间被拍打某个部位也会产生习惯化反应。

通常婴儿自出生起就喜欢用口腔吮吸来了解外界事物，如把手放进嘴里、把看见的物品放进嘴里，1岁前，口腔探索是婴儿认识世界的主要方式。但随着年龄的增长，半岁后的婴儿开始出现眼手协调的动作，即视觉和手的触觉协调活动，其标志性行为是伸手能抓到东西，8个月左右的婴儿能双手摆弄物体，从多个角度认识物体。

3.运动能力的发展

0~4个月的婴儿动作大多数是无条件反射活动，不受意识的支配。但随着身体机能和认知需求的发展，2岁内的婴儿开始掌握人生最初的、最基本的动作，如独立行走、取放物品等，这是婴儿期的主要运动发展特点。到了2岁后，儿童控制肌肉系统运动的稳定性越来越强，开始表现出更加自如的动作，如走、跑、跳。总体来说，婴儿运动能力的发展呈现出以下几方面规律。

（1）从整体到局部

婴儿最初的动作是全身性的、笼统而散漫的，之后才逐渐变得更为精准、局部。比如，将一块毛巾搭在 3 个月的婴儿脸上，他会全身晃动来挣脱这块毛巾，但是再过 3 个月，该婴儿就知道用手拉开毛巾来解决问题。

（2）从上到下

婴儿最早的动作表现在眼部和嘴部，随着月龄的增加，在头一年里将依次发展出颈部抬头、俯卧撑、翻身、拉坐、独立坐、匍匐爬、手膝爬、扶站、独立站，最后是行走。每个月龄儿童能力水平的发展表现皆有突飞猛进的变化。

（3）从近到远

婴儿的动作从头部和躯干开始，逐渐发展四散到双臂、双腿、双膝、双手和双脚，甚至是手指、脚尖。越靠近核心躯干的动作发展越早，越远离核心躯干的末端肌肉运动越晚。

（4）从无到有

婴儿早期的动作具有无意性，不受意志支配，仅是对外界环境刺激做出本能性的反应。比如尿湿了感到不舒服便哭闹喊叫，这是无条件反射的行为。但是随着月龄的增加，婴儿的动作开始变得越来越有目的，表现出动作有意性特点，如想要眼前的玩具，便会爬向它。

（5）从大到小

婴儿先呈现大肌肉群的动作，如抬头、翻身、爬行和走等，这常伴随着全身运动神经的活动。随着月龄的增加，需要小肌肉运动的精细动作逐步发展起来，例如用勺子、翻书、涂鸦等。

在大肌肉运动方面，婴儿坐、爬行和直立行走等动作的发展对生活起到了至关重要的影响。当婴儿可以独立坐时，便开始有机会观察丰富而立体的周围环境，而不用只能被动地看着天花板，这为今后发展方位知觉提供了条件。当婴儿能够爬行时，他们不仅能看到，而且能亲身触摸和体验到外界事物，发挥自主性去自己想去的地方。当婴儿能够直立行走时，他们的活动纵深范围更宽广，越来越能够参与其他家庭成员的日常生活。

在精细运动方面，婴儿由于在坐立和行走中解放了双手，得到了近距离认识和探索周围环境的可能，从而促进了智能发展。这在婴儿期主要表现在能手眼协调的够取物品、用手来解决日常生活问题，在发展生活自理能力上，如他们捡起掉落的饼干、开关盖子、洗手、吃饭、穿衣等，精细运动的快速发展为婴儿能够适应今后幼儿园的集体生活提供了可能。

（二）婴儿心理发展的特征

婴儿期也是人类心理发展最迅速和心理特征变化最大的阶段，基本的心理活动在该阶段开始萌芽。此时婴儿开始认识世界，各种基础认知活动出现，言语开始萌芽，自我意识初步形成，伴随着基本情绪的理解和表达，人际交往也开始发展起来。

1. 认知发展

（1）建立条件反射

0~1岁的婴儿开始出现条件反射，这是人类心理的发生。如被抱起的喂奶姿势会和吃奶动作在多次先后发生后，婴儿就会建立条件反射，只要被抱起就期待着吃奶。这是婴儿维持生命、适应新环境需要的基础机制。这启示父母要积极承担养育责任，为婴儿提供稳定的教养环境，从而让婴儿养成有规律的生活习惯，学会生活。

（2）认识世界

2~3周的新生儿会通过视觉、听觉的集中来提高注意力，当刺激事物反复出现多次后，婴儿每次的注意时间缩短，表现出已经"记住了"这个旧刺激，这被称为习惯化，但是当新刺激出现时，婴儿的注意时间突然延长，说明他又开始了新一轮的学习，这被称为去习惯化。婴儿便在从习惯化到去习惯化的反复变化中认识和熟悉周围世界。

（3）运用手解决问题

2~3个月的婴儿开始出现手眼协调的情况，能够用手有目的地摆弄物体，把手当成认识工具和劳动工具。到了1岁半的婴儿能够准确地拿取物品，根据物体特性来使用，如以特定的"舀"的动作来使用勺子，用"翻"的动作来看书，并且在多次练习后能够灵活地把物体当成工具解决日常问题。

（4）言语和思维的发生

在言语发展方面，6个月婴儿开始喜欢发出各种声音，通过玩舌头来练习发音，9个月的婴儿能理解一些常用词汇，并按照要求做动作，比如说"再见"时会挥手，10个月的婴儿开始用不同的声音表达不同的意思，而真正意义的"会说话"则发生在1岁左右，此时儿童能使用准确的词语招呼别人，如见到妈妈说"妈妈"而非"奶瓶"或"爸爸"。当1岁到1岁半的婴儿进入理解语言阶段时，他能听懂许多话，但并不会说；而到了 1 岁半后的婴儿则进入突然开口说话的时期，他们开始喜欢表达，喜欢模仿大人说话，特别是一些能引起他人强烈反应的话，比如粗话。

在思维发展方面，通常 1 岁以后的婴儿开始出现最初的概括和推理，例如能按照不同性别、年龄来区分他人；2 岁的婴儿开始会讲道理，甚至与人争辩，但内容非常具体，总是与当下的活动联系在一起。同时，婴儿的想象力开始萌芽，他会拿着物体进行想象性游戏。

2. 人格发展

根据美国心理学家埃里克森的人格发展阶段理论，人的一生可分为八个阶段，每个人生阶段都有其需要面临、克服的发展任务，如果人能顺利完成发展任务将获得心理健康，若未能完成、受到阻碍则将来会重新遇到这个问题，反复滞留在该阶段。其中 0~3 岁便呈现出第一、第二阶段不同的发展任务。

第一阶段从出生开始到 1 岁半，其发展任务是基本信任和不信任的冲突。此时婴儿的所有哭闹都基于自己的愿望是否得到满足，如果父母能够及时出现满足孩子的愿望，则亲子之间就能建立起基本的信任感；如果父母忽视孩子发出的需求信号，将孩子长时间或多次置于无助的状态之中，则孩子对父母充满无信任感。该冲突若不解决，孩子一到陌生情境下便会充满焦虑。

第二阶段是从 1 岁半到 3 岁，其发展任务是自主与害羞的冲突。此时婴儿由于基本动作能力已经发展起来，有了自己的主见，开始进入人生发展的第一个反抗期。由于该阶段婴儿需要学习社会规则，父母便承担起控制儿童行为规范的责任，帮助儿童养成良好的生活习惯，如形成文明而健康的用餐习惯、大小便控制性练习、按照合理的作息来安排一日生活等。但是婴儿会反复强调"自我"的存在来反抗父母的管理。该阶段如果父母管理过于严格，使用过度的惩罚或给婴儿施加较大的压力，则婴儿会产生怀疑和羞愧的心理状态，不敢挑战新事物。而如果父母放任不管，则婴儿无法学会必要的社会规则，难以适应社会生活环境，加剧下一阶段入园困难的情况。

3. 情绪发展

新生儿出生后会立刻产生三种原始的情绪反应，它们分别是：害怕、愤怒和爱。这些情绪通常与婴儿的生理需求是否得到满足直接有关，比如婴儿在听到刺激性的声响和失重时大哭，在身体活动被限制时会愤怒地挣脱踢打和哭闹，在被抚摸、拥抱时做出安静的反应。但是这些反应都是笼统的，随着大脑发育逐渐成熟，1岁后婴儿的原始情绪逐渐会分化出更多的种类，他们有更丰富的面部和身体表现，到了2岁左右已经出现各种基本情绪，如愉快、惊奇、悲伤、愤怒、厌恶、感兴趣、轻蔑和痛苦。

年龄越大，婴儿的情绪动因越从生理性需要转向社会性需要。比如当他想要爬向某处够取物品时被父母制止而出现矛盾时，婴儿的社会性需求得不到满足则感到愤怒，得到满足则感到愉快。

4. 社会性发展

婴儿会主动招呼、吸引人。满月后的婴儿经常使用哭泣的方式来表达社会性交往的需求，招呼别人来关照自己，但他们也喜欢通过游戏和笑来吸引家人跟自己玩。通常5个月以前的婴儿能接受任何人的引逗，不区分生人与熟人。5~6个月后婴儿开始认生，只愿意与熟悉的亲人亲近，对陌生人开始有抗拒的反应，这既是婴儿记忆力发展的表现，说明婴儿能够记忆存储和提取出不同的人脸，也意味着依恋关系开始发展起来。

6个月后婴儿开始表现出对亲人的依恋反应，即当与主要抚养人在一起时表现得亲近，与主要抚养人分离时会哭闹不安，这是婴儿与家人建立安全依恋关系的关键时期，他们需要不断确认主要抚养人是安全基地，会为其提供稳定的人际环境。这种情况逐渐持续到3岁，直至他确认主要抚养人即便暂时离开也会在将来重逢，从而能够安心地适应离开家庭在幼儿园生活。

二、婴儿期家庭教育的内容

新手父母在了解婴儿身心发展规律的基础上，还需要理解婴儿期阶段家庭教育的特点，才能更好地承担哺育婴儿，培养婴儿的语言能力、认知能力、运动能力、社会性发展，做好孩子入园准备等家庭教育任务。

婴儿期的家庭教育是该阶段儿童唯一的、最初的教育环境，与其他人生发展阶段相比，它具有以下四方面特点：

一是启蒙性。此阶段的家庭教育为个体身心发展提供了最初的物质和精神基础，使婴儿从一个生物人逐渐发展为社会人，而不再像一只只会吃喝拉撒的小动物。家长为婴儿所提供家庭环境能够帮助婴儿逐渐认识周围世界，了解环境特点，从而发展出早期的人类身心特点。

二是主导性。婴儿期的家庭教育质量直接决定了婴儿早期发展的质量，婴儿年龄越小，越依赖家庭环境的支持。对于婴儿而言，家长扮演着重要他人的角色，对婴儿施加着最主要的影响。可以说，家庭教育在婴儿生长发育中占据着主导性地位，家长在家庭教育中发挥着主导性作用。

三是全面性。婴儿期的家庭教育作为婴儿发展的唯一环境，为婴儿发展提供了完整全面的教养资源，这是人生其他发展阶段家庭教育所无法比拟的。由于婴儿早期只在家庭中成长，还未接触同学、老师等学校教育环境，也较少与社区环境有直接互动，所以家庭便承担起婴儿全方位的教养任务。因此，婴儿期的家长是全能的人生导师，既是养育者，也是教育者，为婴儿提供了系统全面的生活教育。但这也意味着家长需要面临更大的教养压力，特别是对于已经能自由行动的1~3岁婴儿家庭来说，家长在养护时间和精力上远超于其他人生发展阶段的家长。

四是预备性。婴儿期的家庭教育需要为婴儿能够逐渐适应社会生活，迎接幼儿园生活做足预先准备。婴儿在家庭环境中开始学习，并逐渐掌握基本的社会生活技能，他们越来越熟悉家庭一日生活的作息特点，形成了较有规律的作息习惯，这为他们日后适应逐步拓展的社会生活，尤其是进入幼儿园适应集体生活打下了重要的基础。

婴儿期的家庭教育主要以健康抚养为主，但同时担负着婴儿认知、语言、运动、社交能力发展和入园准备的教育任务。由于不同月龄段婴儿发展特点和速度不同，在养育和教育上又呈现出不尽相同的教育重点内容。

（一）进行科学抚养

1. 提供健康饮食

1岁以内婴儿的家庭教育工作主要在于确保婴儿能够获得充足的奶量。母乳中富含婴儿身体生长和大脑发育所需的各种营养，是该阶段婴儿的重要饮食来源。世界卫生组织在全球倡导母乳喂养，经母乳养育长大的孩子有更强的抵抗力，身体更加强壮。在母乳喂养中，亲子之间能够得到亲密无间的情感连接和爱的传递，婴儿也由此发展稳定的情绪和对人际关系的信任，所以即便母亲奶水不足无法提供母乳，在使用其他乳制品喂养的过程中也应该经常抚摸婴儿，与婴儿亲密交流和微笑，建立起安全的亲子依恋关系。

2. 提供安全环境

随着婴儿的视野和活动范围、活动能力不断变化，对家庭环境的安全性提出越来越高的挑战。比如一些家里茶几桌面上的瓶瓶罐罐都会成为婴儿的探索对象，但物品的掉落可能会砸伤婴儿；电插座通常都会安置在较低的墙面上，1岁以上会爬会走的婴儿对此感到非常好奇，会把手指伸进去进行探索；一些家具边角较为尖锐，材质坚硬，婴儿在穿行过程中经常被刺伤或戳中；婴儿喜欢把任何到手的物品放进嘴里探索，所以会误食导致窒息或中毒。因此，这提示家长除了在家庭环境布置上专门为婴儿提供特有的安全保障，还需要选择安全、卫生的户外环境给他们更大的探索空间，并给婴儿穿上易活动、有防护的衣服，实时跟进婴儿的活动情况，既要鼓励他们大胆地探索未知空间，又要提醒婴儿注意环境中的危险因素，随时在婴儿身边为其排除安全隐患。

3. 进行卫生清洁

养育婴儿时的卫生保洁工作非常重要。由于婴儿的免疫系统低下，对环境中各种细菌的耐受性还未发展起来，容易遭受来自不同病毒的侵害。且年幼婴儿缺乏卫生保健的基本常识，对自我清洁和保护没有自发行动，因此需要家长事无巨细地做好清洁工作，否则婴儿很容易生病。随着婴儿逐渐长大，家长有义务教授婴儿自我清洁的办法，培养良好的卫生习惯，例如饮食习惯、如厕习惯、穿着习惯和盥洗习惯。

（二）发展婴儿认知能力

1. 日常生活中发展婴儿认知能力

婴儿主要通过身体的感知来认识世界，他们是具体的行动派，对日常生活环境中的任何物品都非常好奇，喜欢用眼睛看、用耳朵听、用手摸、用身体反复操作来认识事物的特点和规律。比如，有些婴儿会反复按电灯开关，通过观察按的动作与空间明亮程度的变化来理解按钮的特点，明白它们之间是有因果关系的。家长需将这些探索行为视为婴儿正常发展的需要，而非淘气所致。平常为婴儿提供合适探索契机，允许婴儿在成人的保护监管下自主使用生活物品尽情探索。

2. 自然环境重发展婴儿认知能力

自然环境也是婴儿认知发展的主要场所，家长日常可多带孩子接触大自然。婴儿从自然环境探索中了解一草一木，通过亲身感知来获得人与自然和谐相处的基本规律，从而提高自己的观察力、专注力、问题解决能力和想象力。但是有些家长较排斥孩子走到户外亲近大自然，认为这些地方对婴儿身体健康充满风险，同时会增加自己的养育精力成本，所以剥夺了孩子从自然环境中探索的机会，而这将对儿童早期培养科学探索兴趣、发展探究能力造成阻碍。

（三）发展婴儿语言能力

1. 发展婴儿言语理解能力

培养婴儿言语倾听和理解能力是婴儿语言发展的开端。婴儿一出生就通过聆听他人的声音来学习语言，婴儿早期不会开口说话，但这并不意味着他们没有语言能力，而是正在发展倾听与理解的基本言语功能，他们会通过身体互动的方式表达自己已经听懂了家长的话。通常，早期婴儿在家长说话时会凝视对方的脸和嘴，在父母讲完话后会发出喉音或身体做出对应性的反应，这说明他们已经开始在倾听和理解语言含义。

2. 发展婴儿言语表达能力

1岁半前婴儿的言语发展以理解为主，但1岁半后婴儿开始进入词语爆发阶段，他们喜欢说话，愿意与人交流对话，这种变化让家长始料未及，原先沉默不语的孩子突然之间就变得能言善辩。言语表达能力发展得好的孩子未来在适应幼儿园生活中更占优势，因此当家长看到这种喜人变化时，应积极鼓励孩子表达，并指导他们清晰表达。

0~1岁婴儿的主要表达方式是哭，他通过哭来向家长传递生理和心理需要，比如要食物、要抱抱、要家长给他拿来有趣的事物等。如果家长既能对孩子的哭声做出正确的回应，又能用语言来描述婴儿哭泣所要表达的内容，婴儿便越来越注意到语言表达的重要，开始尝试用喉音、表情、动作等方式来跟家长互动，例如看到熟悉的人会发出"咕咕"的喉音，模仿大人针对不同事物发出不同的词汇声音。

2~3岁婴儿的词汇量在不断增加，并能将几个词连接成简单的短句，用更加清晰的语言表达自己，开始成为一个能言善辩的孩子。家长一方面需要担当倾听者的角色，在他们讲话时表达愉快接受的情绪，使其愿意继续说下去。如果婴儿想要得到某样东西但是不愿开口，家长便需要用语言来询问他，给他表达的契机，仔细听他说出自己的需求，而非直接替他说；另一方面，家长还需要担任引导者的角色，可以告诉孩子人物、事物、事件的名称，与婴儿谈论他们感受到的东西，并通过亲子阅读来拓宽对词汇的表达和使用。如果在交流中婴儿表达不够清晰准确，家长可以适当予以补充和示范，提示他们使用清晰准确的词汇、合适的句子来描述事物和自己。

（四）发展婴儿运动能力

1. 发展婴儿大运动能力

0~1岁的婴儿逐步学会抬头、翻身、坐、爬行和走的动作，他们只要有机会就会非常活跃地动来动去，他们的肢体运动从被动变为主动。家长可以引导半岁前的婴儿活动全身的肌肉，帮助他们经常改变身体姿态和所处位置，直至他们逐渐可以自主控制自己的肌肉，通过推拉、伸手、爬行等方式来观察周围世界。在亲子运动中家长可以用语言向婴儿描述他们正在进行的事，从而丰富其对身体和对语言的认识，婴儿在使用大肌肉运动来解决生活问题时，其思维能力和自信心也得到成长，因此家长需要创设安全有趣的活动场地，让婴儿可以自由活动探索。1~2岁的婴儿非常活泼好动，他们能够按照自己的期望来行动，如爬、走、跑。家长需要为他们提供安全的方式来发展平衡、扔、踢和跳的技能。这时婴儿从肢体运动中获得快乐和自豪感，从而建立良好的自信心，胆量逐渐变大起来。因此家长应该给他们提供足够大的活动场地，每天都要开展室内室外的活动。

2~3岁的婴儿充满活力，喜欢四处跑动，总是非常快乐和投入，运动是能使他们快速快乐起来的好办法，因此每天保证足够时间的运动非常重要。家长可以在亲子运动中加入方位关系的描述，并尝试用语言指导婴儿注意游戏安全，从而使婴儿乐于在肢体运动中发展思维能力和语言能力，但是该年龄段的孩子开始不愿接受家长的指导，那么就让他们用自己独特的方式来享受运动过程，但要做好看护。

2. 发展婴儿精细运动能力

0~1岁的婴儿开始发展手的抓握能力和基本的手眼协调能力，他们喜欢伸手触碰物体，家长可以给孩子提供悬挂玩具、有盖子的盒子、柔软的玩具娃娃和抱枕，帮助幼儿学习认识手的抓握能力。

1~2岁的婴儿手部控制能力增强，越来越能稳定地抓握，并能手眼协调解决生活问题，例如能够握紧勺子往嘴里送食物、简单地穿脱衣服鞋帽等，他们非常喜欢用手来探索外界，但安全意识不足。家长可以给孩子提供安全的玩具供他们摆弄，从而通过手部触摸来探索外界。

2~3岁婴儿的手部精细灵活程度提高，越来越能使用手来自理生活，例如用自主重复固定的动作把勺子里的饭菜送进嘴里、给自己和洋娃娃穿脱衣服鞋帽等；同时婴儿在积极参与艺术创作和认识探索之中时，也在发展手部的精细动作，例如懂得使用笔来涂鸦、用积木搭建出较为稳定的房屋、较为熟练地翻书等。家长此时需提供丰富的操作材料供婴儿学习手的各种模式动作，例如积木、书籍、画笔、纸张、各种扮家家的游戏玩具。

（五）发展婴儿社交能力

0~1岁婴儿的人际交往主要发生在家庭中，逐渐从能接纳所有人的无差别社交发展为重点依恋主要抚养人的特异性关系，所以这个阶段是孩子认识家庭成员的关键时期。家长会感受到孩子从半岁起越来越分人，原先与父母暂时分离时没有哭闹，在半年后会变得越来越抵抗和焦虑。该阶段亲子依恋关系的质量决定了未来孩子与人交往的基本信任关系，因此照料儿童的家长应固定，而不能经常更换主要抚养人，让婴儿体验到稳定的家庭环境，从而在与家人共处一室时感到安心，在暂时分离时容易被安抚。

1~2岁的婴儿大部分时间仍与家人相处，但也开始偶尔关注到周围的伙伴，从而区分自己与他人的不同，这是自我认识的良好通道。家长可以带着孩子去别人家做客，或者参加一些户外活动、社区活动、早教机构活动，让孩子学会一些基本的人际交往规则，如挥手再见、对话时关注他人等。该阶段的婴儿是模仿高手，他经常会模仿父母或家人的言谈举止，特别是那些对他人有影响力的话语和行为，所以家长需要时刻注意自己的行为示范作用，做孩子的好榜样。

2~3岁的婴儿由于正处在自我中心倾向的高峰阶段，他们往往只愿意按照自己所认为的方式来行事，不能兼顾社会规则和他人感受，因此经常与人发生冲突，比如与家长产生意见分歧，与身边小伙伴发生争抢打斗。所以家长此时需要特别注意在发生亲子冲突时合理调控情绪，耐心地提示他冷静，同理他的不良感受，用言行示范合适的行为方式，告诉他活动规则和他人的感受是不同的，与此同时鼓励他尝试用新的视角和社交办法来应对压力事件。如果该阶段婴儿较少与人发生冲突，懂得使用基本的社交规则来与人友好相处，则能较快适应下一阶段幼儿园里的师生关系和同伴关系。

（六）做好婴儿入园准备

婴儿期的家庭教育为婴儿能够逐渐适应社会生活，迎接学前教育做足准备。婴儿在家庭环境中开始掌握基本的社会生活技能，如使用工具来吃饭、自主如厕、学会基本的清洁和盥洗办法等，他们越来越熟悉家庭一日生活的作息特点，形成了较有规律的作息习惯，这为他们能够在日后上幼儿园适应集体生活打下了重要的发展基础。通常入园适应较快的孩子都表现出较强的自理能力，他们在入园前半年里就已经在家庭中逐步培养出了较良好的生活习惯，掌握了基本的自理技能，从而能够应对入园后独自面对生活挑战的压力。另外，如果婴儿家长经常在家庭教育中使用对话的方式与婴儿交流，而不只是命令婴儿完成生活任务，婴儿便愿意大胆说出自己的需求和主张，其语言表达意愿和能力都能得到发展，这非常有利于婴儿发展人际交往能力，促进他在入园后敢于积极地与教师和同伴交流，从而寻求到他人的支持和帮助，缓解自己的分离焦虑。

因此婴儿期家长在婴儿入园前一年到半年便要开始了解幼儿园的一日生活作息安排，尽量将家庭生活作息调整到与幼儿园生活作息相一致。家长可以在家积极教授幼儿基本的生活技能，让幼儿多次练习自己使用勺子吃饭、控制大小便、穿脱衣服、按时吃饭睡觉等。同时家长要鼓励幼儿积极与人交往，多到社区里与同龄儿童交友，体验大胆表达自我的成就感，从而为婴儿做好能力和心理上的入园准备。但是有些家长却忽视这一点，认为孩子只要到了幼儿园自然就能适应，等着幼儿园老师从头开始教孩子，结果便发现孩子有极大的入园焦虑和反抗行为，多次入园失败，亲子双方都反复体验挫败感受。

三、婴儿期家庭教育的方法

婴儿家长根据家庭环境特点和儿童发展的需要，可以从认知能力、语言能力和体育活动三个方面来发展婴儿的学习与游戏活动。

（一）认知能力培养的方法

婴儿在好奇心的驱使下会通过视觉、听觉、嗅觉、味觉、触觉来感受世界，并逐渐学习理解这些信息的含义，最终形成自己的想法和对不同事物的概念，这就是婴儿认知的发展。为了更好实现发展需要，婴儿家长应多给孩子提供一定的认知活动材料和环境，利用婴儿的感觉来让他认识世界，并告诉他们如何把看到的、听到的、感受到的用语言表达出来，形成有益的生活经验，从而提高他们在玩耍时的思维能力。家长可以具体从以下三个途径来发展婴儿的认知能力。

1.通过感知觉游戏活动发展认知能力

感知觉游戏主要让儿童通过各种感官通道来探索不同物品的特性。

0~2岁的婴儿会通过嘴的品尝和感知来进行探索，所以味觉是他们主要的探索通道。家长可以提供干净卫生、容易清洁的物品来满足婴儿的探索需求，比如吮吸奶嘴、助齿玩具、磨牙饼干。如果孩子稍大，也可以邀请他加入烹饪活动中，让其品尝不同味道、色泽、形态和质感的食物。除此之外，家长还可以激发婴儿视听觉发展，比如可以将图片、悬挂玩具等放在容易被婴儿够取的地方，让他用手摸、用眼睛看、用耳朵听不同颜色、形状、材质和音质的玩具，并积极向他描述物品的感觉，比如"这是红色的。"或者提一些简单的问题，比如"这是什么颜色的？"

2~3岁的婴儿则越来越依赖其他感觉器官来认识周围环境，并逐渐学会用语言来描述各种有趣的物品，所以家长可以让孩子玩各种发声玩具、沙水玩具、不同质地的玩偶、卡片，品尝不同味道的食物、闻有气味的物品等，并细致地描述这些食物，比如"这支笔是直的、硬的、长的。"家长应鼓励孩子说出自己感觉到的东西，从而形成早期生活经验和概念。

2.通过自然探索活动发展认知能力

自然探索活动是婴儿在室内或户外对动植物、大自然事物特点和规律的了解与欣赏。

0~1岁婴儿的家长可以抱着孩子看看窗外,把他们放在婴儿车里来游览户外景色,天气晴好时还可以带上毯子、找到阴凉的地方坐下来小范围地探索周边环境。亲子还可以在户外收集一些形态各异的自然物做成标本,悬挂起来成为玩具,也可通过饲养小动物、购买动物玩具等来让孩子亲近自然,并向他解释说明这些自然物是什么。

1~2岁婴儿的家长应该确保每天都带孩子去室外进行自然探索,并随时增减衣物。家长可以经常跟孩子谈论在户外感受到的东西,引导他们触摸和讨论这些自然物,比如触碰到蜗牛触角后问孩子:"小蜗牛藏到哪里去了?"请孩子使用简单的词汇来描述自然。亲子可以一起玩捡东西、阅读自然类绘本的活动,表达对自然的喜爱、尊重和赞赏。

2~3岁婴儿的家长可以带着孩子进行短距离的自然徒步旅行或郊游,玩沙水或寻找小动物,也可以通过照顾家里的植物和宠物来深入了解生态环境、物种习性和人与自然和谐相处的办法。比如家长可以跟孩子一起种植植物,提供安全的容器供孩子收集自然物、亲子阅读自然书籍和图片、拍摄自然照片等。

3.通过日常数学活动发展认知能力

数学活动是婴儿通过日常生活体验来了解数的概念和词汇的活动,特别是通过听数字来学习数学。

0~1岁的婴儿主要是通过听家长数数、听数字儿歌、听与数量有关的词汇,比如"一个""很多"来获取数的概念。婴儿经常听到家长数数就更容易理解数的含义,但是不要期待他自己能够数出来,只需自然使用这类词汇即可。家长应尽量将数学游戏与愉快的情绪联系在一起,比如一边唱数字儿歌,一边与婴儿互动,并按照数量来轻拍婴儿身体等。

1~2岁婴儿的家长可以经常跟孩子玩数数游戏,让他听和模仿数字儿歌的歌词,并在日常生活中听和用简单数量词来描述事物。虽然该阶段的婴儿还不能完全理解数的意义,但是多倾听有助于他日后灵活的使用。家长可以收集一些能用来数数的物品,比如在户外捡到的小石头、家里的瓶盖等,随时随地跟孩子玩数字游戏,向他示范数量词的使用方法。

2~3岁婴儿的家长可以带孩子玩数字游戏,反复听和唱数字儿歌,每天使用数量词和形容大小的词汇来描述周围事物、亲子阅读与数字有关的图书。比如家长带着孩子一起玩串珠子的游戏，串一个数一个，从而让孩子自然而然学习如何表达数字；也可以提供种类相同但数量不同的玩具，请孩子根据数字来拿取玩具。此时家长需注意多通过提问、做游戏的方式来让孩子自然使用数量词，比如"许多""没有"等，切忌直接灌输教授数字本身，因为抽象地教授时，婴儿没有足够的生活经验来支撑理解它们的含义。

（二）语言能力培养的方法

0~3岁是婴儿语言发展的起步阶段，其中前半段他们主要是用耳朵倾听，主要任务是言语理解；后半段就喜欢开口说话，主要任务是言语表达，二者的发展相辅相成，因此家长可以从亲子阅读活动、日常交流活动中培养婴儿的语言能力。

1.通过早期阅读活动发展认知能力

早期阅读活动是婴儿通过听和看家长的讲解、讲故事或图片来理解语音所指代的事物含义。

0~1岁婴儿的家长可以把黑白图、彩色图、简单造型图放在婴儿能看得到、够得着的地方，因为婴儿喜欢看人脸、明暗色调对比强烈的图案，且内容是婴儿日常生活中熟悉的物品。家长需注意孩子的视角，适当悬挂图片，并经常更换图片，以充分满足婴儿的好奇心需求。在使用图片时家长可以简单描述这些图片，比如："你看到这只小狗了吗？汪！汪！汪！"

1~2岁婴儿的家长应该给孩子提供更牢固的、色彩更鲜艳的纸板书、塑料书、玩具书等。因为此时他们喜欢自己探索图书，比如用手来撕、用嘴来咬等。另外，该阶段的孩子开始学会翻页，并按照图片上的提示去生活中寻找相应物品。所以如果家长发现孩子读书时经常离开无须焦虑，因为他们并不是走神了，而是继续用身体体验的方式来验证他们刚才在书里看到的内容，比如看到书本上画了一个马桶，他就会跑到厕所里去看看马桶。

2~3岁婴儿的家长可以跟孩子一起玩图片或故事游戏，比如一边讲故事，一边扮演故事里的角色，或者听一部分与孩子讨论一部分，为故事角色配音、给故事创编一个有趣的结尾等。孩子开始越来越积极地在亲子阅读中做出有针对性的回应，持续倾听和参与阅读活动。此时家长可以在家里创设一个舒适的图书角，为婴儿选购单页内容的图片书，或简单情节反复出现的故事书，也可准备手指偶、布偶等辅助工具来做故事角色扮演游戏。

2.通过日常交流活动发展认知能力

日常交流活动是婴儿通过与家长非正式的交谈来掌握口语交流规则、学习口语表达方法，从而能够清晰地表达自己的需求。

0~1岁婴儿的家长如果仔细观察就会发现，即便孩子还没有开口说话，他们也在学习口语交流规则，比如凝视说话者、在对方停止发言后自己才发出声音等，他们还会通过牙牙学语、挥舞手脚来积极参与对话当中。所以家长在照料婴儿时应配上对话或解说，当婴儿发出声音做回应时马上跟他互动，比如重复他的声音，让他知道你在用语言表达的方式关注他，并说出他此时正在看到、听到、闻到、尝到和触摸到的内容。

1~2岁婴儿的家长需随时与婴儿展开交流，当婴儿开始使用语言来表达需要时，哭泣次数就会减少，家长也越来越能明白孩子的意图。此时孩子开始开口说话，这会让家长非常惊喜和自豪，但如果他开口时间稍晚几个月，家长也应保持足够的耐心，并提供丰富的对话环境，而不是总把孩子放在电视面前或单方面地给孩子下指令要求其执行，而是用交流的方式询问孩子意见。比如在喝水前不是直接命令孩子去喝水，而是询问他："你要喝水吗？"使孩子有机会表达需求"要"或"不要"。

2~3岁婴儿的家长要做孩子的倾听伙伴，因为此时婴儿特别喜欢说话，他们在交谈时会把刚学到的词语或表达方式马上用起来，并有针对性地回答大人的问题。因此家长应预留出更多时间专门与孩子对话，并在对话过程中表达对孩子的赞赏。如果孩子发音不清或表达方式不合理，家长可以用清晰的发音和恰当的词汇来提示婴儿，并在他们所说的话上补充更多内容。比如孩子说"要吃苹果"。家长可将它扩展为"宝宝要吃红苹果了"。

（三）开展亲子体育活动的方法

婴儿的身体运动总是异常活跃，他们随着动作能力的发展，越来越能通过自主运动来解决日常生活问题，并获得愉快的情绪。因此婴儿家长可以通过与孩子一起做大肌肉运动和手部精细活动来培养孩子的自信心，并获得更加亲密的亲子依恋关系。

1. 大肌肉运动

0~1岁婴儿的家长可以经常给孩子做被动操和抚触按摩，从而帮助半岁以内的孩子认识自己的身体，并开阔视野。比如当家长把孩子抱起来或拉坐起来时，孩子便能够看到四周的环境，而不只是天花板，于是他们就会产生更多的好奇，想要坐起来自己了解周围事物。当半岁后的孩子越来越能自主活动，比如能坐稳、爬行、站立时，家长可以陪伴孩子一起玩地面游戏，随时在他周围做好安全保护工作。一些亲子互动类的体育游戏，如抱起来、举高高等深得婴儿的喜爱，同时锻炼孩子的胆量、树立自信心、探索积极情感的表达方式。

1~3岁婴儿的家长每日可带着孩子到户外社区、公园或幼托机构玩耍，从而满足婴儿强度更大、更具挑战性和独立性的运动需求。安全、牢固的玩具器械能够帮助他们发展多种运动技能，比如攀爬、走、跑、跳和平衡。家长开始给孩子购买坐骑玩具、球类和推拉玩具来支持他们每天都有机会运动玩耍，在孩子玩耍时，家长可以用语言来描述他们正在进行的大肌肉活动。

2. 手部精细活动

0~1岁婴儿的家长要帮助孩子意识到手的作用。当婴儿开始观察他们的手时，学习契机就发生了，家长提供一些能让婴儿抓握、摇晃和摆弄的玩具，让婴儿知道手的运动能使外在的物体发生变化，从而意识到手的存在，发现手的作用，逐渐控制手的动作来解决生活问题。同时，婴儿经常通过触摸、咬来认识周围环境，所以家长需要给他们提供安全的材料来够取。这个阶段的孩子适合抓握一些有手柄的玩具，并在眼前晃动，从而发展手眼协调能力。

1~2岁婴儿的家长可以给孩子购买容易抓握的玩具来锻炼小肌肉，虽然刚开始时他们可能会抓不稳，但是他们越来越有兴趣探索自己的手，喜欢用手来游戏和解决生活需求。家长可以先给孩子示范使用办法，并用语言来解说和提示操作过程。当孩子没做对时仍然鼓励他继续尝试，完成任务后及时表扬他。

2~3岁婴儿的家长可以给孩子提供需要更多手部控制技巧的材料，帮助他们学会手腕、手指的动作控制。一些组合拆装类玩具能帮助他们充分探索不同的手部动作模式，但是注意在玩这类小玩具时控制数量，并陪伴他完成，以免在不经意时误食。另外，此时孩子喜欢涂鸦，所以可以提供更多美术材料来进行手部探索。自主进餐时学习如何使用餐具也是练习控制手部动作，从而达到灵活和稳定。

（四）建立规则意识的方法

婴儿进入 1 岁起就有自主意识，2 岁便达到自我中心倾向的高峰阶段，只按照自己的意愿来理解和对待周围事物，表现得爱说"不"，并伴随非常执拗的行动和抵抗的情绪。通常没有建立好规则的家庭在孩子 2 岁后便进入了的亲子冲突爆发期，但这其实是可以事先预防的。因为 7~20 个月是父母树立权威形象，给孩子立规矩的重要时期，此时父母可以使用限制活动的方式来制止孩子的各种不适宜行为，让他知道只有做了适宜行为才被接受，而只讲道理则是一个无效办法。此时，可以运用"限制活动"办法来建立规则意识，促进孩子的社会性发展。

"限制活动"办法是在 15~30 秒内通过空间隔离来限制孩子的活动，比如对于 1 岁左右的孩子来说，换尿布的时候可以制止他的一切活动，对于 1~2 岁的孩子来说则是把他放在一个有空间限制的栅栏里让他停止和冷静。这种方法具有强迫的对抗力，但是有效，这能让婴儿清楚地从行动结果上明白自己该怎么做才是对的。在这期间家长可以让孩子自己哭一会儿，不快感会帮助他明白自己无论做什么都不会改变家长的决定，从而服从管理。到了将近 2 岁时，婴儿开始发展具有概括化的思考能力，他们越来越知道自己的不良行为会产生消极后果，所以这时"限制活动"再加上解释原因、讲道理等办法，孩子才能理解。

"限制活动"办法使用在孩子提出不合理要求，并用各种任性办法来试图让家长满足时，比如孩子经常打老人、抢别人的玩具、为了得到想要的东西在地上撒泼打滚等。这时家长要态度坚决，不可因为孩子升级的反抗和哭闹而心软放弃，否则下次再执行起来就更加困难。这是一个谁说了算的关键时刻，如果家长坚持住了，孩子则在未来冲突情绪较少，懂得如何以合适的方式自处和人际交往。这类管理看起来有些强硬，但是并不会影响亲子的感情，因为亲子依恋关系已经在前期建立起来了。

但是从源头来说，家长可以通过环境布置来减少孩子说"不"的机会，创设更接纳的家庭生活环境和心理氛围。比如把不想让孩子随意触碰的东西藏起来或置于高处，孩子能触碰到的地方都是家长允许他探索的空间，这是一个没有拒绝的安全环境,孩子的好奇心和自信心由此得到发展。而未经控制的环境会增加家长对孩子的行动限制,给孩子平添巨大的心理压力,孩子说"不"的频率便会提高。

(五)做好入园准备、缓解分离焦虑

0~3岁的婴儿需要父母的全天看护,这是他们人生发展的良好起点,孩子也因此与父母之间建立了深深的依恋关系。随着孩子年龄的增长,需要离开父母,进入托儿所或者幼儿园,开启他们的人生新篇章。但是,年幼的孩子常常无法适应与父母分离,甚至因此产生严重的分离焦虑。因此,孩子何时可以接受日托或幼儿园生活,家长需要为此做出哪些准备,如何缓解孩子的分离焦虑情绪,便成为婴幼儿家长需要提前了解的知识。

1. 选择合适的分离时机

在1岁半后,父母与孩子经常有短暂的分离,对亲子双方都有好处。虽然此时孩子会因为见不到父母而感到难过,但是反复而有规律发生的事实帮助孩子知道家长即便离开但仍然会回来,比如家长去上班后还会下班回家。在有条件的家庭里,替代抚养人是祖父母或保姆,他们承担着父母离开时的主要照料责任和压力,由于婴儿仍处于家庭环境之中,亲子的暂时分离显得较为容易。但是如果选择托育结构服务的话,人际环境和物理环境都发生根本性的变化,全天的日托对2岁以内的婴儿来说显然是不合适的,家长可以采取几小时内的托育,因为此时婴儿每次与主要抚养人分离都存在较大的焦虑和对抗行为,且日常护理上也存在较多的任务和压力,所以更合适的入园准备开始时间是在2岁半左右。在正式进入幼儿园生活之前的半年里,家长可以采取半日托的方式让孩子慢慢适应生活的变化。婴儿可以在新的环境中练习自己表达需求,发展自我整理和清洁的能力,学习建立和谐的同伴关系和师生关系。但不适合把他插班安排进比他年龄普遍大的小班里,而应为其找到合适年龄段的托班来就读,因为托班里儿童人数较少,教师更有耐心和精力去关照每个孩子,孩子在班里也不会总是处于弱势下风的地位,他有机会体验到自己是个有能力的人,这能够帮助他更容易适应新环境。

2. 做好充分的分离准备

一旦家长决定要送孩子去托育服务机构或幼儿园,孩子要面临较长时间的

亲子分离，家长便要为下一阶段的到来做好准备。为了能使孩子尽快适应新环境，准备阶段应至少有2~3个月，这期间家长可重点培养孩子的言语能力和自理能力。在语言准备方面，孩子如果能够听得懂别人说的话，对他人的指令有针对性的反应，甚至能够表达出自己此时的需求，他们就能及时而充分地得到看护人员的生活照料和情感关怀，从而愿意接纳新环境。所以家长应经常与孩子对话，观察孩子对语言信息的反应，进而激发孩子的表达欲望，表扬孩子用语言来解决问题，而非使用情绪宣泄来获取关注的任何表现。在孩子说得不够清楚时请他再说一次，耐心地解析并示范正确的表达办法。

在自理能力准备方面，孩子如果能自主进餐、自主控制大小便、懂得简单的穿脱衣服办法，则较少遇到生活困难，在情感上接纳分离事实后会很快适应新环境。所以家长可以事先带着孩子去选购他喜欢的餐具，放手让孩子在餐桌上尝试自己使用餐具进餐，表扬他任何正确使用餐具的举动，即便弄脏环境也不指责；在孩子能控制大小便后才考虑送托，教孩子使用便盆和穿脱裤子的办法，给他充分的练习机会，即便孩子有时还没到便盆前就已经控制不住尿出来，也表扬他往便盆方向走去的举动。

3. 温和而坚定的分离过程

家长应在入托或入园前几天告诉孩子分离这件事，并带着孩子去新环境参观，与老师见面，愉快地玩耍一下，给孩子留下良好的园所印象，从而做好将要分离的心理准备。

在入托或入园当天家长保持愉悦的心情，陪伴孩子来到新环境，温和平静地跟孩子告别，用令人感到温暖的仪式如亲吻、拥抱来表达对孩子的爱，然后把孩子交给老师管理，态度上要温和而坚定，不表现出焦虑和犹豫，相信孩子有能力应对好这一天的新生活。孩子会参照家长的情绪来理解入托或入园这件事的意义，如果家长是理性接纳的态度，孩子也更容易平和地接受分离的事实；但如果家长表现得过分担忧，孩子会认为这是一件有压力的事情，也会表现出情感抗拒和警惕、不参与活动、回避人际交往，甚至出现生病等问题。

通常第一天入园回到家孩子的情绪会非常愉快，但是第二天起床再去上学时会表现出不乐意的情况。由于晨间时间较短而生活环节却较多，亲子之间会爆发较大的矛盾。为了避免这类问题出现，家长可以在头天晚上就跟孩子一起准备好书包和衣服，跟孩子约定一个明天起床后令人愉快的事情，比如得到一段特别的亲子拥抱时刻、播放一首好听的曲子等,让孩子对起床充满期待。当孩子在入园过程中出现哭闹时稍加安抚,同理他的感受,并明确地告诉他爸爸妈妈会来接他,在他入园后做完什么事情就能看到爸爸妈妈,最后仍是坚定地离开。通常在经历了一个月左右的情感反复后,孩子会逐渐适应分离过程,从不接纳慢慢变成接纳,甚至在新环境中获得意想不到的收获,如好玩的游戏和玩具、有趣的朋友、友善的老师等。

第二节 幼儿期的家庭教育

幼儿期的家庭教育主要指向 3~6 岁儿童的家长在家庭生活中对其实施教育和施加影响的一种非正规教育。

一、幼儿身心发展的特征

3~6 岁被称为幼儿期,又叫学龄前期,幼儿在这个年龄阶段迅速发展的身体和趋于完善的运动技能,使幼儿的好奇心得到极大满足,幼儿的身心发展也在不断尝试和探索中日趋成熟。幼儿不断长高,身体比例不断变化,骨骼和肌肉不断发展,肢体动作日渐协调,大脑发育迅速,这些生理发展影响并制约着儿童心理的发生和发展。

(一)幼儿生理发展的特征

幼儿期生理发展特征主要是 3~6 岁幼儿的大脑和身体在形态、结构及功能上的生长发育特征。进入 3~6 岁的幼儿身体发展刚结束身体发育的第一个高峰,身体发展速度变慢,直到青春期再次加快。

1. 身体的发展

幼儿从 3 岁起身高每年增长 5~7.5 厘米,体重大约增加 3 千克。幼儿"从头到尾"和"从躯干到四肢"具体表现为身躯变长、手脚变长,身体比例稳定地趋向成人的形状。幼儿的神经和肌肉系统逐渐成熟,骨骼成长,软骨以更快的速度转化成骨头，骨头变得更坚硬，肌肉变得更强壮，但是骨化过程还远远未完成，容易变形，这时营养对身体的成长和对体型、骨骼的形成具有极大的影响。这一时期的幼儿肌肉发育不太完善，大肌肉群比小肌肉群发育得快。由于幼儿的新陈代谢较好，恢复肌肉疲劳快，因此，可以安排如短跑等强度稍大、时间较短的体育项目进行锻炼。但是要注意循序渐进、劳逸结合，避免过度疲劳，伤害到身体。

2. 大脑的发展

这一时期还是幼儿脑发育显著加速的时期。幼儿5岁时的脑重为成人的75%，6岁时的脑重为成人的90%，脑的结构已相当成熟，皮质兴奋和抑制过程进一步加强，但仍不够平衡，兴奋会强于抑制。随着幼儿脑结构的形成，脑的机能也发展起来，幼儿的抑制过程加强，可以逐渐控制自己的行为，减少冲动性，幼儿精确认识事物能力的发展得到促进。幼儿期脑的结构已经发展比较成熟，幼儿可以从这个时期开始系统地进行多方面文化知识的基础学习。

3. 运动能力的发展

幼儿期的儿童动作的灵活性增强，粗大动作技能和精细动作技能都有很大的发展。幼儿在做大肌肉运动方面能够逐渐熟练地进行多项运动，如单脚跳、跑步跳（这比跳跃要困难，因为跑步跳是在跑步之中加入跳跃或单脚跳的动作。在3岁时会做这种跑步跳的幼儿只有17%，4岁半是60%，5岁半是80%以上。在幼儿园中，常见有韵律来配合做跑步的动作。由于是比较难做的动作，个人差异很大，并且女孩往往比男孩跳得顺、跳得好）、避开障碍物有节奏地走路，借助器械进行多种方法玩球、跳绳等。平衡能力得到进一步提高，能在一条直线上行走，能攀爬、滑行等。每经过一年，幼儿的活动性和协调性变得更强。

精细动作方面，幼儿的手眼协调和小肌肉控制也在迅速完善，能熟练地运用双手，较自如地控制手腕和手指，灵活地使用一些工具如剪刀、锤子等。手指小肌肉快速发展，已能较好地控制手腕，他们会对不同的书写工具感兴趣，比如使用画笔进行简单的线条绘画、做一些美工活动，同时在穿衣行动和衣食住行等方面，幼儿也已经具备了相当的自理能力，到了5岁基本能够独立穿脱衣服，把持好勺子，尝试使用筷子，大小便能够逐步脱离大人的帮忙。这个阶段的幼儿还能做一些力所能及的家务，如整理床铺、擦桌子等打扫卫生的事务。

（二）幼儿心理发展的特征

在社会发展和自然科学发展的背景以及众多有关儿童心理研究的基础上，科学儿童心理学诞生了，人们围绕儿童的感知觉、注意力、思维、语言、个性、情绪和社会性发展等方面做了大量的研究，并探寻出一系列特征。

1. 言语的发展

3~6岁幼儿期的语言发展主要是口头语言的发展，主要表现在语音、词汇、语法、表达等方面。4岁的儿童能够掌握本民族或本地区语言的全部语音，发音正确率随后会显著提高；基本能够清楚地发出全部的语音；语言的连贯性有所加强，能用完整的句子连贯清楚地讲述；能准确、简练地回答较复杂的问题；能比较条理清楚地独立讲述看到或听到的事情和故事；敢于在众人面前大方、有表情地朗诵诗歌；较准确地概括故事的主题思想。3~7岁是人的一生中词汇量增长最快的时期，孩子掌握同一类词的内容也在不断扩大，他们还知道如果希望沟通有效，就必须使自己的语言适合听者的理解和需要。

2. 思维的发展

幼儿期的儿童思维以具体形象思维为主，能进行一些更加概括的思维和逻辑抽象的思维活动了。这时期的儿童能够逐步根据概念分类，按照类别记忆，掌握了部分和整体的包含关系，掌握左、右概念，对因果关系也有所理解；能准确地认识几何图形和立体图形；能全面地感知事物的某些细致特征，发现差别；掌握基本的数数、运算、长度和体积守恒技能和规律。到了5~6岁，其思维更加活跃，表现为爱学、好问，他们的好奇心已不再满足于了解事物的表面现象，而要刨根问底，而且会主动地去探索周围的世界，大胆地进行尝试。幼儿期的儿童无意注意进一步发展，对感兴趣的活动能集中较长时间的注意力。幼儿参与活动具有一定的稳定性和自觉性，也有了初步的任务意识，能够主动记忆所学内容和成人布置的任务，先记简单的，后记复杂的。随着抽象逻辑思维的萌芽和发展，幼儿可以按自己的生活经验分类，也可以按物体的使用功能分类，其进行角色扮演游戏的复杂性不断提高。

3. 情绪和情感的发展

幼儿期的儿童的情绪稳定性和有意性进一步增强，产生了一些比较稳定的情感,并且也有了一定的控制能力,能运用语言来调节情绪。儿童开始能够有意识地控制自己情感的外部表现,如摔疼了能忍着不哭。同时,这个年龄段儿童情绪反应的社会性进一步加强。他们希望引起他人的注意,尤其是得到他们心目中的权威人物的重视,渴望与同伴游戏并建立较为稳定的友谊关系。这一时期,他人的态度表现会直接影响儿童的情绪反应:成人的表扬会令他们欣喜高兴;同伴的拒绝会让他们情绪低落。

4. 个性的发展

幼儿期的儿童对事物已经开始有了比较稳定的态度,开始形成个性,如爱玩玩具、爱玩足球等。儿童5岁以后,随着抽象概括性的发展以及各种心理活动有意性的发展,能较好地建立起社会规则与自己行为的联系、自身行为与他人反映的关系。儿童的自卑感、荣誉感、羞愧感、嫉妒心、好强心等都比以前更加显露,当然,不同儿童也有所不同,这就是自我意识发展的倾向。儿童在群体中能够用积极友好的方式与人交往,并重视成人和同伴对自己的评价,也希望得到同伴的接纳。儿童在五六岁时性格特征和能力已有明显的差异,性格方面已开始表现出顺从的、冲动的、好表现的、攻击的、内向的、外向的以及依赖的等各种不同的特征。这一阶段的儿童能够知道自己的优缺点,能够独立做事情和独立思考问题,做事情有信心,关心长辈、老师和小朋友,喜欢帮助他们做事情,能主动关心班级的事,有集体荣誉感,能在不同情景下主动使用礼貌用语,举止文明,做错事能承认并努力改正,能主动热情地与老师、小朋友和客人交往,热心地帮助解决其他小朋友之间的冲突,协调自己与伙伴之间的关系。

5. 社会性的发展

在相互交往中,该年龄段的儿童开始有了合作意识,能初步控制自己的外在表现,能逐步遵守集体制定的行为规则,能从独自游戏到与小组组员或几个同伴一起玩游戏或完成某些任务。3岁起他们会选择自己喜欢的玩伴,5~6岁后会与三五个小朋友一起开展合作性游戏。幼儿的规则意识逐步形成之后,他们开始学着控制自己的行为,遵守集体的一些共同规则。例如,游戏结束后把玩具整理好放回原处,上课发言要举手等。对在活动中违背规则的行为,儿童常常会"群起而攻之"。但是,这一时期的儿童对于规则的认识还没有达到自律的程度,规则对于儿童来说是外在的,因此,儿童在规则的实践方面还会表现出以自我为中心。4~6岁的儿童更多地表现出助人行为而很少假扮助人者的角色。

二、幼儿期家庭教育的内容

幼儿期的家庭教育是一个重要的家庭教育阶段，相对正规教育而言，家长基本未经过教育方面的专业训练，在幼儿进入幼儿园学习阶段，家长又自然而然成为"未持证上岗"的教育者。幼儿家长把子女健康发展所需要的良好生活方式、文化常识、优秀品质和自我管理经验等在日常生活中传授给他们，将教育寓于一日生活当中，开始有计划地在幼儿的健康、语言、科学、艺术和社会性发展学习中做好幼儿的"第一任教师"。

家长做教育和学校教师做教育有不同之处，但一切都是为了幼儿的成长。

纵观教育发展，在教育目的、任务与内容方面，家长对子女的教育目标与幼儿园（机构）的教育目标基本一致贯通。但是从教育的性质功能、环境设备、途径和形式、管理及评价方面分析，幼儿期家庭教育与学前机构（幼儿园或早期教育机构）教育又有不同之处。

做好学龄前儿童家庭教育与幼儿园等正规教育的衔接能够帮助儿童更好地成长。家庭教育会随着时代和社会的发展而不断变化，以血缘关系为纽带的情感作用是其他任何教育无法替代的。如何开展幼儿期家庭教育？首要是把握清楚幼儿期家庭教育从哪些方面着手引导。参照目前幼儿园教育的任务和内容，结合我国幼儿家庭教育的具体现状，目前幼儿期家庭教育内容主要涉及健康教育、认知教育、社会性教育、艺术审美教育四大方面。

（一）开展健康教育

2001年11月试行的《幼儿园教育指导纲要（试行）》明确规定"树立正确的健康观念，重视幼儿身体健康，同时高度重视儿童心理健康"。个体的健康是保证个体全面发展的前提，是一切活动的前提与保障。幼儿期家庭健康教育的任务是科学照料幼儿饮食，做好卫生保健工作，教给幼儿简单基本的生活与卫生知识，培养良好的生活和卫生习惯，培养一定的生活自理能力，培养自我保护意识和能力，培养体育锻炼的兴趣和能力，从而保障生命安全与身体的健康发育、成长。具体表现在以下几个方面。

1. 生活卫生习惯

生活卫生习惯包括良好的睡眠、盥洗、如厕、饮食等，即培养幼儿的生活自理能力。例如，家长要培养幼儿按时作息、饭前便后洗手、睡前刷牙、如厕有规律、吃饭不挑食等习惯，而且要自理自立，如自己穿衣穿鞋、自己洗手吃饭、自己脱衣睡觉等。这些内容虽然简单琐碎，但对幼儿的独立意识、独立能力和自我意识的形成影响深远。

2. 动作发展

动作发展体现在两个方面，一方面是活动兴趣的培养。家长要培养幼儿参加体育活动的兴趣和习惯，增强体质，提高幼儿对环境的适应能力。另一方面是发展大、小肌肉动作。家长要有意识地锻炼幼儿走、跑、跳、钻、爬等脚部大肌肉的动作能力，以及穿、插、拼、贴、撕等手部小肌肉的动作能力，以提高幼儿动作的协调性、灵活性，并培养幼儿坚强、勇敢、不怕困难的意志品质和主动、乐观、合作的态度。

3. 安全与卫生保健

安全与卫生保健具体体现在以下三个方面，一是安全教育。这主要包括饮食的安全，玩具、游戏活动的安全，外出活动的安全，日常生活安全常识以及看电视的安全。二是疾病的预防与治疗。这主要包括家长对幼儿疾病的预防、治疗和护理时的一些科学做法，还包括教给幼儿一些简单的预防与自我护理的技能，如根据天气的冷热加减衣服等。三是饮食营养均衡。其一，家长要为幼儿提供营养科学合理的膳食，幼儿的饭菜要注意荤素搭配，还特别要注意粗细搭配。其二，家长要培养幼儿少吃零食的习惯，包括各种小食品和冷饮等，因为幼儿过多地吃零食会影响正常的一日三餐，且这些零食中多有油炸、膨化、高糖、含人工添加剂等对幼儿健康不利的因素。其三，家长要注重让幼儿通过正常饮食摄入全面均衡的营养，不宜给幼儿进补，如食用各种保健品等。

（二）开展认知教育

认知教育的任务是发展幼儿倾听及理解语言的良好习惯及能力，进而训练幼儿的语言表达能力，主要指口头语言，也包括力所能及的书面语言的学习和使用能力。此外，还要结合生活内容，教幼儿了解简单的科学知识，培养其科学精神和态度，养成初步的科学的行为方式，从而激发幼儿的学习兴趣。具体体现在以下几个方面。

1. 培养语言能力

儿童的言语获得是学习的结果，家长在对幼儿进行认知教育的时候，要格外重视语言能力的培养。儿童认识世界、获得知识以及进行人际交往都需要借助语言，语言的获得使幼儿的心理世界发生了重大变化，言语活动是双向的过程，既包括对他人言语信息的接受和理解，也包括个人发出和表达的言语信息。幼儿期是学习语言的关键期，学习语言也是为进入小学做准备。良好的语言教育对学前儿童的发展具有重大的意义。

幼儿期家庭语言教育的内容包括以下几个方面：倾听理解方面，即倾听习惯、理解能力；表现表达方面，即表现欲望、表达能力；早期阅读方面，即兴趣习惯、阅读能力；书写准备方面，包括正确姿势、兴趣等。例如，别人讲话时要认真倾听，不要随意打断他人的谈话；要坚持讲普通话，注意发音清楚正确；不断地丰富幼儿的词汇；鼓励幼儿大胆发言，体验交流的乐趣，学习使用礼貌用语；接触优秀的儿童文学作品，培养幼儿早期阅读的兴趣，早期阅读是指儿童从口头语言向书面语言过渡的前期阅读准备，包含幼儿运用视觉、听觉、触觉、口语，甚至还有身体动作等综合理解色彩、图像、声音、文字等多种符号的所有活动；锻炼幼儿的书写技能（如可以让幼儿涂画文字，让其抚摸凹凸不平的文字、描镂空的文字、用小棍摆文字等）。有条件的也可以同幼儿用多种语言进行交流，可适当地让幼儿接触和学习一种或几种语言，目的不是考级或赶时髦，而是从小训练其正确发音，培养语感，开阔视野，接受多元文化，培养民族情感和国际格局意识。

2. 培养科学素养

（1）自然科学常识

这主要包括自然、环境、科技等方面的知识经验，以及数量方面的经验，即时间、空间、形体、守恒、数字等简单基本的知识。同时，通过自然科学常识的教育发展幼儿的认知能力，即观察力、记忆力、注意力、概括能力、推理能力、判断力、想象力以及创造力等。良好的认知能力不是一朝一夕能够形成的，需要家长有意识地、持之以恒地培养。

（2）社会科学常识

这主要包括幼儿对周围的社会环境、社会机构、社会劳动与角色分工等的认识，以及对祖国、自己家乡风土人情的认识和对"地球村"的理解等。

（3）生命科学常识

结合目前我国学前儿童家庭教育现状，这里主要谈一谈对学前儿童的生命教育与性知识教育。

第一，生命教育。在当前，"生命教育"是指通过对儿童进行生命的孕育、生命发展知识的教授，使他们对自己有一定的认识，对他人的生命抱有珍惜和尊重的态度，并让儿童在受教育的过程中，培养对社会及他人的爱心，使其在人格上获得全面的发展。生命教育的本质是尊重生命及其存在的价值，生命教育的最基本目标是培养儿童珍惜生命，即尊重生命、肯定生命的价值与意义，以及培养幼儿乐观向上、积极进取的生命价值观，避免自我伤害的发生，也避免伤害他人和动物。它包括四个层次的目标：敬畏生命、体悟生命、热爱生命、珍惜生命。

第二，性知识教育。家长应当根据幼儿的需要，回答幼儿关于性知识的提问，并结合日常生活中的恰当时机，帮助幼儿增进对性的认识和理解。例如，幼儿关于性别的提问，关于男厕女厕的困惑以及对于自己生殖器的好奇等，只要幼儿提出来，家长应尽量给予恰当的答复，介绍一些简单的性知识。

（三）开展社会性教育

幼儿期的社会性教育主要是对幼儿进行社会认知、社会情感、社会行为等方面的教育。幼儿必然要认识周围的环境，与他人进行各种社会交往，学习各种社会交往形式，适应社会发展。家庭教育有一项重要的教育内容就是培养幼儿适应社会，为幼儿成为未来社会的合格公民打好思想和行动基础。家庭是幼儿社会化的最初场所，幼儿期家庭社会教育的内涵丰富，其主要内容也比较复杂、多样，综合起来，主要包括以下几点。

1. 树立正确的自我意识

自我意识是一种认知心理结构，它组织、调整、综合着个体自身的行为。自我意识是学前儿童个性形成的重要组成部分。积极正确的自我意识，是个体进步不可缺少的内在动力，对学前儿童认知的发展和健全人格的形成具有重要作用。孩子从称呼自己的名字逐渐发展到用"我"来表达自己的愿望和态度，是自我意识发展过程中的一个重要转折，3~4岁以后，孩子的自主性得到进一步提高，在与同伴的交往中，开始把自己与别人的行为进行比较，逐渐形成初步的自我认识和自我评价。

自我意识主要包括两大方面，一是正确认识自己、评价自己、接纳自己。每个学前儿童都是与众不同的，家长应当引导孩子真正认识自己，知道自己的身体特点，如"我是女孩""我皮肤很白"，明白自己的性格方面有什么优点，有什么缺点，对自己有一个相对全面的认识，如"我学得很快，但有时不够仔细"。在全面认识自己、评价自己的基础上，引导孩子不仅要接受自己的优点，也要正确看待并能够容纳自己的缺点，如"我弹琴不如他好，但是只要我努力，我一定会赶上他的"。

二是学会调控情绪。学前期是个体情感发展的关键期，家长应该帮助孩子形成初步的情绪调控能力。首先，家长应该树立良好的榜样，让孩子在潜移默化中明白，每个人都有喜怒哀乐，都可以表达自己的情绪情感。其次，家长也应该明白孩子和成人一样，也有自己的喜怒哀乐，应当在尊重孩子的基础上去有效地疏导孩子的不良情绪，引导孩子用恰当的方法表达自己的情绪，如告诉别人"我生气了"，或者暂时不理人，但是不能打人、骂人、摔东西等。最后，让孩子学会自由选择、自我决断等。自由选择、自我决断是学前儿童独立性、自主性的重要表现。家长应该尽可能地多为孩子创造自我选择、自我决断的机会，如"明天我们一家人出去玩，植物园、动物园、博物馆、科技馆，你选哪个地方"。

2. 增进社会环境的认识

社会环境是学前儿童生活游戏的场所，也是学前儿童各种秩序形成的场所。家长应丰富孩子的社会经验，增进孩子对社会环境（家庭、幼儿园、社区、家乡、祖国等）的认识，引导他们关心和了解社会事物和社会人员，发展他们的社会认识能力、社会知觉能力、移情能力和道德判断能力，提高他们对美、丑、善、恶、是、非、对、错的辨别能力，以及在社会生活中解决某些实际问题的能力。同时，还要注重培养孩子积极的社会情感，引导孩子认识并理解人与环境之间相互依存的关系，培养孩子爱护环境、保护环境的意识，引导孩子关注并参与周围社会生活，萌发各种社会意识。另外，传统节日是中华民族文化的有机组成部分，每一个节日都有它的历史渊源、美妙传说、独特情趣和广泛的群众基础，它们反映了民族的传统习惯、道德风尚。家长向孩子介绍传统节日的过程也是一个民族文化教育的过程，由此可以增强孩子对本民族文化的认同感。

3.培养社会交往的能力

社会交往对于学前儿童心理的健康发展和健全人格的塑造具有重要作用。社会交往能力是指人与人交往以及参与社会活动时所表现的行为能力。学前儿童正是在与不同的人打交道的过程中，逐步形成了为人处世应有的态度，获得社会交往的能力，促进了社会性行为的发展。家庭是学前儿童生活的主要场所，家长应为孩子创设交往的环境，使他们在与人交往的过程中，逐渐掌握符合社会要求的行为方式，并能初步根据社会规范来调节自己的行为，发展交往能力，使孩子成为顺应时代发展需要的人。家长在让孩子感受家庭温馨的气氛的同时，还应让孩子走出家庭，多接触外部的社会，比如，可以让孩子自己邀请其他的小伙伴到家中来做客，也可以让自己的孩子到小伙伴家中去玩耍。孩子在和其他的小朋友相互交往的过程中，会逐渐学会尊重、分享、合作、同情、谦让等社会交往能力。

实施学前儿童家庭社会教育，家长应该尽力创设一个能使学前儿童感受到接纳、关爱和支持的环境，为学前儿童提供人际间相互交往和共同活动的机会和条件，让学前儿童在与成人、同伴的共同生活、交往、游戏中学习各种社会知识，培养积极的社会情感。

（四）开展艺术审美教育

在重视素质教育的同时，越来越多的家长意识到艺术教育对开发幼儿智力、陶冶情操、激发自信、锻炼意志发挥着重要的作用。我国现阶段倡导传承中华传统文化、保护非遗传统艺术作品，这都需要人们具备一定的审美素养。

幼儿期家庭审美教育的任务是充分利用生活环境、事物、人物及生活事件等，引导幼儿感受日常生活美、自然美、欣赏艺术作品，发展幼儿感受美、享受美的能力，培养幼儿正确的审美观点，逐渐提高学前儿童的艺术素养，塑造幼儿美的心灵。幼儿期家庭审美教育的内涵丰富，其主要内容综合起来包括以下几点。

1. 发现日常生活的美

学前儿童的可塑性强，思维特点具有具体形象性，因此，家长对孩子实施艺术教育时，应注重运用孩子可以具体感知的、生动鲜明的形象，以增强艺术教育的效果。日常生活的美是学前儿童最接近、最熟悉、最容易感知的，学前儿童的审美能力也是从日常生活中熏陶出来的，家长应注意引导孩子感知、欣赏日常生活的美，在日常生活中实施艺术教育。在日常生活中到处都存在着艺术美，比如，家庭和社区内的花草树木，公园的楼台亭阁，小巷的青砖红墙，张灯结彩的节日街头、色彩缤纷的霓虹广告……日常生活中有许多美好的事物，家长要善于引导孩子留意美、欣赏美，抓住各种教育契机来进行艺术教育。比如，在日常生活中教育启发孩子理解整齐美（衣服整整齐齐是美的，头发梳整齐了才漂亮，玩具玩完以后摆放整齐才是美）。再如，通过日常生活中的着装，引导孩子感知各种色彩以及色彩的搭配、服装的款式风格，对孩子都是一种潜移默化的审美教育。

2. 探索大自然的美

丰富多彩、富于变化的大自然是学前儿童家庭艺术教育的丰富源泉。苏霍姆林斯基就很重视大自然当中所蕴含的艺术教育的价值，他经常带着孩子到大自然中感受美、欣赏美。"静静的傍晚，我们来到牧场。伫立在我们面前沉思的柳树已绽出嫩叶，池水映照着深蓝色的苍穹，成行的天鹅掠过晴朗的天空。我们凝神静听这优美黄昏的乐声。一会儿从池塘那边一个什么地方传来了奇妙的音响，好像有谁轻轻地触动了一下钢琴的琴键，似乎池塘、池岸和蓝天都发出了声音。"大自然具体、直观、生动的形象，容易为学前儿童所感知、体验、理解，并且容易引起学前儿童情绪情感上的共鸣。家长应该多带孩子接触大自然，春踏青、夏游泳、秋远足、冬赏雪，让孩子们投入大自然的怀抱，感受大自然的美，享受大自然的美。在孩子感受绚烂多彩的大自然时，家长可以让孩子把体会最深、感觉最美的景色表现出来，比如看到形状多样、变化奇特的朵朵白云，孩子可以用语言描述出来，用肢体表现出来，用绘画描绘出来。千变万化、生机勃勃的大自然不仅满足了孩子的好奇心和探索欲望，也让孩子在与大自然的接触中获取了多方面的经验和能力。

3. 感悟艺术形式的美

音乐、美术、舞蹈等艺术形式美具体直观、鲜明生动、富有表现力，容易被学前儿童接受，引起情感上的共鸣，对发展学前儿童的审美能力具有极大的促进作用。因此，音乐、美术、舞蹈等艺术形式美既是艺术教育的重要手段，也是艺术教育的重要内容。单就音乐教育而言，音乐是美的音响艺术，它生动活泼、感染力强，悦耳的音乐使人精神愉悦，增强活力，解除疲劳。家长可以通过音乐艺术启迪孩子的心灵，从形式和内容上进行美的教育，发展孩子的音乐感受力、理解力、表现力等各种音乐才能，培养音乐素质。此外，家长还可以让孩子接触真正的艺术作品。家长应引导孩子欣赏本民族或全世界顶尖的艺术作品。

家庭是审美教育的摇篮，在对幼儿进行审美教育的时候，家长要尤其重视让幼儿用自己的眼睛去发现美，用自己的心灵去体会美，用自己的双手去创造美。

三、幼儿期的家庭教育方法

随着幼儿从婴幼儿期进入幼儿期，父母针对幼儿采取的教养行为也会发生变化。3~6岁的幼儿有两个重要的进入新环境的适应和准备的转折阶段，一个是已满3岁进入幼儿园的适应阶段，另一个是将满6岁进行幼小衔接的准备阶段，父母在这些时期需要根据幼儿的身心发展特点和教育目标转变自己的教育观点和行为，以适应幼儿在转折阶段出现的行为和个性发展。已有学者从个人能力、建立常规、对个人行动负责、区分社会角色、学习与人相处等方面具体探讨了如何实施3~6岁幼儿的家庭教育。本章主要呈现在幼儿期的家庭教育中，父母如何发展幼儿各种认知能力、适应能力和运动能力，进而培养幼儿良好的品德行为和自我服务能力。

（一）培养良好的生活习惯

幼儿阶段既是养成良好习惯的关键时期，也是容易沾染不良习惯的危险时期。此时家长应着重注意与幼儿园老师保持密切的联系，并配合做好家园合作工作，与幼儿园保持一致且同步的教育。经过反复练习才能形成稳定良好的习惯，家长们需要对幼儿行为习惯的形成保持着坚定的决心、耐心和信心。

1. 养成良好的口眼习惯

幼儿的视力与牙齿保健与他们的个人良好卫生习惯密切相关。所以，家长在家中要避免让幼儿连续长时间看电视、玩电子游戏，而要引导其多做户外运动；要保证阅读活动场所有足够的照明；要保持幼儿正确的阅读姿势；要定期检查幼儿的视力，并及时做好不良视力的矫正；要教育幼儿适当控制饮食，坚持饭后漱口，早晚刷牙，养成个人良好的口腔卫生习惯。

2. 养成良好的饮食习惯

家庭中给幼儿调配饮食的原则是饭菜多样化，组成"平衡膳食"，使食物供应在物质上能满足幼儿对各种营养的需求。父母要教育幼儿从小养成不挑食、不偏食的良好习惯，同时要培养幼儿细嚼慢咽、一日三餐定时就餐的习惯。

3. 养成良好的睡眠习惯

首先，要保证睡眠时间。婴幼儿的神经系统发育尚未完善，大脑皮层神经细胞的耐力小、容易疲劳，需要睡眠的时间较长。一般来说，3~6 岁的幼儿需保证 11~12 小时的睡眠时间。其次，家长应为幼儿创设良好的睡眠条件，如单独的小床，薄厚适度的被褥，安静的睡眠环境等。最后，让孩子养成正确的睡眠姿势和按时入眠的好习惯。正确的睡眠姿势是向右边侧身睡，这样可使偏于身体左侧的心脏少受压力，而使位于身体右侧的肝及时得到更多的血液，更好地进行新陈代谢。

4. 养成良好的排泄、盥洗习惯

养成幼儿每天定时大便的习惯，每次最好不超过 5 分钟。同时养成饭前、便后洗手，定时洗头、洗澡的习惯。父母也应为幼儿创设良好的盥洗条件，给幼儿准备专用的各类小毛巾，挂在幼儿能够得着的地方，教幼儿用流动水洗手、洗脸，从而培养幼儿独立盥洗的能力。

（二）发展幼儿良好品德

"德"的教育位于首位，如果幼儿遵守纪律、关爱家人、关心他人、团结友好、热爱家乡、热爱祖国等，我们就认为该幼儿具有良好的道德品质。由于道德观念比较抽象、综合，说教的方式很难让幼儿形成良好的道德品质，家长可以通过游戏开展道德教育，在游戏活动中让幼儿体验应该怎样做，引导幼儿主动帮助父母做一些辅助性的工作，关心父母；进一步巩固幼儿的公德意识，遵守社会公德，同时，培养儿童的社会责任感。

1.引导幼儿善良仁爱思想

父母在爱幼儿的同时,也是双向地教育幼儿爱父母,培养了幼儿的善良仁爱之心。家长有必要让幼儿知道父母抚养他的辛苦,教育幼儿感恩父母,主动帮助大人做力所能及的事情。例如一起做家务,择菜、擦桌子、扫地、洗碗、晾衣服、整理房间等。要克服把独生子女当作"宇宙中心"的做法,让他懂得人与人之间应当互谅互让、互敬互爱、互帮互助,例如父母生病了,孩子能进行关心和简单的照料。利用幼儿的生活实际,寓教于爱,随机对幼儿进行教育。比如,教育幼儿爱护花草树木、飞禽走兽以及比自己弱小的群体,既培养了幼儿的环保意识,又有助于培养幼儿同情他人、关心他人、为他人着想的善良仁爱之心。引导儿童主动帮助老师、同伴,培养集体意识,例如陪孩子一起看学校老师发的通知,按要求完成任务,去到学校向老师们、同学们打招呼,班级需要帮助则力所能及帮助班集体提供资源、共同建设。

2.巩固幼儿社会公德意识

家长让幼儿学习各种社会规范、行为准则,帮助幼儿获得良好的道德品质。幼儿爱国之心的培养可以从家长身边开始,家长教幼儿爱父母、爱长辈、爱幼儿园等,从而将抽象的"祖国"变为形象具体的概念。家长需要从小在幼儿心中播下爱祖国、爱家乡的种子,进行爱祖国、爱家乡的教育。家长们可以通过谈话将自己的成长经历分享给幼儿,把我国人民世世代代对祖国、对家乡的深情厚谊传递给幼儿;可以通过组织传统节日仪式传承中华传统文化,使幼儿长大后深情根植在祖国,成为建设国家的栋梁之材。家长可采用生动活泼的形式来丰富幼儿对社会公德行为的感性认识。例如,可通过讲故事、看电视、参观纪念馆等形式增加体验,对幼儿进行良好品德教育,还比如在日常生活里,提醒幼儿进行光盘行动、珍惜粮食、有序排队不插队、公共场合禁止大声喧哗、爱护公物不乱画、学会垃圾分类保护环境等。幼儿慢慢习得道德行为,长此以往就可以形成良好的道德品质。

(三)塑造幼儿良好个性

个性是指一个人比较稳定的,具有一定倾向性的各种心理特点或品质的独特组合,包括个性倾向系统、个性心理特征系统和自我意识系统三个彼此紧密相连的子系统。个性倾向系统主要指人的兴趣、需要、动机、理想、信念等因素；个性心理特征系统主要指气质、性格、能力等方面的特点；自我意识系统包括自我认识、自我体验、自我调节。个性一般在2岁左右开始萌芽，3~6岁具有雏形，20岁左右才逐渐定型。幼儿的个性在越小的阶段可塑性越强，因此父母需要针对3~6岁幼儿的个性发展有侧重地进行教育，主要是根据幼儿的气质类型和性格特征展开幼儿良好个性的培养。

1.认识幼儿气质类型并引导

气质是人的三大个性心理特征之一，是一个人所特有的心理活动的动力特征。每个人一出生就具有独特的气质类型，气质类型无好坏之分。传统上根据神经类型活动的强度、平衡性及灵活性的不同，一般将人的气质类型分为四种类型：胆汁质、多血质、黏液质和抑郁质。

①胆汁质的幼儿容易激动，坦率热情，精力旺盛，但自我控制能力较差，并且急躁易怒。父母对于胆汁质的幼儿要更有耐心，当他们犯了错误时，要用信任和委婉的口吻与其沟通，不要训斥。父母可以特意安排他们做一些细致的活儿，培养他们耐心细致的品质。

②多血质的幼儿对人亲切、善于交往，语言表达能力较强，但注意力常常不集中，做事浮躁、有头无尾。所以父母要特别注重培养他们的注意力，从小事入手，要求他们做事时专注、持之以恒，逐步养成专注持久、刻苦耐劳的品质。

③黏液质的幼儿注意力不易转移，中规中矩，老实听话，情绪稳定，但行动缓慢，不够灵活，因此，参与活动的积极性不够，父母可以和他们玩一些训练灵敏度和速度的游戏。他们对周围事物的好奇心不是很敏感，要特别培养他们的兴趣，引导他们与外界积极交往。

④抑郁质的幼儿表现比较沉闷、孤僻、胆怯，缺乏信心，但他们韧性好，做事也比较细致。父母需要对他们多给予关怀，鼓励他们多参加集体活动，多与他人接触交流，注意培养他们的自信心，帮助他们克服自卑的缺点。

家长在对幼儿的教育还应该注意：第一，全面、正确、清楚地了解儿童的气质特点。第二，不要对幼儿的气质妄下结论。气质在相当大程度上受神经系统基本特性的影响，气质是人们出生时候就已经具备的特性，教育的目的不是设法改变幼儿的原有气质，而是要认识并尊重气质的缺点，发展气质的优点，从而使幼儿在原有气质的基础上形成优良的个性特征。

2 培养幼儿良好的性格

性格是个性中最重要的心理特征，也是最本质、最核心的部分，是对客观现实稳定的态度和习惯化的行为方式（包括对社会、对劳动、对人、对己，对事物的态度和行为）。性格是在后天生活过程中与周围环境相互作用过程中形成的，3~6 岁的幼儿还未形成稳固的态度，因此性格还未定型，是良好性格培养的最佳时期。首先，在家庭教育过程中，父母尽量给孩子良好的照顾和爱抚，使幼儿从小得到安全感、信任感、主动感，形成良好的亲子依恋关系，为幼儿以后良好性格的形成打下基础。其次，父母要营造和谐的家庭氛围，幸福的家庭环境，使幼儿浸润其中并逐渐内化为幼儿性格中的良好因素。最后，父母要为幼儿提供好的榜样，父母的言谈举止以及处理问题的方式方法，都会成为模仿性极强的幼儿学以致用的模板，从而对幼儿性格的形成产生影响，例如成人自己总是而且要求幼儿把东西从哪里拿放回哪里去、物品放得整整齐齐、衣服扣子扣好、饭前便后洗手、起床叠被子等，这种耳濡目染的周围现实使幼儿在潜移默化中形成了逐渐稳定的态度和行为习惯，也就是爱惜物品、爱整洁、爱劳动、负责任性格特征的萌芽；又比如，幼儿买水果时候看见就拿、做客时候四处乱窜、见到好吃的不经同意就端到自己眼前、从不分享，如果家长不加以教育反而赞赏肯定，那么就会使幼儿逐渐发展成为独占、霸道、自私无理的个性。除此之外，父母在平时要注意观察幼儿，及时发现幼儿的兴趣，合理地区分幼儿的问题行为，并给予恰当的引导和教育；有意识地培养幼儿不怕困难，坚持不懈的意志品质。3~6 岁的幼儿性格特征活泼好动、好奇心强、模仿性强，父母重视并积极反馈幼儿，很容易使幼儿发展成为勤奋好学、进取心强的良好性格特征。

总之，幼儿时期是个性形成的重要时期，这个时期所形成的个性心理倾向对幼儿以后的心理发展具有深远的影响，学龄前的幼儿父母，对幼儿个性形成的影响是很重要的，要想把幼儿培养成具备善良、乐观、热情、友好、情绪平稳、社会适应能力强等良好人格特征的人，父母首先要注意自己的人格修养。凡事以身作则，给幼儿一面良好的镜子以助他们健康地成长，最终形成良好的个性品质。

（四）开展幼儿安全教育

家长在有效监护的同时，应适时适当地对幼儿进行自我保护的教育，提高其自我保护的能力。家长应通过详细、系统的安全教育,让幼儿懂得哪些东西不能玩、哪些事情不能做、哪些地方不可以去,并强调让幼儿记住发生意外时如何呼救。父母的这些防范措施,可以减少甚至避免一些意外对幼儿人身安全构成的威胁。

1. 减少意外伤害

意外伤害已成为影响幼儿健康成长的"第一杀手",在幼儿日常意外伤害事故中,所占比例较高的是跌落摔伤、烫伤烧伤、硬物夹伤和宠物咬伤等。家长须掌握诸如食物中毒、烫伤、溺水、车祸、跌落等突发事件的急救措施,提高监护意识,尽可能消除环境中的一切伤害性因素,如剪刀、刀具等锐利物品要妥善保管。与此同时,结合生活实际事例,随时对幼儿开展有针对性的安全教育,从小培养幼儿分辨是非、善恶的能力,提高自我保护意识;减少对幼儿各种活动的包办代替,增加幼儿接受锻炼的机会,使他们掌握多种生存技能。安全教育亟须加强,家长要采取安全措施保护幼儿。

幼儿的自我保护意识非常缺乏,本身所具有的自我保护能力相当薄弱。伤害事件的发生究其原因可能是家长对家庭安全知识的缺乏,安全防范的意识薄弱,对幼儿的监护措施、家庭安全教育不够重视。同时对家庭可能产生安全隐患的物件和设施没有加以适当的控制,例如沸水、剪刀、农药、燃料、电器、阳台和窗口等。家长还应对幼儿的一些危险行为活动加以劝阻、提醒和引导,如爬高、奔跑、玩火、涉水等。并且时刻禁止幼儿在家居周边的河川、道路附近等存在安全隐患的地点游玩。

2. 树立正确的性别观念

3岁以后,幼儿的性别角色得到发展,开始意识到男女之别,并且学习性别角色的不同职能。在这一过程中,父母的教养方式对幼儿性别角色的发展起着导向的作用。在现实生活中有些成人总喜欢给幼儿进行异性装扮,也就是将男孩装扮成女孩,或将女孩装扮成男孩。这种异性装扮,对幼儿的心理发育是非常有害的,容易造成幼儿成人后性别角色的错乱,可能导致"异装癖""恋物癖"等异常心理,从而难以适应社会生活。因此,幼年时期,父母应该给幼儿正确的性别角色教育,对幼儿性别角色的发展予以正确的导向。同时,父母还需要帮助幼儿建立保护身体隐私意识,例如教会幼儿不让他人随意亲吻、拥抱或抚摸自己,尤其是衣服遮住的部分不能给他人触碰,遇到他人侵犯要和父母诉说、敢于求助。

（五）推进各种游戏活动

游戏是幼儿最主要的学习活动，也是促进幼儿心理发展最好的活动方式。家长可以给幼儿准备拼插玩具、计算玩具、识字玩具、拼图玩具等。根据幼儿的爱好，也可以给他们准备一些绘图工具、音乐用具、科学玩具、运动玩具等。在组织指导儿童的游戏活动时，可以组织一些如创造性游戏、音乐游戏、体育游戏，以及发展视、听、触、嗅、味等方面的感官游戏等。

1. 培养幼儿语言能力

家长应遵循幼儿口语发展特点，培养其语言能力。如帮助幼儿掌握丰富的词汇，理解词义，确切地运用词语组成最简明的语句，使幼儿能够正确、熟练地表达自己的思想。多给儿童语言刺激，丰富幼儿的生活经验，为儿童树立学习语言的榜样。这些都需要家长有意识、有计划、有目的地对儿童进行言语能力的培养。

2. 促进幼儿注意力、记忆力、想象力的发展

幼儿开始能有目的地集中注意某些事物，能持续一小时左右，说明注意的稳定性加强了。家长可以通过组织幼儿的游戏、学习、劳动等活动来培养他们的有意注意。家长要培养幼儿早期学习兴趣和记忆的目的性、自觉积极性，养成儿童及时复习的习惯。家长在培养幼儿的想象力时，要让幼儿广泛接触、观察、体验生活。以丰富知识，储存信息，促进想象力的发展。

3. 培养幼儿思维能力

幼儿开始有了逻辑思维的萌芽，即能够运用已有的知识经验和语句的概括作用，将客观事物表达成比较抽象的概念，概括出事物的本质属性和内在规律。有经验的家长一般通过游戏、学习等活动，引导儿童对事物进行分析、综合、比较、抽象、概括，也可以通过分析讨论童话、寓言和故事的材料，有意识地发展幼儿的思维能力。

基于这一时期儿童的独立性及各方面能力的提高，父母需要给幼儿提供条件，满足幼儿积极参加各种有益活动的要求。例如，经常带幼儿接触大自然，去博物馆、科技馆、动物园、公园、名胜古迹等场所，开拓儿童的生活领域，扩充见闻，以激发其学习的兴趣。家长应积极为幼儿创造多参加运动的条

件，注意培养幼儿的动手能力，让幼儿在活动中亲身体验安全活动带给他们的愉悦。

（六）培养幼儿稳定的情绪

情绪是人们对周围事物和环境是否符合需要而产生的主观体验，幼儿的情绪情感虽然比3岁前有很大发展，但仍具有易变化、易受感染、易冲动、外露等特点。由于各方面知识不断增强，幼儿有时候会独自活动而不听从成人的干预，虽然这种要求占有或扩大生活范围所表现出来的独立性是一种有积极意义的心理状态，但此时幼儿往往以一种"反抗"的形式表现出来。因此，家长既要培养幼儿稳定、乐观的情绪，又要合理预防和处理各种不良情绪。

在日常生活中幼儿可能会产生各种各样的消极情绪，情绪也非常容易受到周围环境的影响和感染，例如与父母分离的焦虑、与同伴发生矛盾时候的愤怒、天黑怕鬼、户外怕高、胆怯不作声等，幼儿情绪的发展主要靠周围环境的熏陶，因此需要为幼儿营造良好的情绪环境。此外，在目前家庭教育的现实中，有不少家长只重视幼儿的身体发展和智力开发，却往往忽视了幼儿情绪情感的培养，或者根本不懂得如何培养，这也必须加以重视和改进。

首先，保持和谐的氛围。家长要努力营造温馨和谐的家庭氛围，布置相对宽松舒适的环境，避免脏乱、嘈杂。家庭成员之间互敬互爱，父母抽出时间更多去愉快积极地陪伴幼儿，从而建立良好的亲子关系。

其次，采取积极的教育态度。家长多鼓励、多肯定幼儿，耐心倾听幼儿的心声，积极肯定评价幼儿，这能够提高幼儿对活动的参与兴趣，激发积极的情绪体验。例如，看到孩子的表现都是正向的反馈："太好了！孩子你今天拼搭得很认真，作品很美。""佩服你！刚才你哭着想放弃，但是最终坚持成功了。"

再次，正确运动暗示和强化的手段。如果孩子每次坚持摸高跳，你都说"我感觉你比之前更高大了"，孩子就会很乐意继续坚持，而且内心也会暗暗自信更有力量了。如果家长常常对别人说，尤其是当着孩子面对别人说"我家孩子很胆小，这个做不了。"孩子可能真的做不了，或者想做却容易气馁放弃。

最后，教会幼儿调节自己的情绪。当幼儿不能很好控制自己的情绪的时候，家长可以帮助幼儿转移注意力。比如孩子一直在大哭大闹，家长幽默地说："这些眼泪很有营养，我家的花正好需要浇水，接一些去浇花吧。"孩子可能就破涕而笑。而有的孩子处于高度激动撒泼打滚、哭闹不停的时候，家长也可以采用暂时置之不理的冷却方式，慢慢消退这些情绪和行为，当孩子发现没有"观众"了，情绪也得到自然释放，儿童的消极情绪会随着时间变化而慢慢平复。

总之，幼儿的情绪易受成人情绪的感染，而且变化较快。因此，家长平时要慎重诋毁嘲笑和无故指责，尽可能多地给予鼓励和帮助，培养儿童积极、乐观的稳定心态。家长表现得愉快、喜悦、乐观向上，幼儿长期受到感染，也容易形成愉快乐观的情绪。

（七）做好幼儿入学前的准备

幼儿对进入小学读书充满期望，但又并不清楚自己会遇到什么样的改变，因而心情既兴奋又忐忑，各方面准备也不够充分。进入小学对幼儿是一个挑战，需要做好生理、心理、学习、社会性适应等多方面的准备。幼儿能否适应这一挑战，在很大程度上取决于家长的认识和做法，以及幼小衔接与幼儿园是否能配合一致。因此，在幼儿入学前，即5~6岁这一阶段，家长必须有计划地使幼儿在身体、心理、日常作息制度和生活习惯等方面为入学做好准备，既要为其做好物质上的准备，还要帮助其做好心理上的准备、学习上的准备和独立生活的准备，使其今后能够更好、更快地适应新的学习环境和学习生活。具体可以从以下几方面入手。

1. 做好入园前心理建设

在心理方面，家长要让幼儿觉得"做一名小学生是一件很自豪的事"。与幼儿聊天时，家长要有意识地聊一聊小学生及学校的事情，并告诉幼儿上小学的种种好处。例如，可以认识很多新朋友、学到更多的知识等。要多鼓励、赞赏幼儿，并由衷地祝贺幼儿长大了。如家长可以说"今天玩具收拾得真干净，真像一名小学生"让幼儿从家长的口吻中，感受到成长的自豪，从而产生羡慕小学生、向往小学生活的情感。入学前，家长可以带着幼儿参观一下学校，家长要主动激发幼儿上学的愿望。一般来说，入学愿望强烈的儿童，入学后学习积极主动，表现较好。因此，家长要采取多种形式，如带儿童参观小学生上课，给他们讲少先队的故事等，从而培养儿童对学校的热爱和对少先队的向往，激发幼儿上学的愿望。

家长对幼儿进行初步的学习目的和学习态度教育。学生的学习态度端正与否，决定着学习的成绩与效果，学习态度端正的学生能够按时上学、上课，遵守课堂纪律，专心听讲，积极思考和回答问题，按时做作业，认真复习考试等。同时，要培养幼儿对待学习认真负责、积极努力、不敷衍了事的态度。幼儿对即将学习的内容的意义和目的认识越明确，学习态度越端正，他的学习积极性就越高，学习效果就越显著。入学前要培养幼儿做每一件事都要讲究认真、负责的态度，以便幼儿在进入小学后能以积极的态度学习知识、掌握技能。

家长要培养儿童对学校、对教师的感情。教师是幼儿智慧的启蒙者，使幼儿在入学前就形成对教师的良好印象，这在入学准备中是很重要的。父母要以本身尊敬教师、热爱教师的榜样去引导幼儿，使幼儿树立起教师和蔼可亲、知识渊博、热爱学生的第一印象。家长要向幼儿说明学校、教师的作用，注意维护学校、教师的威信。

2. 养成良好学习习惯

家长要培养幼儿养成良好的学习习惯。一个人养成了良好的习惯，对他的生活、学习和工作都大有好处。对即将入学的幼儿来说，养成良好的学习习惯比获得知识要重要得多，良好的学习习惯是他们顺利进行学习活动的保证，所以，幼儿入学前，家长要培养他们良好的学习习惯，但要循序渐进地进行。首先，家长要培养幼儿专心学习的习惯。刚上小学时，幼儿对学习充满了渴望，对老师发给他的各种书本感到新奇，对课堂上的学习兴趣盎然。家长应该抓住这种新鲜感、好奇心，强化幼儿的求知欲，尽量在家中把幼儿的学习安排得丰富多彩，如给幼儿安排一定的学习时间，要求幼儿学习时集中精力、专心致志、不东张西望、不边学边玩。其实，家长对幼儿注意力的培养，在幼儿上幼儿园前就应该开始进行。家长要有意识地安排幼儿在适当安静的环境中做事，让幼儿学会专注。比如，让幼儿静静地玩积木，玩的时候，家长不要以任何形式干扰幼儿，直到他们自己转移注意力，丢掉积木。很多时候，家长会无意识地打断正在投入玩耍的幼儿，分散他们的注意力。时间一长，幼儿的注意力就难以集中了。

家长要培养幼儿学习的兴趣。玩是儿童最重要的天性之一，顺应儿童天性的教育，就是要遵循儿童身心发展的规律来实施教育。对于幼儿的贪玩，家长不要反应过度，要动脑筋把文体类玩乐与学习知识的兴趣联系起来，也就是说为他们设计一些简单的游戏或活动，在游戏和活动中帮助幼儿发现问题、激发兴趣，如幼儿不肯读书，可以让他和小伙伴一起阅读，或者亲子共读。家长要培养幼儿爱读书的习惯。家长要自己做榜样，引导幼儿爱读书、会读书，在努力读熟、读懂课本的同时，充分利用课余时间阅读适合的报纸、杂志和课外读物。家长要培养幼儿勤动脑、好提问的习惯。幼儿面对大千世界，几乎每天都会有新问题、新发现，家长应鼓励幼儿提出问题，通过自己的思考找出答案，或通过请教别人、查阅资料来解决问题。开展一些科技类活动，增进幼儿的好奇心和探索欲，并使之成为习惯。

3. 培养幼儿独立性

幼儿入学之前，要培养良好的卫生习惯和一定的独立生活能力。例如，按时睡觉，早睡早起，保证有充足的睡眠，自己穿、脱衣服，整理床铺，一人单独睡小床，自觉地早晚刷牙，饭后漱口，能根据天气变化及时增减衣服，学会正确地握笔姿势，端正写字、看书的姿势等。要培养幼儿的独立意识、生活自理能力、动手操作能力。要让幼儿知道自己长大了，即将成为一名小学生了，生活、学习不能完全依靠父母和老师，要慢慢地学会生存、生活、学习和劳动，自己的事情自己做，遇到问题和困难时要自己想办法解决。

家长要培养幼儿的时间观念，让他们懂得什么时候应该做什么事并一定得做好，什么时候不该做什么事，并控制自己的愿望和行为。此外，家长还要培养幼儿的生活自理能力和习惯，逐渐减少父母或其他成人的照顾，让孩子学会自理。家长要教给幼儿有关学校生活的常规知识，要求幼儿参加一些力所能及的劳动，学点简单的劳动技能，从而提高他们的自我服务能力。

4. 提供入园物质准备

物质准备是指为幼儿购买必要的学习用具和生活用品。上小学的幼儿所使用的学习用品要根据年龄来选择，原则是有利于学习、使用方便，如书包、文具盒、尺子、铅笔、橡皮、彩笔等。家长在准备时，不用过于追求样式和数量，够用就行。在上学前，家长要教会幼儿正确使用这些用品，如会使用剪刀、铅笔刀、橡皮和其他工具，并要求幼儿爱护和整理书包、课本、画册、文具。此外，尽可能为幼儿准备一个较好的学习环境，有一个固定做功课、放文具的地方，使幼儿从入学第一天开始，就能有条不紊地安排学习，逐渐养成良好的学习习惯。另外，还要让幼儿懂得爱惜所有的学习用品。同时，服装鞋帽等生活用品，应以舒适、简单、安全、实用为主。

第三节　童年期的家庭教育

童年期是指从六七岁到十一二岁的年龄阶段，也就是小学阶段，因此童年期也被称为学龄期。随着生活范围的不断扩大和生活内容的不断丰富，这个阶段的儿童完成了幼小衔接的转型，他们将从游戏生活逐步过渡到有一定规范性的学习生活，社会性发展和心理发展方面也出现了新的变化。小学阶段，特别是小学低年级阶段，如若父母只顾自己安逸或者忙于其他事务，错过了打好基础的良机，孩子的学习、行为和心理就有可能出现偏差。

一、童年期身心发展特征

学龄儿童在幼儿期生长发育的基础上，身体继续生长发育，身体各项功能也在不断分化、增强，其生理和心理发展方面均呈现出一些新的特点。

（一）童年期生理发展的特征

1. 体格的发展

学龄期的儿童体格生长速度较前更趋平稳，而且较少患病。体重每年约增加 2 千克，身高每年增长 5.8~6.5 厘米。但到小学高年级即五六年级（10~12 岁）时，部分儿童已进入青春前期，体格生长进入第 2 次发育加速期，每年平均体重增加可高达 4~6 千克，身体也突然长高，每年平均可长 7~8 厘米。

2. 骨骼肌肉的发展

学龄儿童的骨骼正在骨化，但骨化尚未完全，因此儿童不易发生骨折，但容易发生变形。不正确的坐、立、行走姿势可引起脊柱侧弯（表现为一肩高一肩低）、后凸（驼背）等变形。学龄期的儿童肌肉虽然在逐渐发育，但主要是纵向生长，肌肉纤维比较细，肌肉的力量和耐力都比成人差，容易出现疲劳。

另外，儿童肌肉力量较差，容易疲劳和损伤，肌肉群的发育不平衡，大肌肉群先发育，小肌肉群还未发育完善，表现为手脚动作比较笨拙，特别是手，还难以完成一些比较精细的动作。

3. 神经系统的发展

在神经系统的发展上，7岁儿童的脑重量已基本接近成人的脑重量。从大脑各区成熟的程度看，到6岁左右，儿童大脑皮质各区都已接近成人水平，有利于儿童复杂精细动作的发展。学龄儿童神经过程兴奋与抑制发展不平衡，其中兴奋占优，易扩散，主要体现在活泼好动、注意力不集中，动作不协调、不准确等方面。另外，学龄儿童神经过程的灵活性高，因此，他们容易疲劳，但是恢复得也非常快。学龄期是衔接幼儿期与青春期的中间环节，学龄初期和学龄晚期的儿童在生理发育上往往有很大的不同。在学校里，我们往往可以看到，低年级的小学生和高年级的小学生在体格、外貌、身体机能等方面的差异都比较明显，可见，学龄期是从孩童向成年人过渡的"始发站"。因此，家长在对待不同年龄的小学儿童时要根据他们的年龄特点和身心发展规律采取不同的教育措施。

（二）童年期心理发展的特征

掌握学龄儿童的心理发育特点是有效开展家庭教育的前提。本部分将从认知、情绪、意志、自我意识和社会性等方面介绍学龄儿童的心理发展。

1. 认知发展

（1）感知

感知包括感觉与知觉。总体来说，学龄儿童的感知能力较差，抽象思维能力尚未形成，思维形式以感觉运动模式为主，模仿能力较强，他们往往对新颖动作的示范更感兴趣，而对老师的讲解缺少热情。

（2）注意

在小学阶段，注意的发展主要有以下表现：①由无意注意占优势逐步发展到有意注意占主导，小学低年级学生的无意注意仍起重要作用，他们的有意注意基本上是被动的。②对具体生动、直观形象的事物的注意占优势，对抽象材料的注意处于逐步发展阶段，特别是低年级学生的知识水平和言语水平很有限，具体形象思维占重要地位。③注意有明显的情绪色彩。总体来说，学龄儿童的有意注意水平较低，注意的范围狭窄，注意的稳定性、分配和转移能力以及自觉性和灵活性都较差。

（3）记忆

学龄儿童的有意记忆超过无意记忆成为记忆的主要方式，意义记忆逐渐占主导地位，词汇的抽象记忆的发展速度逐渐超过形象记忆，学龄儿童常采用的记忆策略有：复述、归类、整理并条理化，以此来帮助记忆。小学一年级的学生常用复述，从三年级开始，其归类、整理并条理化的能力随着年级的增长而不断提高。

（4）思维

学龄儿童的思维能力发展，主要表现在以下几个方面：①学龄儿童思维的发展是从具体到抽象，从低级到高级，既有连续性又有阶段性的发展变化过程。②抽象逻辑思维发展不平衡。在整个小学时期，儿童的抽象逻辑思维水平不断提高，思维中抽象的成分日渐增多，但在不同的学科、不同的教学内容中表现出不平衡性。③抽象逻辑思维从不自觉到自觉。④辩证逻辑思维初步发展。学龄儿童辩证逻辑思维发展水平随着年龄的增长而提高。小学一、二、三年级是辩证逻辑思维发展的萌芽期，四年级是辩证逻辑思维发展的转折期。整个小学阶段辩证逻辑思维发展水平尚不高，属初级阶段。

2. 情绪发展

儿童进入学校以后，在集体生活和独自学习活动的锻炼和影响下，控制、调节自己情绪的能力开始发展起来，情绪的稳定性逐步增强。虽然学龄儿童的情绪仍然具有很大的冲动性，还不善于掩饰、控制自己的情绪，但他们的情绪已开始逐渐内化，十一二岁的儿童已逐渐能意识到自己的情绪表现以及随之可能产生的后果，情绪的稳定性和平衡性日益增强，冲动性和易变性开始逐渐消失。

3. 意志发展

儿童的意志特点是在其克服困难的活动中表现出来的。随着学习活动逐渐成为学龄儿童的主导活动，儿童的意志品质也迅速发展起来。学龄儿童意志品质的发展具有四个特点：意志的自觉性水平较低，意志的果断性较差，意志的自制性逐渐发展，意志的坚持性较弱。

4. 自我意识发展

学龄儿童的自我意识正处于客观化时期，是获得社会自我意识的时期。学龄儿童自我意识的发展是随年龄增长从低水平向高水平发展的。在整个小学时期，儿童的自我意识不断得到发展，但不是直线的、等速的，既有上升的时期，也有平稳发展的时期。

（1）自我认识发展的特点

自我认识是个体对自己身心状况的认识，学龄儿童的自我认识是从比较具体的外部特征的描述向比较抽象的心理术语的描述发展的。比如，在回答"我是谁"这样的问题时，小学低年级学生往往会提到姓名、年龄、性别、家庭住址、身体特征、活动特征等方面。到了小学高年级，儿童开始试图根据品质、人际关系、动机等特点来描述自己。即使到了小学高年级，他们对自己的认识仍带有很大的具体性和绝对性。

（2）自我评价发展的特点

自我评价是自我意识发展的主要成分和主要标志，是在分析和评论自己的行为和活动的基础上形成的。学龄儿童自我评价的发展特点主要表现在以下几个方面：①自我评价的独立性日益增强。②自我评价的全面性有了进一步的发展。③自我评价的稳定性逐渐提高。

（3）自我体验发展的特点

自我体验主要是自我意识中的情感问题，发生于学前期4岁左右，在学龄阶段有了较大的发展。学龄儿童自我体验与自我评价的发展具有很高的一致性，自我体验的发展与自我认识、自我评价的发展密切相关。随着儿童理性认识的逐步增加和提高，他们的自我体验也逐步深刻。自我体验的一个重要表现形式是自尊。自尊高的儿童往往对自己的评价比较积极，相反，自尊低的儿童往往自暴自弃。

（4）自我监控发展的特点

自我监控发展的另一个重要标志是个体不仅能够认识自己，正确评价自己，而且在一定程度上能够自觉控制和调节自己的行为。小学阶段，儿童自我监控的发展趋势比较奇特，表现为低年级学生的自我控制分数比高年级学生高。教师和家长普遍感到小学低年级学生"听话"，叫他们做什么就做什么，而到了小学高年级，教师和家长更多地感到"不听话了""不好管了""有主意了"。造成这种现象的原因主要是由于低年级学生处在"他律"阶段，易受权威人物（教师、家长）控制。这实际上是"外部控制"的结果。而高年级学生的独立性增强了，逐渐形成了自己的立场和观点，表现为自我监控的分数降低，这实质上就是自我意识发展的表现。

5. 社会性发展

儿童社会性的发展总体上包括社会性认知发展与社会性交往发展两大方面。

（1）社会性认知发展

许多研究表明，儿童的社会性认知发展具有以下几个特点：从外表到内部，即从对外部特征的注意到更深刻的品质特征的注意；从简单到复杂，即从某个方面看待问题到多方面、多维度地看待问题；从对事物呆板的认识到灵活的认识；从对个人及即时事件的关心到关心他人利益和长远利益；从对事物具体的思维到对事物抽象的思考；从弥散性的、间断性的想法到系统的、有组织的、综合型的思想。

（2）社会性交往发展

学龄儿童的社会性交往是在与自己发生密切关系的人的交往中得到发展的，包括与父母、与同伴、与教师的交往等。总的来看，随着学龄儿童的独立性与批判性的不断发展，他们与父母、教师的关系从依赖开始走向自主，从对成人权威的完全信服到开始表现富有批判性的怀疑，与此同时，具有更加平等关系的同伴交往日益在儿童生活中占据重要地位，并对儿童的社会性发展产生重大的影响。

二、童年期家庭教育的内容

儿童进入小学后，开始接受系统的学校教育。无论哪个时代，哪个阶级，教育的培养目标始终都是培养能够适应一定社会生产、生活条件的合格公民。受教育的过程从本质上来看就是实现个体社会化的过程。童年期的家庭教育不仅要在前一阶段的基础上，进一步做好孩子良好生活习惯与身体素质的培养，更要积极配合学校做好儿童思想、行为、学习、心理等方面的教育，促进其社会性的发展，具体应该包括以下几方面：开展品德教育，促使孩子形成责任意识；进行学习指导，帮助孩子学会学习；开展劳动技能训练，提升孩子的自理能力；完善个性培养，使孩子拥有健康阳光的心理；加强安全教育，教会孩子应对生活中的危险等。此外，还要结合当今网络时代特点，引导孩子合理使用各种网络媒体资源，适应时代发展的潮流。

（一）思想品德教育

一个孩子只有拥有良好的道德品质，才能拥有一个积极向上的精神面貌，为将来的人生发展打下一个良好的基础。品德的发展像涓涓细流，需要日积月累，成长中的孩子道德品质还没定型，需要家庭、学校乃至整个社会良好教育环境的营造，这个过程是由浅入深的。低年级的学生只是初步掌握一些道德上的判断，知道了一些诸如公平、自私之类的概念，并且形成自己的判断。到了高年级，他们才开始有了自己的标准，对一件事情或一个人做出比较独立的评价。想要塑造好孩子基本的道德品质，家庭教育需要包含以下几个方面：一是培养孩子热爱祖国的情感；二是培养孩子学会对自己负责的责任感；三是培养孩子诚实守信的品行；四是培养孩子讲文明懂礼貌。

（二）学习习惯指导

儿童进入小学阶段，学习成为他们的主要活动，在学习活动的影响下，他们的思维性质、注意力和记忆力等都在发生变化。同时，学校生活也使他们对自己和他人的看法也发生了变化。家长应该帮助孩子适应学校生活，尤其要注重培养孩子良好的学习习惯和学习方法，从而进一步激发和维持孩子的学习兴趣。在小学生的家庭教育中，家长对孩子进行学习指导的重点是让他们学会学习，掌握正确的学习方法，培养良好的学习品质，从而奠定学习的自信心，为以后的发展夯实基础。要启发孩子乐于学习，体验学习的乐趣，消除学习上的心理压力。父母还需注意防止孩子出现学习求知欲望随年级升高而减退的现象。此外，家长要适度引导，将其兴趣转移到其他学习、任务和活动中，既使兴趣得到进一步发展，也促进孩子的全面成长。

（三）身心健康教育

一些年龄小的儿童自制力相对比较差，良好的生活习惯的养成需要较长时间的训练和父母严格的要求及强化，才能得到有效的固化。父母可以有意识地从细节入手，教给孩子一些卫生及医学常识，如正确的刷牙姿势、科学的用眼习惯、合理的作息安排等，使儿童意识到自己才是自己健康的第一责任人，学会爱护自己的身体，有饱满的精神和健康的体魄投入学习生活中去。

学龄儿童正处于生长发育阶段，安排适当的体育锻炼，有助于孩子增强体质，促进发育。体育锻炼不仅有利于身体健康，也能促进人的智力发展。研究表明，经常参加体育活动能促进人体感知能力的发展，使思维更加灵活、协调。此外，孩子通过体育活动可以培养克服困难、遵守规则的个性品质。体育锻炼也能增进快乐，调节情绪。因此，父母要帮助儿童从小养成体育锻炼的习惯，为今后的学习工作打下良好的身体素质基础，使孩子受益终身。

随着生活水平的提高，在世界范围内，青少年性发育的总趋势是逐渐提前，学龄晚期儿童到了12岁左右开始性发育。性激素的分泌，不仅影响着生理的变化，也影响着心理、情绪和行为上的变化。此时期孩子身体迅速发育，个子猛增，在生殖器官逐渐成熟后，出现第二性征。由于性器官和性功能的日益发育成熟，他们产生性兴趣、性欲望，但又缺乏性知识和性道德观念。家长应正确看待由性发育给孩子带来的困扰，及时疏导，避免孩子正常的性发育受到社会负面因素的影响。因此，父母在儿童十一二岁左右时要关注孩子身体和心理发展方面的变化，及时了解孩子的困扰，开展家庭性教育。家庭性教育要适时、适量、适度，要根据孩子的发展水平和个性特点选择适宜的性教育内容与方法。此外，父母要注意改变高蛋白、高脂肪的饮食结构，给孩子合理的饮食，一定程度上可以避免孩子过早性成熟。

（四）社会交往引导

父母的人际关系及家庭关系对孩子建立健康的人际交往具有潜移默化的教育作用。家庭成员之间的相互尊重、相互合作、互敬互爱、平等交流是对孩子进行人际关系教育的最重要的积极影响因素。童年期的家庭教育中，父母要致力于创建良好沟通的人际环境；家长应支持孩子多参加学校组织的集体活动，在人际交往中学会与人合作；指导孩子正确处理人际交往中的冲突，使孩子在交往中严以律己，宽以待人，以诚恳、公平、宽厚态度对待别人；对孩子在人际关系处理中的困惑，要及时与孩子沟通交流，不要简单地用父母的权威和经验取代孩子的体验和思考。

（五）劳动品质教育

从儿童权利的视角来看，做家务是儿童的权利，它是儿童参与权中对于家庭事务参与的一个重要体现，孩子通过做家务，可以养成良好的生活习惯，延伸来看，会做家务的孩子，长大了参加工作也会更具有条理性。而且做家务可以强化孩子的责任感，有助于孩子以后在集体生活或工作中懂得责任与担当。做家务还可以丰富孩子的生活知识和体验，锻炼其动手能力，这一点在现今的教育中显得尤为重要。此外，在家务劳动中，孩子才能真正体会到劳动成果来之不易，懂得尊重他人的劳动成果，对于帮助孩子学会感恩和节俭也是十分有益的。父母要注重培养儿童劳动的兴趣与习惯，让孩子在参与各种家务劳动中逐渐养成自觉劳动、热爱劳动的品质，进而掌握服务自我与服务他人的技能。孩子生活自理能力强了，将来生活质量也会提高。父母要记住：只有现在舍得让孩子吃苦受累，将来孩子才能少受苦受累。

（六）网络使用教育

随着信息技术和互联网的发展，信息化成为当前人们工作、学习和生活的新模式，并对传统的生活理念和运作方式产生了巨大的影响。网络对于儿童而言，有其积极作用的一面，不仅可以丰富儿童的知识，还具有放松身心的作用，更为儿童搭起了一个很好的交流平台。不过，网络虽然给儿童的成长带来了一些好处，但如果不能科学地运用，将会严重威胁儿童的身心健康。家长应当教会和培养孩子的是一种习惯，合理使用网络、正确对待生活的习惯。预防网络成瘾比治疗它简单得多。因此，在学龄阶段的家庭教育中，父母要做好孩子的表率，帮助孩子树立正确的网络观念，引导孩子把网络当成学习的工具；围绕上网时间、上网内容、上网习惯给孩子制定上网规则，不断加强孩子的自律教育，培养孩子养成自觉地遵守规则的上网习惯。最重要的是，家长还必须加强与孩子的交流沟通，给予孩子充分的亲情关怀，让孩子觉得生活充实而有意义，孩子与家长亲近了，自然也就远离网络、减少对网络的依赖了。

（七）生命安全教育

《英国儿童十大宣言》中"平安成长比成功更重要"深刻揭示了生命安全

重于一切的儿童教育理念。儿童和少年能否平安健康地成长，关系到千家万户的幸福，关系到社会的稳定。做好儿童和少年的安全教育工作，是国家、社会、学校和家庭共同的责任。学龄儿童由于年龄小，缺乏社会经验和自我保护意识，对社会了解不够，辨别是非能力差，容易被犯罪分子利用。还有的儿童不注意用电、用火安全，不注意出行交通安全，存在侥幸心理，往往容易造成安全事故，一旦遇到危险，他们又缺乏自救的技巧和能力，极有可能造成生命威胁。因此，关于生命与生存、避险与自救等安全教育问题迫切地摆在了少年儿童教育面前。

开展家庭生命教育是提高孩子生存技能和生命质量的需要，是解决孩子成长过程中已经出现或可能出现的有关生命安全方面问题的需要，更是父母不可推卸的责任和义务。因此，父母应该不断培养及提高孩子的安全意识，让孩子认识到珍爱生命的重要性，帮助孩子初步掌握交通安全、防溺水、灾害时的自救等基本技能和能力，了解家庭用气用电安全、饮食安全等自我保护知识，学会识别可疑的陌生人等，使孩子具备必要的自我保护技能。

三、童年期家庭教育的方法

童年期是家庭教育的窗口期。这个时期，儿童进入小学，开始校园生活、接触社会，进入更加深入的社会化阶段。因此，童年期的家庭教育不仅要关注孩子的个性特征及身心发展，还要在学习社会技能、遵守社会规范、培养社会角色方面给予引导与关心。基于童年期孩子的个性特征及身心发展特征和家庭教育的主要内容，本节将从品德培养、身体健康、心理辅导、学业指导、劳动教育、社会交往六个方面，从低、中、高三个年龄段阐述童年期家庭教育的方法。父母需要尽可能地学习和掌握教育孩子的科学方法，并根据实际情况，因材施教。

（一）加强道德品质的培养

道德品质的培养扎根于家庭日常生活的琐碎点滴，并贯穿于孩子成长的全过程。培养孩子的品德，不仅要求家长要有长期坚持的耐心和细心，以自己的言行举止给孩子树立正确的榜样，还要注意不要轻视与孩子相处中的每一件小事，不要忽视孩子品德形成的连贯性。

1. 培养文明礼貌作风

小学低年级是培养儿童文明礼貌的敏感期，而文明礼貌是在交流互动中逐渐养成的。家长应该多鼓励孩子与不同年龄的人接触，为其创造去到别人家做客或是邀请朋友来家中做客的机会，以培养孩子待人接物的能力。例如，首次去别人家做客前，家长打电话与对方预约到访时间、地点等相关事宜时，可让孩子在一旁倾听和观察；如果是邀请孩子相熟的朋友到家中做客，可以事先在家以游戏的形式练习如何礼貌邀请，然后再让孩子打电话进行实践。随着社交活动次数的积累，孩子会逐步认识到文明礼貌在人际交往中的重要性，从而开始学习以文明礼貌待人。

到了中高年级，父母应避免过多的说教，要充分利用自己与孩子共同接触他人的机会，给孩子做出正确的示范，同时，提醒孩子注意文明礼貌，让孩子在亲身体验和实践中理解文明、礼貌、热情的含义。例如，家中待客时，有了礼仪意识的孩子会主动问候客人、给客人倒水等，这时，父母应及时进行夸奖，让孩子得到肯定，以强化这一行为。值得注意的是，在这一过程中，如果孩子忘了打招呼或是忘记使用文明用语，父母不应当着客人的面批评孩子，最好是主动为孩子解围，过后再与孩子复盘，否则会在客人面前失礼，也让孩子产生不被尊重的感觉；如果孩子在待客时出现失误，如打碎杯子、弄脏地板等，父母也不应进行指责，首先应当保护孩子的积极性，原谅他们由于缺乏经验而出现的过失。这样，才能避免孩子因自己表现不当而产生负面的心理，进而影响后续相关行为的培养和强化。

孩子文明礼貌行为的养成不是一蹴而就的，要靠父母平时不断地示范、提醒和训练。父母应经常为孩子创设情境，模拟各类生活情节让孩子不断加以练习、巩固，最终，使其成为一位受欢迎的人。

2. 树立助人为乐思想

助人为乐是一种优秀的道德品质，而家庭氛围的熏陶是形成这种优秀道德品质最为重要的因素。父母平时在家应多进行示范，如参加公益活动、社区志愿服务等，并创造机会让孩子参与其中，做一些力所能及的事情。最初，孩子的参与也许只是因为有趣，但家长一定要及时肯定，表扬时要做到细致。如"你给奶奶端水了，真能干！""奶奶说你送的水喝着可甜了，谢谢你！"久而久之，孩子在互相帮助、友好鼓励的家庭氛围的熏陶下，自然地学会助人行为，主动地帮助家人，主动地做一些力所能及的家务活。

此外，父母在教育孩子尊重长辈的基础上，还要有意识地引导，让孩子愿意为班级、为老师、为同学做些事情。例如，低年级的孩子能主动打扫教室、主动帮老师搬作业等。当孩子从小在家庭、校园生活中给予他人帮助、获得他人帮助，就会将助人的行为内化为对自己的行为要求。到了中高年级，随着身体和心理的发展，孩子就会开始思考如何为社会做些贡献，比如，在公共汽车上主动让座、参与公益活动、争当志愿者等，这些行为才能带给孩子更大的快乐，并让其真正感悟到"赠人玫瑰，手有余香"。

3. 养成诚实守信美德

低年级的孩子正处于自我意识的发展期，此时如果能得到父母或养育者的尊重与信任，则会更加懂得如何尊重、信任他人。首先，父母是孩子的榜样，培养诚实守信的孩子，父母自身必须诚实守信。父母向孩子许诺前一定要再三思考，不要轻易允诺却不兑现，应努力做到"言必信，行必果"。如果有意外情况不能兑现，也要及时向孩子解释原因，并诚恳致歉。其次，当孩子提出自己的需求时，家长应认真倾听，与孩子一同分析利弊，尽量满足合理的部分；对于不合理的要求，家长要温柔地坚持原则，敢于说"不"，并说明理由。最后，当家长怀疑孩子说谎时，应先进行详细的调查、辨别事件的性质和其行为动机，再根据不同的说谎行为采取相应的措施。如果是孩子由于认知水平较低而说谎（多为中低年级孩子），家长不必过分处理，只要引导孩子分清想象与现实之间的差异即可；而对于孩子有意说谎的情况，家长发现后，要寻找与孩子独处的机会揭穿其谎言，并耐心询问其说谎的原因，让孩子认清撒谎的危害，承担适当的惩罚。需要注意的是，家长对孩子进行惩罚时要尽量控制情绪，不要对孩子实施体罚或语言暴力。家长要明确告知孩子，实施惩罚是因为他的撒谎行为，犯错后勇于面对、勇于改正才是更重要的。

4. 确立遵纪守法观念

自觉学法、守法、用法是每一位公民应尽的责任和义务。而家庭是社会的最小单位，建立规则意识和守法意识要从家庭开始做起。从孩子进入小学阶段开始，父母应制定家规以约束孩子在家的行为，例如，制定关于吃饭、睡觉、安全、文明礼貌等方面的原则，和孩子讲清楚不遵守家规的后果，并坚定地执行。长此以往，不仅孩子的执行力会有所提高，还有助于他们形成遵纪守法的好品质。

低年级时，家长应经常提醒孩子在校要遵守校规，用《小学生守则》和《小学生道德行为规范》来约束孩子的行为，定期与班主任、老师沟通交流，了解孩子在校遵守纪律的情况，并及时表扬孩子守纪律的行为，强化其遵守纪律的意识，形成习惯。若孩子出现违反纪律的现象时，家长不可粗暴打骂孩子，以避免孩子产生逆反心理，应采用换位思考、角色扮演等方法教育孩子。

中年级孩子的社交圈逐渐由家庭、学校扩大至社会公共场所，例如，博物馆、电影院等。家长应教会孩子认识到遵守公共秩序是每一个人在公众场所都必须遵守的行为准则。家长带孩子进入公众场所之前，应先和孩子约定，彼此都要按照所处环境的内部规定去行动，如有序排队、不大声喧哗、不乱扔纸屑、爱护公共设施等。这些良好习惯的培养，都是在家长一次又一次的提醒和孩子一次又一次的实践中落地的。

而对于高年级的孩子，家长则要侧重培养孩子的法律意识。家长可和孩子一同收看电视法治节目，如《今日说法》《天网》等，让孩子初步了解外界存在的不良诱惑，如金钱、物欲、虚荣心等，对于他人莫名的示好要提防警惕，在与人交往上尽量做到明辨是非，坚决抵制违法乱纪之事，遇到自己无法应对的事情时，应及时和父母反馈、沟通和寻求建议。抵制不良诱惑，不仅是孩子心智趋向成熟的标志，更是孩子遵纪守法的心理底线的体现。此外，家长还应常与孩子共读规则、普法相关方面的读物，通过多种方式帮助孩子树立法治意识。

（二）加强身体健康指导

培养良好的生活作息，坚持体育锻炼以及做好应对青春前期身心变化，对于正处在生长发育期的小学生来说是相当重要的。

1. 养成科学合理的生活作息习惯

小学阶段的学生正处于生长发育期，需要充足、有规律的作息来保障他们身心的健康成长，以充沛的精力、饱满的精神投入学习与生活中去。低年级的孩子时间观念不强、自觉性欠佳，需要家长根据孩子的学习、活动、休息情况制定科学合理的生活作息时间表，并进行反复提醒、督促，以形成良好的习惯，切不可以"特殊情况"为理由，随便打乱规定的作息时间。中高年级的孩子则可遵循"早睡早起""劳逸结合"的原则，自己制定作息时间表，家长只需督促孩子严格执行即可。在小学低年级，孩子作息规律的严格遵守，更依赖于父母，这就要求父母务必将陪伴孩子入睡的时间固定下来，勿因其他理由推迟或提前。睡前，家长应把灯光调暗，关闭电视、电脑、手机等电子产品，停止与孩子闲聊，或是准备一个固定的上床睡觉仪式，如睡前故事、亲子共读等，安静且平和、熟悉且固定的环境更易助眠。而对于已养成晚睡习惯的孩子而言，短期内是难以调整的。此时，家长不能急躁，应用循序渐进的方式帮助孩子做出改变，如本周约定晚上十点半前入睡，下周提前至十点，第三周或第四周调整为九点半。

2. 加强体育锻炼

体育运动的种类丰富，父母应根据家庭的实际情况和孩子各年龄段身心发展的特点来选择适当的锻炼内容和方法，提倡全家一起参与体育锻炼活动。对于低年级的孩子，可采用体育游戏活动，增强趣味性，进而培养和激发孩子参与体育锻炼的兴趣。针对中高年级孩子好胜心强的特点，可选用竞技类的项目或者集体对抗项目，如篮球、羽毛球等，在活动中召集小区里年龄相仿的孩子一同参与，培养其体育爱好，有助于孩子集体观念的形成和良好体育锻炼习惯的养成。在体育锻炼过程中，对于体力较弱或者身体协调性较差的孩子，家长应给予更多的关心和帮助，鼓励其进行更多的练习，避免其被拿来与其他孩子进行比较，同时要更加关注他们那些细小的进步之处。家长只有遵循由易到难、循序渐进、持之以恒的原则，才能对培养孩子养成良好的体育锻炼习惯产生积极的影响。

3. 正确应对青春前期身心变化

青春期的孩子由于身体激素水平的提高，身体和心理都有了较大的变化。家长若依旧坚持原本的教育方式，就会显得不合时宜。这一时期的孩子容易出现情绪上的波动、叛逆，家长要保持冷静，可尝试使用以下方式与孩子沟通。

（1）将心比心，自我暴露

家长应尽量多抽出时间与孩子进行沟通交流，在交流中家长可以用"自我暴露"的方法，获得孩子的信任，为应对青春期来临打下良好的基础。比如，家长可向孩子讲述自身的成长过程中难忘的经历或出糗的事情，让孩子明白，人在不同的阶段，身体和心理都会发生不同的变化，这是每个人都会经历的，家长也不例外，从而使孩子能够坦然面对，接纳自我。

（2）适当示弱，鼓励独立

随着孩子年龄的增加，会越来越需要独立的空间和锻炼的机会，父母可以在必要的时刻，适度地表现出自己的无力，并给予孩子尝试和表现的机会，让孩子意识到在某些方面，自己的能力已经超过家长了，以增强他们的自信、鼓励他们独立性的发展。

（3）交友引导，自我保护

在小学阶段，尤其是进入中高年级后，家长要密切关注孩子的交友情况。家长要告诫孩子不要将自己的个人信息、隐私、秘密轻易告诉他人，不要毫无底线地迎合他人；中低年级的孩子与朋友外出时需父母陪伴，高年级的孩子则要征得父母同意，并提前将行踪告知父母。在交往中要适当包容朋友的缺点，同时保持自我的独立性；要交品德优秀的朋友。当孩子突然变得注重自己的外表，与异性朋友走得很近时，家长不应指责、打骂，应多关心，多营造温馨有爱的家庭氛围，寻找合适的机会与孩子进行深入的谈话，向其说明学业的重要性，一起学习自我保护的方法，或是发展其他兴趣爱好以转移其注意力。家长的言行应让孩子感觉到温暖与舒适，这样才能自然地拉近与孩子之间的距离。

（三）重视心理健康引导

目前，家长们大多更重视孩子的身体健康、学习情况，常常忽略了同等重要的心理健康问题。但一个人只有保持着健康的心理，才能理性生活、直面人生中的困难，乐观向上。所以，当家长发现孩子遇到了心理问题时，需及时引导，持续地提供帮助，直至其摆脱负面情绪的影响。

1. 提升孩子自信心

自信是乐观情绪和坚强意志的基础之一。小学阶段是一个人自信心形成的重要阶段，家长可针对不同年龄段的孩子，采用不同的方法提升孩子的自信心。低年级的孩子表现欲强，家长可鼓励孩子在集体活动中表现自我；在生活中提供机会让孩子多做尝试，并及时进行鼓励或表扬。中年级的孩子已有较强的参与意识，家长可邀请他们参与家中事务的决策。主人翁意识的建立会让孩子意识到自己很重要，并且，在实践中提升孩子的判断力与处理事情的能力，能带来直观且扎实的进步,这又能进一步让孩子在内心深处肯定自己。而对于高年级的孩子,家长平日应采用平等对话、商量探讨的方式进行交流,及时肯定孩子的优点;不在他人面前训斥、嘲讽孩子,更不应动手打骂。当处理与孩子相关的事情时,要事先征求孩子的意见,在细节中给予孩子尊重,孩子才会更加自尊自爱。不过,高年级的孩子犯错后易产生消极情绪,家长要及时沟通,引导其放下包袱,重拾信心。

注意,过分夸大或笼统的称赞容易使人变得自以为是,无法分辨是非。所以,对孩子的肯定和鼓励应当是有根据的,要着重夸奖孩子的行为、能力和努力,这样才能正确地帮助儿童提升自信心。

2. 提高孩子抗挫力

抗挫力在面临挫折时能够起到决定人生成败的关键作用。帮助小学阶段的孩子提高抗挫能力,需要家长教育和引导其在面对挫折的时候如何解决问题、求助他人。首先,父母应给孩子搭建一个"家庭避风港",为孩子提供可供信任的关系。这样,在孩子在遭遇失败时,才会觉得有依靠,进而做到不害怕,且不逃避批评性的建议。其次,当孩子在直面挫折,并出现沮丧等负面情绪时,如孩子考试没考好、被老师批评等,家长可以先让孩子在可控范围内释放负面情绪,然后耐心地陪伴、等待孩子独自消化、面对挫折。最后,让孩子学会为自己的错误行为埋单,承认自己行为的失败,同时保有不认输的积极心态,是家长引导的重要方向,此时,切勿火上浇油、指责其无能。

此外,当孩子有一定的阅读能力后,家长可让孩子阅读名人、伟人的励志故事,种下勇敢面对挫折的种子。而当孩子到了中高年级以后,家长可要求他长期负责某项家务劳动,积极参加奉献社会、服务社会的公益活动。节假日里,徒步、登山、旅行等户外活动都能够帮助孩子培养起顽强的意志,家长应提供机会,让孩子学习应对生活中的不确定,锻炼自我、完善自我、超越自我。

3. 引导孩子管理情绪

稳定的情绪能够支持个人应对来自环境、他人和自身的变化,家长在孩子的成长过程中,要注意教会其调节情绪的办法,维持积极且健康的心理状态。当孩子情绪失控时,家长应在提供足够的安全感的同时,停止其不当的举动。然后,用温柔的语句安抚孩子,逐渐让其冷静。等孩子完全冷静后,家长再开启对话，告诉孩子情绪没有好坏之分，但如果人不能管理好自己的情绪而做出过激的行为，会造成可怕的后果。而高年级的孩子步入青春期后情绪波动较大，自我意识变强，不易听从家长劝导。此时，家长可让孩子自己承担坏情绪带来的后果，让其在实践中学习管理和克制。

此外，若家长因孩子犯错而出现情绪失控，对孩子发火甚至打骂，事后，家长必须尽快向孩子道歉，告诉孩子你在事情前后的情绪、感受、想法的变化，为孩子做出正确处理负面情绪的示范，并修复双方关系。

（四）注重学业的指导

进入小学阶段后，学习成为孩子的主要任务，激发学习兴趣、培养良好的学习习惯以及长期保持学习动力是保证其学习质量的关键。家庭是孩子学习的重要场所之一，孩子的学业水平与家长对其学习的重视程度、培养方式密切相关。家长可以从以下几个方面着手。

1. 养成良好的学习习惯

小学生学习习惯的培养主要集中在"计划、预习、听课、复习、做作业和总结"六大学习环节，而他们的基本学习习惯主要有以下五种：高效执行、专注投入、独立思考、质疑请教和网络学习。

（1）"高效执行"习惯

小学低年级是学习习惯养成的关键期，需要长期、反复的训练以及全家人的支持。家长要有计划意识，与孩子一起梳理课外学习内容，共同制订学习计划。计划应该包括每天的学习任务、每项任务的预估时间。计划制订好后，家长要严格监督孩子执行，每完成一项就在"完成情况"处打"√"，如遇到突发情况不能完成计划，要和孩子约定另行完成的时间并尽快完成。之后，还需定期与孩子就计划的完成情况进行小结，若计划执行率高，则进行奖励，若计划执行率低，要及时与孩子分析原因并进行调整。

（2）"专注投入"习惯

在孩子学习时，家中要保持安静的环境，书桌上的物品应与学习相关且摆放整齐有序，学具尽量简单实用。对于低年级的孩子而言，家长应在其学习时坐在距离一米左右的位置陪伴，此时可进行静态活动，以不干扰孩子学习的活动为宜，如阅读就是适宜的静态活动；中高年级的孩子虽已经具备独立学习的能力，不需要陪伴，但家长仍要注意保护孩子的专注力，不要在孩子学习时随意同孩子说话或观看电视等，以防分散其注意力。就学习时长而言，孩子学习40分钟后，可进行5分钟的休息。家长要注意把握时间上的衔接，培养孩子能进入一环扣一环的状态里，快速投入专注学习中去。

（3）"独立思考"习惯

父母如果想要培养孩子独立思考的习惯，就需要在与孩子相处和交谈中，常以商量的口吻，进行讨论式的协商，并留给孩子独立思考的余地和表达想法的机会。例如，当孩子遇到不会做的题目向父母求助时，父母应先与孩子一同读题，抓住题目的关键词，询问孩子能否说出其中的含义以及关键词之间的联系，鼓励其试着画出关系图，引导孩子进一步深入探究，自发地进行思考。这是培养孩子独立思考的有效途径。

（4）"质疑请教"习惯

"学贵有疑，小疑则小进，大疑则大进"。在孩子认知世界的过程中，质疑是不可缺少的重要部分。家长想要培养孩子的质疑习惯，应尽力为孩子创设质疑的机会，并给予充分的宽容和保护。同时，家长还应努力提高自身发现问题、提出问题的能力，用自己学习的热情带动孩子质疑的行为。当孩子遇到问题想要请教时，家长应本着先思考后请教的原则，提醒孩子先进行独自思考。如果孩子经过思考后可以解答自己心中的疑惑，那么家长应及时肯定孩子，给出积极的反馈或进行鼓励。此外，家长还可以鼓励孩子大胆、有礼貌地请教他人，在得到帮助后应回以真诚的感谢。

当孩子进入高年级后，随着其认知水平的提高，所提的问题也许会超出家长们的解答范围。对于无法回答的问题，家长不能敷衍了事，应积极地与孩子一同寻找答案。对于自己回答错误的问题，家长应虚心向孩子请教，并表扬其质疑、追求真理的精神。此外，阅读也是培养儿童质疑能力的有效方法。家长可引导孩子在阅读时进行质疑，学习如何分析与推理，然后从文中寻找答案。

（5）"网络学习"习惯

信息时代，学生运用网络查资料、收集处理信息、上网课成为常态，网络已成为小学生的学习助手。对于中低年级的学生，家长要尽可能地陪伴他们上网，帮助孩子养成良好的上网习惯，如上网前要明确目的、时间、所使用的软件等，避免孩子沉迷于游戏之中。网络信息往往良莠不齐，家长可以运用网络安全技术和产品，对孩子浏览的网站加以限制，如通过 IE 浏览器可以设置网络安全级别等。

对于高年级的孩子，家长可以经常就网络、手机、电脑等话题与孩子多多交流，探讨网络的用途、网课的利弊等，还可以学习彼此不会的网络技能，把网络教育当成一件日常生活中自然发生的事情，不必太严肃，也不必拘泥于说教的形式。家长应时常提醒孩子提高网络安全防护的意识，养成网络安全防护的习惯，同时注意保护个人隐私，做到文明上网。

2. 激发浓厚的学习兴趣

学习兴趣是推动儿童进行主动学习的内在动力。小学生的学习兴趣与他们的学习成绩、学习信心极其相关，如果对某一门科目有兴趣，学习成绩就会好，学习信心就会足。因此，对小学生学习兴趣的培养非常重要。

低年级的孩子通常对学习充满求知欲，学习兴趣浓厚，此时，家长要充分尊重孩子的兴趣，多给孩子一些自由宽松的空间，让他们自己去选择感兴趣的、喜欢的科目与学习内容；家长还需根据孩子的个人兴趣特点，为他们提供相关的书籍，创造机会让其参与一些有益的活动和比赛。另外，家长还要学会把孩子的兴趣与知识学习联系起来，以培养和激发其新的兴趣。

到了中年级，所学知识的难度逐渐增大，有的孩子会出现畏难情绪，学习兴趣减弱、学习动力不足。这时，家长要及时关注孩子的情绪变化，耐心地询问孩子不想学习或不喜欢某一门学科的原因，无论孩子的理由有多么难以理解，家长都不能予以责骂或否定。父母在了解问题的原因所在后，就要想办法采取激励措施以转变孩子的学习态度。例如，可以向老师反馈孩子的情况，请老师多鼓励孩子；允许孩子写完作业后做自己喜欢的事情；作业在规定时间内高质量地完成后可予以奖励等，以帮助孩子解决学习上的障碍，恢复对学习的兴趣。

进入高年级，孩子的自我意识逐渐提高，有的孩子开始将自己的兴趣爱好与未来的职业关联起来。父母应抓住契机，与孩子一起讨论为了实现自己的理想需要具备哪些知识，让孩子明白，为了能在未来从事自己喜欢的职业，目前的辛苦学习是必须且必要的，从而保持孩子内在的学习动力。

（五）开展家庭劳动教育

2020 年，中共中央 国务院颁布了《关于全面加强新时代大中小学劳动教育的意见》，切实要求各级各类学校大力推进劳动教育；2022年《义务教育劳动课程标准》颁布，将劳动教育设为必修课程。但事实上，劳动教育的有效落实，仅仅依靠学校单方面的努力还是远远不够的。家庭应成为开展劳动教育的重要场所之一，家长则是最主要的家庭劳动教育主体。家长开展家庭劳动教育的方法如下几个方面。

1. 适当放手让孩子自己做事

家长不要对家务活大包大揽，从培养孩子生活能力做起。孩子能做的事情，父母不要代劳。放手要采取循序渐进的方法，一步一步地教会孩子独立完成，切不可直接把事情抛给孩子。例如，低年级的孩子可以从最基本的穿衣洗漱、整理房间开始做起；中年级的孩子在家可学习洗衣做饭，外出时尝试让孩子准确用品、当"总管"；高年级的孩子可照顾老人、弟妹，承担一部分家务等。家长尽量把任务化，让孩子逐步建立劳动意识和家庭责任，久而久之就养成了勤劳的习惯。

2. 引导鼓励孩子参与家务活动

低年级的孩子出于对事物的好奇，其实是很喜欢帮助父母做家务的，有些家长担心孩子做不好而不让孩子参与，甚至言语不注意，无意中挫伤了孩子做家务的积极性。事实上，家长在孩子刚刚学习做家务时，不必追求完美，尽量用引导的方式教孩子做力所能及的家务，并且及时肯定和赞扬孩子的付出。

3. 营造积极的家庭劳动教育生态

家长可以在时间宽裕的时候带孩子回老家或者到劳动教育基地，参加田间劳动；在保证安全的前提下，打扫家庭卫生；创新劳动教育方式，将科学探究融入劳动教育；在日常家务中让中高年级的孩子掌握做饭、炒菜、烘焙等劳动技能，营造积极的家庭劳动教育生态。家长还可以设计一个"劳动存折"，对孩子在家中的劳动情况进行记录，达到一定积分，家长可以满足孩子一个合理愿望，以多种多样的方式奖励孩子，慢慢地孩子就会由完成任务变为主动，最后让劳动成为一种习惯。

（六）重视社会交往引导

社会交往发生在生活中的每一刻。如何进行人际交往，是孩子必须学习的内容。孩子如果有较强的社交能力，会得到更多快乐，也是一种高情商的体现,更愿意在大家面前展现自己,由此更容易形成自信、乐观的性格。然而,但社交技能往往依附于社交环境,孩子难以在校园内的课堂上充分练习,而家长常与孩子出现在同一社交环境中,如公园、商场、朋友家等,对于培养学生全面的社交技能,拥有天然的便利。

小学低年级的孩子已具备自我介绍和情感表达的能力,家长可定期举办家庭聚会,邀请朋友及年龄相仿的孩子来家里做客,有意引导孩子做到举止大方得体、培养其分享意识,学习自我保护技能,不卑不亢,乐于帮助他人、互相谦让。进入中年级后,孩子往往已建立起较稳定的朋友圈子。此时,家长应关注孩子与朋友相处的情况,在孩子与朋友发生矛盾时要站在孩子角度、理解他的情绪和感受,然后再引导孩子进行换位思考。同时,也要鼓励孩子结交新朋友、乐于助人、欣赏他人。

而高年级的学生会逐渐形成2~3人的亲密朋友关系,他们渴望与同伴拥有更长时间的相处和更深入的交流,更期待从同伴那里获得心理支持。男生们会更看重朋友义气,但自控力不足、易冲动、易出现攻击行为,喜欢用武力解决同学之间的矛盾;女生们更倾向于敏感多疑,易因一点小事生闷气,孤立他人或被他人孤立。当孩子人际交往不畅时,家长应让其先冷静,然后用自己的经历引发孩子的情感共鸣,让孩子自然、坦诚地面对问题、解决问题。家长应提醒孩子在校切勿张扬、炫耀或歧视、排挤他人;远离打架斗殴,不挑衅同学。如孩子已经遭遇校园欺凌,家长首先要做到多陪伴,及时向老师、学校相关部门反映情况,并向学校的心理老师或专门的心理咨询师求助。了解情况后,可根据实情做报警处理,通过法律的途径来解决问题。

总之,家长要关注孩子的社会交往情况,及时帮助孩子学会解决人际交往问题、为自己的行为负责,从而获得真正的成长。

第四节 青少年期的家庭教育

青少年期一般指十一二岁至十七八岁这段时期。初中阶段(十一二岁至十四五岁)被称为少年期,高中阶段(十五六岁至十七八岁)被称为青年初期。处于这两个阶段的青少年正值青春发育时期，故又被称为青春发育期，简称"青春期"。青少年期是个体社会化的关键时期，在这一时期家庭教育发挥着至关重要的作用。

一、青少年身心发展特征

青少年期是由儿童逐渐发育成为成年人的过渡时期，也是人体迅速生长发育的关键时期，可称为"人生第二个生长发育的高峰"。在这一时期，青少年在身体和心理两个方面蓬勃成长、急剧变化。

（一）青少年生理发展的特征

处于青少年期的学生在身体和生理机能两个方面均发生了急剧的变化，主要表现在身体外形的变化、体内机能的增强、性的发育与成熟三个方面。

1. 身体外形发生变化

身体外形的变化是青春期最明显的特征，也是这一时期生理发育的外部表现，包括身高、体重的变化和第二性征的出现等。身高的迅速增长是青少年期外形变化的重要特征之一。这一时期男女生的身高变化是有一定差异的，男生在十三四岁进入身高迅速增长的时期，之后身高增长速度逐渐下降。女生的这一过程要先于男生，大多数女生从 11 岁左右开始进入身高迅速增长的时期，14 岁左右达到高峰。体重的增长也是青少年身体外形变化的另一个重要特征。体重的增长反映出身体内脏的增大、肌肉的发达以及骨骼的增长和变粗，也反映出营养及健康状况。青春期第二性征的出现是青少年性发育的外部表现。第二性征具有明显的性别差异，男生的第二性征表现为喉结突起，声音变粗，上唇出现浓密的茸毛或者有的男生唇部有须，额头的两鬓向后移，阴毛、腋毛先后出现；女生的第二性征表现为乳房发育，声音变细，骨盆逐渐宽大、臀部变大，阴毛、腋毛先后出现且在时间上比男生约晚一年。

2. 身体机能增强

青少年体内的各种机能都在迅速增长并逐渐达到成熟。这一时期心血管系统生长加速，心脏的密度成倍增长，心肌纤维更富有弹力。在机能方面，主要表现为心率、脉搏开始减慢，能够更有效地调节心脏活动。心脏的收缩力增强，血压升高，已接近成人水平。男女生心血管系统的生长发育存在着一定的差异，女生在心脏重量、大小、每次收缩所排出的血量和血压均比男生低10%左右，而心率、脉搏则比男生快 8~10 次 / 分钟。同时，肺活量增大、肌肉力量增强。这一时期，脑和神经系统发育变化比较明显，主要表现在五个方面：脑重量的增长、脑容积的变化、脑电波的发展、神经系统结构和机能的发育、兴奋和抑制的平衡，这一系列的变化为青少年期的心理发展，特别是逻辑思维发展提供了物质基础。

3. 性发育趋于成熟

青少年期的学生随着性激素增多，性器官开始发育，性功能不断走向成熟。这一时期，男生、女生的性器官和性功能的成熟具有各自不同的特点。男生主要表现为雄性激素增多，阴茎、睾丸变粗变大等，女生表现为雌性激素增加，卵巢增大，出现月经初潮等。性器官和性功能的成熟都会给男女青少年的身心发展发挥着巨大的作用。青少年开始意识到自己已向成熟过渡，产生性机能的好奇心与新颖感，并逐渐产生性意识。这一时期，青少年开始意识到两性的关系，在感情上愿意接近异性，但在行动上又故意疏远，处于一种矛盾的心理状态。随着对异性好奇心的发展，他们会产生新的情绪、情感体验，开始爱美，注重自己的仪容外表等。

（二）青少年心理发展的特征

随着生理的发展，青少年期学生的心理发展也出现了一些新的特征，具体表现在以下几个方面。

1. 思维的创造性和批判性得到加强

这一时期，思维的创造性和批判性得到明显增加的同时，思维中的片面性和表面性的表现依然突出。一是思维的创造性和批判性日益明显。由于这一时期学生在心理上强烈的成人感以及高涨的自我意识，使他们具有强烈的求知欲和探索精神、兴趣广泛、思想活跃、敏感，喜欢进行丰富奇特的幻想，喜欢别出心裁和标新立异，表现出强烈的创造欲望，例如，迷恋各种富有创造性的科技制作活动，在文体活动中也表现出极高的创作热情，在日常的学习中也充分体现出他们富有创造性的特点，极力展示自己的能力及才华，试图摆脱过去那种被动接触式的学习方法，以及对教师、父母和教科书的依赖。思维的批判性也明显增长，一方面表现在他们不愿轻易接受别人的意见，甚至有时持过分怀疑和批评的态度；另一方面表现在他们开始严肃认真地对待自己的思想和主张，能够有意识地调节、支配、检查和论证自己的思想，开始热衷于探讨那些极为深奥而神秘的问题。二是思维的片面性和表面性依然存在。这一时期学生思维的片面性主要表现在思想偏激与极端，不能全面辩证地分析问题、解决问题，例如，容易陷入狂热的明星崇拜，在发饰、服装、姿态、言行上去竭力模仿某位明星，以求能从中获得心理上的满足感，而并没有明确地意识到自己在现实生活中的身份及应追求的目标。另外，思维的片面性还使他们在思考分析问题时极易钻牛角尖，在从事一些创造性的活动时缺乏严谨的逻辑性和全面性。表面性主要表现为在分析问题时容易被事物的个别特征或外部特征所困扰，难以深入到事物的本质中，特别是在对某种社会现象或某种道德行为进行评价时也容易趋于表面化。

2. 情绪表现出明确的两面性

这一时期的学生体现出半成熟、半幼稚的特点，情绪表现出明显的两面性。一是强烈、狂暴性和温和、细腻性共存，即有时候情绪表现是强烈而狂暴的，同样一个刺激引起的情绪反应的强度相对大很多，有时候某些情绪又以一种较为缓和的形式表现出来，情绪体验非常细腻，情绪表现变得越发丰富和细致。二是情绪的可变性和固执性并存，即有时候情绪体验不够稳定，情绪表现的强度与情绪体验的深度并不成正比，一种情绪容易被另一种情绪替代。有时候又因为认识客观事物存在偏执性而导致情绪上的固执性，例如遭遇挫折后，易被无助和抑郁的情绪淹没，很长时间不能走出来。三是情绪的内向性和表现性共存，即有时候在某些场合将喜怒哀乐等各种情绪隐藏于心中不予表现，有时候在团体活动中为了从众或者其他的一些想法，又在情绪上加上一层表演的色彩。

3. 具有较为明确的自我意志

青少年时期的学生在意志行动中能够较为自觉地从自我出发确定目的，并根据目的任务制订计划，调控自己的行动，把行为结果看成是自己内部因素作用而造成的。在意志的执行决定阶段自觉性增强，独立性也有了较大的发展。但意志的果断性不强，在需要做出决断时，还要依赖外部力量，自制能力较差，较难控制自己的行为举止。随着年龄的增长，他们对自己的计划、行动的结果具有一定的认识，也能预计到执行过程中可能遇到的问题而多方考虑，对行动的目的有了较明确的认识，并能自觉地调控自己的行动，独立性进一步增强。

4. 自我意识增强

自我意识是自己对自己的认识。自我意识在青少年期开始了第二次飞跃。这一时期学生自我意识增强主要表现在内心世界越发丰富，在日常生活和学习中，他们不仅关心自己的外在形象，希望给别人留下好印象，而且常常将很多心智用于内省，经常沉浸在关于"我"的思考和感受中，"我到底是个怎么样的人？""我的特征是什么？""别人喜欢我还是讨厌我？"等一系列关于"我"的问题开始反复萦绕于他们的心中，开始进行自我观察、自我反省、自我批评和自我期望等活动。由于经常沉浸在关于"我"的思考和感受中，容易导致他们个性上的主观偏执性：一方面，他们总是认为自己正确，听不进别人的意见；另一方面，他们又感到别人似乎在用尖刻挑剔的态度对待他们，总觉得周围人时时刻刻都在批评他，并因此感到压抑、孤独，甚至神经过敏。与此同时，随着自我意识的高涨，他们更倾向于维护良好的自我形象，追求独立和自尊，但有时候他们的某些想法及行为不能被现实所接受，屡遭挫折，于是就产生一种过于偏激的想法，认为其行动的障碍来自成人，遇到这样的情形时容易出现反抗心理。

5. 认识到人际交往的重要性

一是与朋友的关系。进入青少年期的学生更加认识到朋友的重要性，认为朋友之间应该能够同甘苦、共患难，希望能够从对方那里得到支持和帮助，对朋友质量的要求也比较高，认为朋友应该坦率、通情达理、关心别人、保守秘密。于是逐渐改变了团体交友的方式，交友的范围逐渐缩小，选择朋友的标准主要包括：有共同的志趣和追求、有共同的苦闷和烦恼、性格相近、在许多方面能够相互理解等。朋友关系对于这一时期的学生发展各种心理水平和情绪稳定性非常重要，他们会因为有朋友而表现得更热情、更积极、更富有信心和勇气、更好地发展各种社会性能力等。这一时期的学生与异性朋友之间的关系变得微妙。双方彼此都开始意识到了性别问题，并对对方逐渐产生了兴趣，但是却经常用一种相反的方式予以表达，或在异性同学面前表露出一种漠不关心的态度，或在言行中表现出对异性同学的轻视，或以一种不友好的方式攻击对方。

二是与父母的关系。青少年期学生从情感、行为、观点等方面与父母的关系开始脱离，父母的榜样作用被逐渐削弱。这一时期由于他们在情感上有了其他的依恋对象，对于父母的情感变得不如以前那么亲密了。他们要求独立的愿望十分强烈，在行为上反对父母对他们的干涉和控制，对于任何事件都喜欢自己进行分析和判断。随着生活范围的扩大，会有其他成人形象通过各种途径进入他们的心目中，而且随着思维水平和认识能力的提高，他们会逐渐发现存在于父母身上的各种缺点，相比之下父母就黯然失色了。

三是与教师的关系。这一时期的学生不再盲目接受任何一种教师，而是喜欢那些知识渊博、授课水平高、热情和蔼、关心学生成长的教师，并能在行动上对这些教师做出最好的反应。同时，对他们所不喜欢的教师的各种意见都持拒绝态度。

这一时期，由于青少年在身体和心理两个方面的发展所表现出来的独特性，对家长开展家庭教育也提出了特殊的要求和更大的挑战。

二、青少年期家庭教育的内容

（一）理想信念教育

青少年时期的学生身心发育逐步成熟、认识水平不断提高、参与社会生活的能力逐步增强、思想意识也趋于稳定，对世界、人生的根本看法也基本形成，家长帮助孩子树立科学的人生观和世界观，是首要的家庭教育任务。家长要积极配合学校教育，给孩子分析当今世界上多种多样的人生观、世界观，让孩子逐步明白：马克思主义人生观强调对人类、对社会的贡献，强调贡献与索取的完美统一，反对剥削和不劳而获。只有以马克思主义为指导的人生观、世界观才是最科学的。同时，还要通过家庭日常生活贯穿对孩子的理想信念的教育，要让他们懂得怎样做人、人为什么活着、怎样对待自己的国家和民族、怎样对待现今的社会和社会的发展等。要使孩子建立起爱人类、爱国家、爱社会、爱他人的心理，乐意维护和遵守社会道德规范和人伦规范，成为合格的当代文明人。并教会孩子心胸宽阔，吃苦耐劳，增强对社会的责任感，愿意为社会做出贡献。

（二）价值观教育

青少年期是价值观形成的重要阶段。这一时期学生虽然能够独立进行一些社会活动，在心理上也进一步成熟，并具有一定的社会分辨能力和社会态度。但是，青少年期也是学生的价值观极不稳定的一个阶段。在这个时期，学生极容易受到外界各种观念的迷惑和干扰，对于真善美的理解也往往容易出现偏差，他们在行为上更容易冲动、缺乏理智。因此，对青少年期学生进行价值观教育是家庭、学校和社会都必须重视的内容。青少年期学生的价值观教育离不开家庭的影响和支持。在国际 21 世纪教育委员会向联合国教科文组织提交的报告中，主席雅克·德洛尔指出："家庭是一切教育的第一场所，并在这方面负责情感和认识之间的联系及价值观和准则的传授。"❶

（三）人格教育

现代社会需要情操高尚、意志坚强、个性强烈、创新性强、人格独立的人才。

在孩子性格形成的青少年时期，要培养孩子具有高尚的道德情操、强烈的独立意识和能力、坚强的意志力、刚强的性格、富有创新精神等优秀品质。这是塑造孩子成为具有完美人格的人的重要环节。父母要把子女的道德情操教育、独立能力培养、意志力锻炼、良好个性养成等方面作为对青少年子女教育的重要内容，有意识地贯穿于日常生活中的方方面面，拓展教育层面，取得更大实效。

（四）智能教育

青少年时期的教育是成人和成才教育的关键，也是人学习的黄金时期，能获得更多的知识积累。潜能的开发是人成才的基础，是人才的价值所在。因此，家庭教育只有很好地与学校教育、社会教育相结合，把孩子的智力、潜能开发放在突出的位置，才能为孩子今后的成才打下良好的基础。父母要努力发现、挖掘孩子的优势，并对其进行重点培养。每个孩子都有其自身的特点，父母在注意培养孩子全面发展的同时，要密切观察，发现孩子的优势，为他们以

---

❶ 彭立荣. 家庭教育学 [M]. 长沙：湖南教育出版社，1995：34.

后的成才打下坚实的基础。对孩子潜能的发挥，还要努力发挥家传的作用，特别是技艺方面的家传优势。通过遗传素质和环境熏陶，对子女会产生极大的影响，使其具有某方面的特长，而家庭又有培养子女得天独厚的条件，应该充分利用这些条件。此外，家庭教育还要融入学校教育、社会教育的潮流中，父母要通过鼓励、协助等方式为孩子在学校教育、社会教育中取得更好的学习成效助力。鼓励孩子树立远大的目标，使其勇于攀登科技的高峰，尽可能进入高等学校，在人才培养的专门场所刻苦学习，继续深造，逐步形成自己的专长；鼓励孩子进行社会实践，在社会这个培养人才的大课堂里，根据社会的需要，争取成为社会主义现代化建设事业所需要的有用人才。

（五）社会交往教育

青少年时期是孩子最早接触社会，独立与人交往，解决一些人生问题的转折期，要让孩子成熟起来，顺利地跨入社会，家庭教育必须对孩子应如何与人交往给予指导，让他们学会交往，能正确处理交往中遇到的各种问题。孩子首先要学会在学校建立与老师、同学的良好关系。孩子在学校这一小社会中会形成自己最初的交往关系，并通过自己在班级中的地位表现出交往关系的状况。一是成为同学中的核心人物；二是成为大多数同学的积极合作者，受人欢迎；三是成为同学排斥的对象，被孤立起来。父母要了解孩子在班上的地位，有针对性地引导和帮助孩子学会交往。如果孩子是同学中的核心人物，父母在肯定孩子活泼、能团结同学、有威信、有号召力等优点的情况下，要认识到这类孩子支配别人的心理比较强，容易产生高高在上的优越感。父母应帮助他们学会尊重别人，懂得谦虚、宽容和忍让。如果孩子比较合群，是一个受人欢迎的合作者，父母则会从孩子身上看到谦和、忍让和宽容的品质，以及缺乏果断和自我决断、爱随大流等弱点，此时父母就要在生活中帮助他们多进行一些自我判断和自我决断，逐渐掌握一定的自我原则，学会坚持正确的立场和观点，帮助孩子将来成为有主见、独立性强的人。如果孩子被排斥在同学关系之外，是不受欢迎的、孤独的人，父母就要给予高度重视，与孩子进行交流，了解他对此事的看法，冷静客观地分析出孩子出现交往障碍的原因，有针对性地找出具体办法，帮助孩子积极走出这种困境。

（六）性卫生教育

性的成熟和性意识的产生，是青少年期具有决定性意义的变化。这一时期学生开始在伙伴中讨论有关性的问题，对男女同学关系十分敏感，行为上故意回避异性，内心又渴望接近异性，常常陷入"趋避—冲突"之中。所有青少年都会经历生理性过渡，最终发展到与成人发展水平相同的身体上的成熟。这意味着青少年的性特征将会在青春期显著呈现，所以向青少年传递性知识变得尤为重要。家庭是给青少年普及性知识的重要场所，家长必须担负起科学传递性知识的责任。但是，绝大多数家长没有找到与子女谈论与"性"有关的话题的最佳方式，感到难以启齿，甚至达到了谈性色变的程度，长此以往十分不利于青少年身心的健康发展。家长对性知识避而不谈、含糊其词等行为反而加重了中学生的好奇心和迷茫感，在一定程度上阻碍了青少年学生的身心健康发展。因此，对这一时期的孩子的性教育应该要有科学的态度，父母要树立正确的性教育观念，不能给性蒙上一层神秘的面纱，或者灌输性是肮脏的观念，甚至培养性的罪恶感。应帮助孩子把性视为一种自然的生理现象，形成正确的性道德观念，培养孩子对性的责任感和严肃性。同时，父母在孩子性成熟之前把有关性发育的知识适当地传授给子女，使他们在青春期来临时不至于茫然、困惑。这些知识可以包括：性生理基本知识，如身体外形、运动能力、男女生殖器官的构造与功能、性的发展等青少年期身体发育知识；性卫生与保健知识，如经期卫生、乳房护理、包皮过长等青少年期的卫生知识和疾病防治，以及青少年身体发育指导方面的认识；性心理知识，如青春期心理发展的基本特点、青春期心理的发展与表现、青春期心理保健知识等。另外，还要对孩子进行有关性道德的教育。培养孩子良好的性道德认识，形成男女平等、互尊互爱、自尊自爱等思想意识，向孩子讲明性生理现象要受到社会道德和法律的制约，正确对待性活动的责任，形成合乎社会规范的两性交往方式。消除性冲动的诱因，及时疏导孩子因性成熟而产生的问题与心理障碍。

（七）网络使用教育

随着网络的普及，青少年期网瘾现象日益严重，成为社会和家庭普遍关心的问题。造成青少年网瘾的主要原因有：父母忽略孩子的心理状况和情感需要、与孩子缺少沟通导致其安全感降低、父母的不良教育方式等。因此，这一时期，家长要与孩子多沟通，时刻关心孩子的内心世界，满足他们的情感需要。同时，想方设法丰富孩子的业余生活，培养孩子多方面的兴趣，引导孩子正确使用网络，使网络成为有利于孩子学习、增长知识、开阔视野的得力助手。可以和孩子通过协商制订包括上网时间、上网内容等在内的计划，以保证孩子健康地使用网络。另外，父母要以身作则，在上网的时间控制等方面进行自我约束，为孩子树立良好的榜样。

以上所述的几个方面是青少年期家庭教育的基本内容，在开展家庭教育过程中，不同的家庭还会根据具体情况出现一些特殊的内容。

三、青少年期家庭教育的方法

家庭教育在青少年成长及其社会化过程中至关重要，已经引起全社会的广泛关注。因此，这一时期掌握常用的家庭教育方法成为每位家长必备的知识经验。这一时期常用的家庭教育方法有：榜样示范法、实践锻炼法、表扬激励法、暗示提醒法、自我教育法等。

（一）榜样示范法

榜样示范法是指通过他人高尚的思想，模范行为以及卓越成就等来影响和教育子女的一种方法。青少年期的孩子可塑性很强，通过树立良好的榜样，能给他们指出正确的方向，指导他们积极努力向上。家长可以通过树立典范和自身示范两种方式进行。

1. 树立典范

典型人物的言行是对各种符合社会要求的道德规范的具体化、人格化，因其崇高的理想信念、正确的价值观、完美的人格等受到青少年的崇敬和爱戴，对青少年的身心发展具有直接的激励作用。因此，家长可以借助革命领袖、英雄模范、历史上的伟大杰出人物、文艺作品中的正面典型形象以及学校、生活中的优秀人才等树立典范，挖掘这些典范先进事迹中的教育元素，从而引导青少年向榜样学习。

2. 自身示范

家长是青少年最直接、最经常的学习对象。父母为子女树立榜样，是对青少年开展家庭教育的一种重要手段。父母要以身作则，严格要求自己，努力以规范的言行、优雅大方的举止、严谨的生活作风、正确的为人处事方式等潜移默化地影响青少年的身心发展。

（二）实践锻炼法

实践锻炼法是指父母根据青少年自身的发展和社会的需要，让他们参加一些力所能及的社会实践活动，并从中锻炼思想、增长才干、养成优良的品德和行为习惯的教育方法。父母根据青春期家庭教育的内容、家庭的实际情况和家庭成员各方面的条件，对青少年进行实践锻炼，充分利用社会生活开展教育活动，让他们在社会生活中亲身实践和体验，增强心理承受能力和社会适应能力。

1. 加强过程指导

由于青少年的心理发展存在成熟性与幼稚性并存、勇敢和怯懦并存、高傲和自卑并存等特征，因此父母要加强对青少年实践锻炼的过程的关注，鼓励他们积极参与，指导他们掌握科学的方法，科学利用时间，能将学到的知识运用到实践中等，对于所取得的成绩要及时给予肯定和奖励。

2. 正确对待错误

当青少年在实践中出现错误的时候，父母不能过多责备，更不能因噎废食，而是要帮助他们分析导致错误的原因，总结经验教训，鼓励他们战胜困难，勇于参加更多的实践锻炼。

（三）表扬激励法

表扬激励法是指对青少年好的思想品德、好的行为表现给予积极肯定评价的家庭教育方法。在受到表扬激励时，人会产生一种愉悦的情绪体验，这种情绪具有渲染作用，会让人产生奋发向上的动机。因此，通过表扬激励，使青少年明确和肯定自己的优点、长处，这样可以激发他们不断进步的愿望和信心。表扬激励包括：赞许、表扬和奖赏。

1. 表扬激励要实事求是

家长能够实事求是地对青少年具体的所作所为、所取得的成绩进行恰如其分的表扬，可以使他们深刻感受到受表扬的原因，并且能对自己的能力、个性、意志等进行恰当的自我评价，有利于青少年形成正确的自我意识。

2.以社会性奖赏为主

奖赏包括物质奖赏和社会性奖赏。青少年时期应该坚持以社会性奖赏为主、物质奖赏为辅。社会性奖赏的方式有：走亲访友、外出旅游、一起看电影，以及购置文具、文娱体育用品等。

（四）暗示提醒法

暗示提醒法是父母运用含蓄、间接、简化的方式和方法对青少年产生影响并能迅速产生效应的家庭教育方法。这种方法能充分体现父母对青少年的了解、信任和尊重，有利于调动、发挥青少年的主动性、积极性和自觉性，进一步密切父母和青少年之间的关系。暗示提醒包括直接暗示提醒和间接暗示提醒。

1.直接暗示提醒

父母将意图直接告知孩子，使其快速理解。究竟孩子怎么做，不直接说出来，而是由孩子在家长的讲解过程中自己去领悟。

2.间接暗示提醒

父母借助其他媒介将其意图和对青少年的要求、期望等，间接地提供给青少年，使他们无意识地接受。

（五）自我教育法

自我教育法是指青少年基于自我认识，对自身的各方面发展提出一定要求、任务，并自觉地进行自我评价、激励、控制和思想转化的家庭教育方法。这种方法能充分体现青少年在家庭教育过程中的主体作用，调动他们自主发展的积极性。

1.激发自我教育的愿望

让青少年明确并意识到父母提出的要求是正确的，并确信经过自己的努力即可实现，从而产生自我教育的愿望。

2.指导青少年自我教育

传授给青少年自我训练、自我检查、自我体验等自我锻炼的方法，也可以教给他们一些自我教育的方法，比如说自我激励、自我监督和自我控制等。

第四章
家庭教育的沟通技巧

亲子沟通是父母与孩子之间交流信息、观点、情感和态度，以实现相互了解、信任、促进感情的过程，是家庭教育的基础，也是实现家庭教育功能的重要方式之一。亲子沟通作为家庭层面的互动过程，对亲子关系乃至整个家庭关系都会产生重要影响。亲子沟通能力是亲子沟通质量的重要影响因素。

本章就家庭教育的沟通技巧，从倾听、沟通与表达、鼓励三个方面进行探讨。

第一节　倾听

有话好好说，沟通是人与人相处中极其重要的环节，这会促进双方保持良好的关系。听和说组成了沟通的基本要素，很多人听到沟通两个字。都会想到该如何说话，其实说话只是沟通的一部分，更重要的是如何听。试想一下，当你说话时，如果有人愿意用心来倾听，你一定会很欣慰。为什么我们会喜欢被人用心倾听？因为这表示听的人看重你所说的，也相信你所说的是值得听的。孩子也一样，当你听他说话，会让他感到被看中和有价值。你只有听懂他的话，才能来表达你的情感和想法。而要听懂孩子的信息，先来澄清一个概念，谁才是问题的所有者。

一、找到问题的归属

当家长与孩子遭遇到难题，首先得考虑一下：谁是问题的归属？问问自己，这究竟是谁的问题？谁有了困难，谁的目的没有达到？如果孩子有问题，意味着他的需要没有得到满足。

如果孩子能满足自己的需要，但是因为他的行为干扰到家长，让家长陷入了困境，这就是家长的问题。如果孩子能满足自己的需要，他的行为也没有干扰家长，那么双方都没有问题。判断出谁是问题的归属，才能决定如何采取行动。问题归属孩子，家长可以选择倾听，给孩子独立面对的机会。

【案例1】

瑶瑶4岁了，最近，妈妈傍晚一下班她就缠着妈妈，要妈妈带着她去小区公园玩。她对运动器械十分感兴趣，之前是看着别人玩转盘，现在特别想尝试。瑶瑶试着站在转盘上，妈妈就马上阻止了，"哎呀，瑶瑶，这儿太危险了。你还太小了，可不能玩。"瑶瑶只能在各种器械间穿梭活动，妈妈紧紧地跟在她身后，一百个不放心。

由此你是否发现，这是谁的问题？是妈妈太过担心孩子受伤害，就采取了强硬制止的处理方式，而这让孩子更加好奇。

【案例2】

16岁的轩轩近来特别在意自己的形象，这或许是青春期孩子的共性。近半年来，他的脸上冒出了许多青春痘，可让他苦恼了，每次照镜子，他都会照个半天，也为此垂头丧气。他到学校后，不再像以往一样主动跟同学们去交流，显得特沉默。很多时候，他甚至会想：别人的青春痘都没有他这么厉害，大家是否会用异样的眼光看他。

显而易见，轩轩的不合理想法导致他陷入了苦恼，这是归属于孩子的问题。

二、拿出有效倾听的态度

与孩子建立的沟通方式是以相互尊重为基础的，彼此都允许对方真诚地表达自己的信念和情感，不必担心会被拒绝。换句话说，家长不一定同意孩子的想法，但可以表达接纳他的感受。

从孩子出生的第一声啼哭开始，家长就要开始倾听孩子一生中许多的话语。如果家长是善于倾听的父母，那就可以帮助孩子辨别、接纳并了解他的感受,从而帮助他找到处理感受以及问题的方法。同时,在倾听反馈中,家长的倾听以及表达感觉的方式,可以视为有效倾听。这也是在示范和鼓励孩子成为一个有效的倾听者。

大部分的孩子传达的信息都是简单清楚的,但有时候不仅要专心致志地听语言,也要识别眼神和姿势传达的意思。尤其孩子无法很清楚地用语言来表达他所处的情境时,需要家长倾听了解并接受他对情境的感觉。

【案例3】

6岁的淘淘用乐高搭建了一座城堡,冬冬却冲过来,一不小心压垮了淘淘精心搭建的城堡。淘淘可生气了,大喊着:"你怎么回事?"顺势把手中的乐高扔到了地上。妈妈立即赶过来,对着冬冬妈妈和冬冬面露难色,"淘淘,没事的,城堡坏了就坏了吧,你可以再搭。"

"我刚刚搭好的,要搭很长时间的。"淘淘委屈地跟妈妈嚷嚷。

"冬冬是小客人哦,他也不是故意的,我们再搭一个好不好,不要生气了……"妈妈的安慰让淘淘更生气了,"哇"的一声哭了出来。

"这孩子,真是的……"

显然,妈妈的回应表示她看到淘淘的城堡被摧毁了,然而淘淘生气难过的心情,她却一点儿都不理会。在淘淘看来,妈妈根本就没有听懂自己在说什么。

三、阻碍有效倾听的角色设定

你是否从小接受这样的教导,一个人要控制好自己的情绪,生气、失望、难过、愤怒、惧怕等这些坏情绪都是可怕的,这些情感都是不该表达的。或者你的父母没有明确跟你说过,但是他们就是这么做的,这似乎成了我们潜移默化的生存规则,当你生气时,他们总会告诉你不要生气哦!所以当你成为父母的时候,听到孩子如此表达的时候,不知道该如何来应对,却常常会以下面的几种角色来反应,你来对照一下。

第一种——总司令:

你就像拥有至高权力的权威者,用命令制止,不允许有消极的情感。

【案例4】

7岁的凌凌新买了一支自动铅笔，没想到带到学校第一天就被同桌悦悦弄坏了。凌凌回家后委屈地哭了，妈妈却说："我早就告诉过你，不要带到学校，你偏不听。现在后悔也没用，不许哭！"凌凌内心觉得更委屈，使劲忍住眼泪。

第二种——道德家：

站在道德的制高点评判，不应该有这样的感受或想法，应该拥有正确的想法。

【案例5】

12岁的张萧在课堂上被老师误会点名批评了，他一气之下顶撞了老师。爸爸对张萧说："我知道老师批评你可能有误会，但你作为学生就不应该顶撞老师，尊师重道知不知道，你应该向老师道歉。"

第三种——万事通：

我有丰富的人生经验，我教导你是为了你少走弯路。

【案例6】

13岁的刘宇要组织班级的班队活动课，一时想不出合适的主题曲，就在电脑上收集资料。爸爸看他查阅良久，仍然没有结果，就说："我不是早就告诉你吗？这种活动应该先设计规划，应该……这是我的经验，你听我的准没有错。"刘宇已经选择自动屏蔽爸爸的经验之谈了。

第四种——法官：

根据你的观察你的推断，从不听孩子的澄清，可以说不经审判就宣布结果。你的兴趣更多是在证明你永远是对的吧。

【案例7】

11岁的李越越动手做科学小实验，试了四次都没有成功，她自言自语道："为什么每次到这一步就失败了呢？"爸爸走过来，"我看你这样是不行的，你都没有搞清楚这个实验的步骤，你这样肯定是错的。"其实李越越完全清楚实验的流程，只是在试管加热的时间上还没有做到精准。

第五种——批评者：

用嘲讽讥笑的方式对孩子说话，极力指出孩子是错的，还以为可以用激将法让孩子接受。

【案例8】

10岁的小紫是个经常粗心犯错的孩子，这次语文测验他又漏了题，所以成绩很不理想。爸爸生气地对小紫说："我看你脑袋里面装的都是糨糊，再这样下去，老师看到你的卷子都会被气疯的，你还是不要去考试比较好。"小紫觉得自己好笨啊。

第六种——心理学家：

用分析问题的方式来做诊断，不断询问，总想探究，不放过任何细节。

【案例9】

12岁的晓晓跟小伙伴发生争执，互不理睬已经两天了，妈妈就主动帮她分析，"你想想人家为什么不愿意跟你说话呢？你的问题是什么？你有没有意识到你在跟别人的交往上是可以有所调整的？"

第七种——安慰者：

对于孩子的感情通常会轻描淡写地来处理，假装一切都很好。

【案例10】

14岁的菲菲有一条小狗，已经养了三年多，这次小狗意外出了车祸死掉了。菲菲哭得很伤心，妈妈安慰她："小狗不在了，不要太伤心了，不要总想这件事了。"在菲菲看来，妈妈对小狗一点儿感情都没有。

在倾听孩子的话语时，家长或许不知不觉就陷入了各种角色当中。有些家长可能很纳闷，当自己用以上方法去跟孩子沟通时，谈话往往戛然而止。显然，家长这样说并不能引发孩子沟通的意愿，孩子的感受是：你没有听懂我在说什么，我不想跟你说了。虽然你的本心是极善的，但是方法并不妥当。

四、正确运用反应式倾听

反应式倾听是指在倾听孩子说话时，让孩子感觉到你完全清楚他已经说的和没有说的是什么，以及背后要表达的情感是什么。家长在倾听的同时，反馈给孩子，就像一面镜子，帮助他看到自己和自己的感受。当一个人情绪激动时，就失去觉知事物的能力，也无法觉察自己的情绪。借由反应式倾听，家长可以帮助孩子思考，体会孩子的情感，帮助孩子建立一个解决问题的基础态度。

【案例 11】

9 岁的恬恬因为爸爸工作调动转到新的学校。虽然事先了解了新学校的各种情况，但还是难免有些不适应。几周后的一天，恬恬回家后气愤地说："我明天再也不想去那破学校了，我想回原来的学校。"妈妈放下手中的活儿，走到恬恬身边，看着她温和地说："恬恬，对新的学校，你很生气很失望，并且想要放弃是吗？"

反应式倾听，先以孩子的立场体会出他的感受，然后将这种感受说出来，孩子会因此感到被了解和被接纳，就像给孩子提供了一面镜子，让孩子看清楚自己怎么了。给孩子反馈，反应式倾听既是一种态度，也是一种技巧，表示家长重视孩子的感觉以及所说的话，对孩子语言及肢体语言背后隐藏的意义是开放的，家长愿意去了解他们。

（一）专心倾听

当孩子跟家长说话时，家长的动作、表情、声调和身体的姿势都传达了他是否在倾听。家长应停下手头的工作，视线关注孩子，同时要观察孩子的表情，是满脸笑容，还是闷闷不乐，抑或一脸沮丧？表情所传达的意义往往比语言表达得更清楚。

【案例 12】

3 岁的乐乐有一辆玩具车，该吃晚饭了，妈妈和乐乐一起收拾玩具，她嘴上答应着，但却是撅着嘴，整理玩具也十分拖沓。妈妈说："小乐乐，你皱着眉，又撅着嘴，看起来好像特别舍不得收拾起来哦。"乐乐点点头，觉得妈妈知道自己心里想的，露出了开心的笑容。

【案例 13】

11 岁的奇奇放学回家，进门后一边换鞋一边有气无力地说："我回来了，唉……"妈妈听到奇奇低沉的声音，看到他脸色凝重，试探着问："你看起来好像很疲惫的样子，挺失落的，要不要跟我谈一谈？"

倾听孩子，是父母的一项重要工作。孩子也有自己的喜怒哀乐，也希望得到他人的理解，更想向他人倾诉，也愿意跟父母交流。随着孩子渐渐长大，父母要减少说教，闭上嘴巴，当个认真的倾听者，同时鼓励孩子表达，让孩子将心里话讲出来，这也是了解孩子所思所想的好方法。

（二）准确感知孩子的感觉

在全身心倾听之后，家长要问自己两个问题，孩子有什么样的感觉？这感觉是怎么引起的？然后思考找出描述那种感觉的字眼，了解表达感觉的词汇，有助于孩子自我了解及自我接纳。当家长能够准确感知孩子的感觉时，他也学会了如何辨别自己的感觉。

以下是一些描述感觉的词汇：

反映快乐情感的字词：被接纳、被欣赏、好多了、有能力的、舒坦、有自信、受尊重、满足的、快乐、了不起、爱、欣慰、骄傲的、放心了、充满感激、愉快、舒服、兴奋、受鼓励、喜欢。

反映难过情感的字词：失望、惧怕、无能为力、觉得自己没价值、不公平、不快乐、不被爱、担心、伤心、能力不足、觉得想放弃、困难、挫折、无聊、被忽略、可悲的、不受重视、愚蠢、生气、着急、憎恨、有愧疚感、受伤、尴尬、挫折。

（三）准确陈述孩子的感觉

当家长知道孩子是什么感觉，也知道是怎么引起的时，就可以试着表达了：

"你感觉到（感觉的字词）……是因为（感觉背后隐藏的原因）……吗？"

"你好像觉得……是吗？"

"我好像觉得你……"

"看起来你好像……"

家长不要用太过肯定的语气来回应，家长选用的词汇和说话的语气、肢体语言的表达，表示你正在揣测孩子心里是什么感觉。这样孩子会比较愿意告诉你，你的揣测是对是错。这种方式反映出的感觉，让孩子知道，家长听到了他所陈述的感觉，以及语言背后的意思。

【案例14】

星期日下午，6岁的莎莎和妞妞玩过家家，她们已经玩了两个多小时，妞妞要回家了，莎莎还意犹未尽，她抱着妞妞，哭着嚷着，"不要嘛，你不要回家嘛，你陪我继续玩游戏好不好……"按照以往，妈妈会强制抱走莎莎，并且会非常讲理地告诉她游戏时间结束了，妞妞要回家了。这一次，妈妈用反应式倾听的话语说:"你很舍不得结束游戏,舍不得妞妞走,你很难过,因为你想有更多的时间和妞妞一起玩,是吗?"妈妈的话让莎莎安静下来,她感觉到她的表达被接受了。

【案例15】

暑期过后,即将迎来初三的文慧抱怨又要上学了,真是太悲催了!妈妈知道每次开学前,文慧都会经历一段紧张的适应期。不能再对她置之不理了。"你好像对回到学校存在着一定的压力,是吗?"文慧不悦地回答:"我特别烦班主任,他好像每次都针对我一样,你知道吗……"文慧打开了话匣子,说出曾经与老师之间发生的摩擦。家长用反应式倾听,读懂了她语言背后的意思。如果家长说,"作为学生,读书是你的本分,你不应该有这样的想法……"那么,孩子会感觉到不被理解,她的想法和行为是被排斥的,这样她就不会说出发生了什么,家长也永远不知道她为什么会这么紧张和沮丧了。

有时孩子说出来的话、传达的情感是复杂的,可能是两种情感,又或者这两种情感是矛盾的,家长都可以把自己的感觉反映出来。

【案例16】

聪聪:"哎,该怎么办呢?赵颖约我去看电影,可是我今天英语词汇背诵还没完成,我不去怕赵颖不开心,可我如果去,任务又完不成。"妈妈:"你觉得既困扰又担心,因为你不想让赵颖失望,也不想让自己失望,是吗?"

【案例17】

10岁的嘉佳跟爸爸商量报名夏令营的事情,嘉佳:"我要去参加夏令营,这次活动可以交到很多好朋友,这对我来说是非常好的机会。可是夏令营需要十天,好久啊!不能够见到家人。"爸爸:"嘉佳,听起来你好像感觉很兴奋,很期待,又很犹豫,因为你想结交新朋友,又不舍得跟家人分开是吗?"

以上事例中孩子得到有关他们感觉的信息,他感觉到被理解和被接纳,这是良好沟通的基础。不要过于执着于反应式倾听是否绝对恰到好处,不做完美的父母,只要诚心诚意感受孩子的感情,即使有所失误,也不要气馁。

五、两种不同的反应方式

倾听的反应有封闭式和开放式两种形式,前者是倾听者未听到说者表达的意思，也不了解其意义，偏向于切断沟通。相对地，开放式反应所表达的是倾听者也听到另一个人所说的话，并反映了说话者所传递的信息，且能够更清楚地表达出来。封闭式反应不接纳孩子的感受，让孩子感觉到自己的感受是无关紧要的，这会阻碍沟通，孩子不愿告诉你更多内容。开放式反应则知道孩子的感受是什么，显示了接纳和关切，因此孩子也许会决定告诉你更多内容。

【案例18】

周末，爸爸出差了，妈妈要上班，不得不把7岁的子韬送到阿姨家，"妈妈，我很不想去阿姨家，那里都没有人陪我玩，我一个人真的很无聊哎。"

封闭式反应：

"妈妈得去上班，让你去阿姨家已经很好了，你应该学会接受，不是每件事情都会如你所愿。"

开放式反应：

"听起来你觉得在那里被忽视了，没有得到你想要的乐趣是吗？"

六、成为反应式倾听的家长

要成为一个反应式倾听的父母，应注意以下几点。

（一）多练习并尽可能做出准确回应

学习一样新技能最佳的方式就是多实践、多演练，沟通更是如此。很多父母总是无意识地重复着以往的沟通模式。有的家长可能会提出质疑，这样的沟通太累了，可惜没有速成的捷径。家长无意识地立即且不经思索地做出反应，增强了孩子对错误目标的追求，也阻碍了亲子之间的合作。因此，需要耐心倾听，停下来思考，再作出反应，这是一个从刻意到自然熟练的过程。

如果家长对表达感受的词汇拿捏不准，可以用猜测的形式反应。可是有时家长也会碰到自己的反应式倾听是无效或者是不被孩子接受的。孩子对家长的反应，或许会不置可否，或是沉默不语，这都是正常的。接受自己的不完美，家长要有心理准备。

【案例19】

8岁的龙龙因为给小狗喂食，跟奶奶发生了争执，妈妈把他叫到一边。

龙龙说:"奶奶从来都不相信我。"

妈妈试着用反应式倾听的方式:"听上去你对奶奶很失望,是吗?"

龙龙:"并不是失望,我是生气,非常生气!你也不懂。"

【案例20】

15岁的耀阳参加学校的篮球队集训,前几次训练兴致勃勃,可这次要去集训了,他却唉声叹气,"真是的,又要去集训了,好无聊,唉!"

家长听出来他是不太愿意去,但又不知道发生了什么。家长可以试着问:"你好像很无奈,愿意告诉我发生了什么吗?"他或许会敞开心扉,也或许暂时不会说,青春期的孩子有时候就是不按常理出牌,那就继续保持对他的关注。

(二)允许孩子保留他的感受

家长不要认为自己用了反应式倾听,可以让孩子一定愿意表达他的感受。新的沟通模式对家长和孩子来说都需要练习,那就允许双方都有适应的过程,等他适应了,他才愿意敞开心扉跟家长谈心里的感觉,不能过多追问。无论他是否回应、怎么回应,尊重是首先要做到的,不要勉强,还需要注意的是切不可把反应式倾听变成追问,尤其是面对青少年,当他对生命有另一种看法时,他一般不愿说出自己的感受。

"后来怎样?""能告诉我更多吗?""你是怎么想的?"这些问话过多的话,会让人感觉很烦。

【案例21】

每天晚饭后是耀阳练习钢琴的时间,他最近吃饭都很慢,练琴时都要妈妈催促。

妈妈之前都会说:"吃快点,练琴时间到了。"

现在妈妈试着用反应式倾听来表达:"看上去你对练琴感到心烦是吗?"耀阳一愣,并没有回答妈妈的话。他在想:妈妈今天好怪呀,怎么不催我呢?"是不是感觉很烦很累呢?你能告诉妈妈吗?"妈妈继续追问。

耀阳对妈妈的问话觉得好奇怪,但听上去妈妈似乎没有之前那么着急生气,他什么也没说,就坐到了钢琴前,头脑中留着大大的问号。

【案例22】

张子辰已经高三了,晚自习下课快十点了,妈妈来接他,还给他带了水果。张子辰上车后，也不吃水果，耷拉着脑袋，一声不吭的样子。妈妈从后视镜里看到他，感觉到他好像心事重重。

妈妈试着问："你看上去好像不太开心，是吗？"

张子辰随意应了一声，"嗯。"

妈妈继续问："能告诉我怎么了吗？或许我可以帮你。"

"没什么。"

"你好像不愿意说，是不是感觉有点儿为难呢？"

"你好烦呀！"张子辰的回应打断了彼此的交谈。

孩子长到一定年龄，会有自己的小秘密，这时候千万不要强迫孩子讲述。每个人都有隐私，孩子们也一样，家长要尊重他们的隐私，不窥探、不强迫。

（三）合理使用反应式倾听

良好的沟通也需要保持距离，留有一定的缝隙。俗话说，物极必反，过度使用反应式倾听就会让孩子觉得家长无时无刻不在关注他，这种轰炸式的策略反而会让孩子逃避沟通。不要对每一次不悦的脸色作出反应，要学会辨识，觉察孩子什么时候是真的需要你的帮助，如果太过关注，有时反而会强化孩子的错误目标。

【案例23】

5岁的澄澄很喜欢吃冰激凌，可医生已经明确告知，孩子的脾胃虚寒，要尽量少吃冰冷的食物。前几次澄澄想吃的时候，总会显出一副悲伤难过的样子，并且他注意到妈妈会特别关注他，用反应式倾听的方式跟他沟通，很明显他已经把这种方式作为控制权力的手段。妈妈识破他的伎俩后，给他的回答是："这个问题我们已经讨论过好多次了，你现在不能吃，我相信你可以忍得住度过这段时间的。"

这样，虽然他也会有短暂的不开心，但他终将学会如何收回他的不合理要求，学会自我控制。

【案例24】

13岁的娜娜一直抱怨班主任很啰唆，让她感觉压力非常大，妈妈了解了相关情况，也及时耐心地倾听她的心声。可是，娜娜把所有的责任都推给班主任，自己却未曾尝试丝毫的努力与改变。很明显，她近期是因为学业上受阻，就把怒气迁移到了班主任身上。

在博得母亲的关注和同情时，也助长了她不合理的负面信念，这样下去并不能帮助她解决当下的困难。家长可以用温和而坚定的态度告诉她，"你的问题，我帮不了你，非常遗憾，但我相信你可以找到合适有效的方式去提升你的数学成绩。"即使她不乐意听到你这么说，但会让她知道该如何面对她目前的困难，并且尝试去努力争取。

当孩子会利用反应式倾听来控制情绪时，家长依然可以用此方式来回应，保持温和坚定的态度："你好像很生我的气，我们这时候不适合交谈，那样会使事情更糟糕，等我们都平静下来了，再好好谈。"他或许会为此变得愤怒，但家长不要被激怒而卷入权力之战，避免无效的争执和冲突。

（四）将反应式倾听用于多场景中

反应式倾听不仅适合于解决问题，同样也适用于愉悦的情景中，这会促进亲子之间美好的感情交流，"你看上去好开心，你很喜欢这个会场是不是？""这次你得到老师的夸奖，会感到很自豪是吧！"

【案例25】

子涵负责筹划学校的义卖活动，她兴奋地跟父母交谈着活动的进程，父母也及时予以反应式倾听，"你看上去对这次活动的组织筹划很有信心。""你很喜欢你们的筹划小组成员，他们的办事效率很高。""这次活动办得很顺利，你感到很开心是吧？"

家长学会了反应式倾听，为良好沟通奠定了基础，通常能及时与孩子互动，耐心听孩子说，同时相信他有自己解决问题的智慧。如果家长能帮助他梳理各种利弊关系，则会让他在解决问题中获得更广泛的经验。

第二节　沟通与表达

反应式倾听可以帮助孩子"标明"他们混乱的情绪，帮助他认清自己的感受，在被理解被接纳的同时，促使孩子更理性地思考问题。一般情况下，家长的有效倾听会让孩子发现解决问题的途径，但是，有时候，孩子对于棘手的问题或屡次困扰的问题，是需要借助成人的智慧来得到帮助的。家长的思维经验能帮助孩子探索多种可能的选择，以及选取对他有意义的解决之道。

值得注意的是，家长不要借此传达自己的经验，并期待孩子执行。家长的忠告或许能帮助他解决当前面临的困境，却让孩子失去自己解决问题的机会或者更让他学会了依赖，如果家长的经验不能帮他解决问题，或是孩子觉得不可行，那么谁又该来承担问题的责任呢？这会激起他的反抗，拒绝执行或带着负面情绪执行，对于解决问题肯定是不利的。

一、尝试多方式沟通与表达

探索多种选择，并非变相的忠告和指责，更不是替孩子解决问题。家长给孩子的经验建议，他并不一定愿意接受，有时反而会以为家长的意图是要控制他，何况这也会养成孩子依赖家长来给他们答案。

（一）澄清问题归属

属于孩子的问题，用反应式倾听的技巧使孩子感觉被了解、被接受。澄清要面对的问题，可以用开放式提问。如果家长还没有清楚问题，谈话中就反复回到这一步骤，继续澄清，一直到完全明白为止。如果是家长的问题，找出一个双方情绪都平和的时机，让孩子明白家长是有心要和他达成共识的，找出解决问题的方法，家长若有错就要勇敢承认。

【案例1】

周末，浩然和娜娜看电影回来，一回家，浩然就不吭声，只说吃饭不用等我，随后躲进了自己的房间。等到妈妈进去看浩然的时候，他正在写作业，脸上的表情还是挺沉重。妈妈问："浩然，你好像有心事，看上去不轻松哦？"浩然摇摇头，紧咬着嘴唇，妈妈感觉她在使劲憋着眼泪。"你感觉到很难过是吗？"浩然落下了眼泪，但还是没有说话。妈妈继续问："心里很矛盾吧，不知该怎么开口？""是的……"浩然终于开口。

孩子感到难过或出现问题时，引导孩子将心里话说出来，孩子就能找到宣泄的途径，将不良情绪排泄出来。而对于父母来说，这也是了解孩子问题的一个好方法。知道了孩子的问题,就能给孩子提供帮助,为孩子提供建议,协助孩子将问题解决掉。

(二)采用角色互换法

孩子是问题的归属情况下,可以询问他是否想要解决问题,若是遭到拒绝,继续诚心让他了解到他需要帮助的时候家长永远都在。如果他有意要解决,就询问他解决的办法,越多越好,不要做任何评价。

如果他的方法可行,就进行到第三个步骤。如果方法不可行,他也想不出更好的方法,家长可以借助以下策略刺激他的想象能力:角色互换,用角色互换扮演的方式,家长可以扮演孩子的角色,孩子来扮演问题相关人,以成人的智慧,带领孩子去发现问题,从而让他学习到解决问题的策略,这就是以旁观者视角看待问题。

【案例2】

3岁的紫衣上幼儿园了,刚入园的两周,她还算适应,现在却越来越抗拒了。经过了解之后,爸爸妈妈清楚了,她是在幼儿园里想念爸爸妈妈了。紫衣还太小,想不到也说不清楚用什么好的办法。对于这个阶段的孩子来说,角色扮演的游戏互动不失为最佳方式。

爸爸妈妈就跟她角色互换来扮演上幼儿园的场景,还让她扮演最喜欢的哆啦A梦的角色。经过反复的游戏演练,他们提炼出几种方式:爸爸妈妈上班前要跟紫衣抱抱;在小书包里放上一张全家福的合影,如果紫衣在幼儿园里想爸爸妈妈,就可以拿出照片,试着跟爸爸妈妈说悄悄话;带上最喜欢的小玩偶,中午睡觉时放在枕头旁边,这个玩偶是会给她带来勇气和力量的,她可以勇敢地一个人睡觉……当紫衣发现有这么多的办法可以帮她解决问题时,她对上幼儿园是信心满满了。

【案例3】

李默因为不赞同数学老师的做法,从而讨厌数学老师,以至于在数学课上自由散漫。在弄清楚问题后,李默愿意跟父母讨论如何更好地跟数学老师合作,提高数学成绩的问题。

李默:"我把之前落下的功课补一补,不让老师太担心我。"

爸爸:"先补上功课,这是一个办法,还有其他办法吗?"

李默："明天再跟老师请教功课的时候，向她说声对不起。"

爸爸："还能想到其他的吗？"

李默："想不到了。"

爸爸："如果是你的好朋友阿达遇到了这样的问题，你会给他什么建议呢？"

李默："或许我还会建议他，课堂上的态度要变得更和善一些……"

俗话说：当局者迷，旁观者清。让孩子以旁观者的身份给问题所有人提出建议，孩子就会脑洞大开。因此，在孩子遇到问题时，给出建议让他参考，同时对他是否愿意采纳应尊重他的选择。

（三）评估利弊

等所有的方法提出来以后，就要仔细地逐一评估，多问几遍，"你认为这个方法怎样？""你觉得哪个主意最好？"让孩子自行选择。

【案例4】

周末，一鸣的好友约他出席生日会，这个生日会邀请的都是特别亲密的伙伴。而这就打乱了他原来安排制作电子相册的计划，这又关系到他参加学校电子相册制作的复赛。

一鸣把自己的难题跟父母交流，现在他列出了几种方案：一是以比赛为重，跟同学说明情况，不出席生日会；二是以同学友谊为重，参加生日会，把相册制作时间调整；三是参加生日会，但是晚去早回，回来后抓紧时间做。一鸣对三种方案进行利弊分析，如果不出席生日会，不仅会让好朋友失望，况且自己也会因缺席而感到遗憾。如果参加生日会，相册的制作肯定会马马虎虎，最多只能完成任务，对于参赛来说实在太草率，如果错失了这么好的机会，也会辜负老师的期望。如果出席生日会，并告诉好友自己的为难之处，好友肯定会理解，友谊的考验不在于是否全程出席的形式，一鸣回来后制作相册的时间仓促，在时间上做个调整，把素材收集工作放在平常的业余时间，利用这几天的空余，完全可以把素材收集好，周末再制作，这样既不耽误生日会，也保证了相册制作的质量。一鸣觉得轻松了很多。

如果想确定孩子是否完全了解问题以及解决问题的办法，就要继续开放式提问，澄清问题，便于他处理应对以后类似的难题。如果认为他提出的解决问题的方法不可行，可以跟他讨论可能的结果。还可以继续头脑风暴，激发他的智慧潜能。

（四）赋予孩子选择的主动权

有时候，经过利弊选择还是不能得到完美的结果。哪怕结果是可以预见的，还是要把选择的主动权交给孩子。

【案例5】

9岁的桓桓跟妈妈交流英语作业的书写问题。在这之前，老师又在班级家长群提出了关于书写的问题，现在桓桓面临的解决方案如下：一是采纳妈妈的建议，全部擦掉重写。这样会失去半个小时的自由活动时间，但书写的过关率会高一点儿。二是擦掉部分看上去糟糕的字重写，过关的概率可能会提高，但还是有风险。三是维持原样，不重写，可能会过不了关，明天就得挨老师的批评，还要重新写，那样就会占用在学校的活动时间。经过利弊分析，桓桓最后还是选择了第三种方案，妈妈尊重他的选择，她也相信哪怕第二天会重写，桓桓也应该做好了心理准备，这是他的问题，该让他去承担后果，再说，承担后果也是学习的方法。

（五）助推执行

空想千遍不如实干一遍，这是蠢蠢欲动和雷厉风行之间的区别。孩子找到了解决问题的方法，就要把它落实到行动上。按照时间轴询问的方式犹如一把有力的推手，助推孩子的执行力：

"你打算什么时候开始做这件事？"

"这件事要进行多久？"

"我们什么时候可以再讨论？"

"你打算多久来做一次反馈？"

【案例6】

畅畅已经与父母讨论完毕科学难题的各种解决方案，现在要开始执行了。

妈妈："你打算什么时候开始呢？"

畅畅："就从今晚8：30开始。"

妈妈："很好，那你打算每次学习多久？"

畅畅："8：30到9：10，40分钟时间。"

妈妈："哦，一周会安排几次？"

畅畅："我打算5次，周一到周五的晚上，这样会更规律。"

妈妈："什么时候你会检验一周的学习效果？"

畅畅："每周日的晚上，我会把一周的学习笔记做一次整理。"

妈妈："你打算执行这个计划多久？"

畅畅："四个星期，四个星期之后正好是月考，也可以检验我这次的成效如何？如果有效果，我继续按照这个方案执行，如果没有效果，我们再来讨论。"

为了让畅畅将行动落到实处，妈妈按照时间轴询问的方式助推孩子，相信孩子一定能按照这样的时间来顺利完成目标。

二、合理使用"我讯息"和"你讯息"

（一）区分"我讯息"和"你讯息"

在与孩子的沟通中，想要达到预期效果，就要尽可能让家长的感情、语义和意愿被孩子了解。家长有时会觉得反复唠叨不仅很累，而且孩子还当作耳边风，毫无效果。或者在交流的当下，孩子答应得很好，但事后往往却不能合作。

孩子不愿意听，可能是因为家长传达的是"你讯息"，而不是"我讯息"。"你讯息"沟通的方式通常都包含一个"你"字在中间，含有责备、批评的意思。似乎是孩子犯了错，家长的话成了语言上的攻击，孩子会感觉到受伤害，是在贬低他的自我价值，这是一种令人难堪的感受，会引起孩子的自卑感，从而激起对家长的愤怒。

【案例7】

7岁半的黎黎拿着水壶给花圃浇水，由于水壶太重，黎黎拎着晃来晃去，把自己的球鞋也浇湿了。妈妈一看刚穿上的新鞋子湿漉漉的又得洗，就恼火了。"你又把鞋子弄湿了，你怎么那么淘气呀，我又要洗一次了。"黎黎感觉到是自己做错了，给妈妈添了麻烦。

"你讯息"对青少年也是如此。

【案例8】

小微家新买了一个组装鞋架,小微自告奋勇要帮妈妈组装鞋架。可能是没有完全看懂安装说明书,在鞋架没有完全平稳之前,螺丝是不可以一下子拧紧的,只能处于半拧紧的状态。小微在一开始就拧紧了螺丝,所以怎么装鞋架都是不平稳的。

妈妈在一旁就着急了,"你看你,都没有看懂说明书就瞎使劲。你看,现在都拧不出来了吧,鞋架都是不平稳的。"

小微听了以后感觉到自己做错了,心里想,出力不讨好,以后再也不要干这样的活了。

"我讯息"是一种比较有效、比较尊重人的沟通方法,"我讯息"表达了说话者明确的感受,把说话者内心的疑虑表达出来。在"我讯息"中,非语言的因素也是很重要的,"我讯息"要有非论断的态度,如果家长还没有平息你的怒气,即使说"我讯息",孩子感受到的仍然是"你讯息"。

(二)正确表达"我讯息"

家长在表达对孩子的行为感觉不高兴时,是否考虑过是孩子的行为本身让自己生气,还是行为的后果影响到了自己?

【案例9】

晓聪的爸爸和他朋友王叔叔在客厅商量周末户外俱乐部的活动计划,晓聪时不时拿着小玩偶跑到客厅,并不断地说话。这让爸爸无法投入地参与交流,他感到很生气。可是,在王叔叔没有来之前,晓聪也是这样在跟爸爸玩。所以,晓聪行为本身并没有打扰到爸爸,而是行为的后果干扰到爸爸了,如何告诉晓聪呢?

"晓聪,因为你玩游戏的时候声音太大,所以我没有办法投入地跟叔叔谈话。"爸爸如是说。

"我讯息"的焦点是传达家长对孩子某种行为的感受,而不是对他这个人的感受。可以通过以下步骤表达"我讯息"。

1. 准确描述客观行为

所谓客观行为,就是你看到的客观存在的事实。可以用"当……的时候"来开头。表示你是在他做出某种行为的时候才有这样的感受,只针对他做的某件事，并没有责怪和打击任何人，比如 2 岁的小朋友把牛奶倒翻在椅子上，妈妈就可以说，"当我看到牛奶洒到了椅子上的时候……"

2. 描述行为的后果及自己的感受

接下来描述对孩子这种行为的感受。可用的句式有，"我觉得……""我感到……"

3. 说明行为的原因

重点是让孩子明白，让家长觉得不舒服的不是行为，而是这个行为对他人和自己所引发的后果，"因为……而……"

"我讯息"一般包含三个情境因素：行为感受 + 后果 + 原因。

比如，以下几种情形。

"当我看到你把牛奶洒到椅子上的时候，我很生气，因为我刚刚擦好了家具，现在我又要重擦一遍。"

"当我在商场里找不到你的时候，我很着急，也很担心，因为我不知道你在哪里，也不知你发生了什么事情。"

"当我听到奶奶说，你们俩今天大吵了一架，我感到很吃惊，因为你向来是非常尊重奶奶的。这中间发生了什么呢？"

（三）与儿童沟通中运用"我讯息"

1. 良好互动中使用"我讯息"

"我讯息"不仅用来传达不好的感觉，也适用于传达良好的感觉，若在良好互动中使用"我讯息"，便成为一种自然而然的沟通方式，那么在解决问题时也能运用得自如。

【案例 10】

2 岁的丁丁可以自己玩得很开心，他把积木铺了一地，爸爸下班回家时，看到丁丁把积木一个一个收拾起来放到玩具箱中。爸爸说："当你自己把玩具收拾起来时，我感到非常开心，因为你学着自己动手整理。"

【案例 11】

宁宁拿着玩具小车在小区公园玩，站在一旁的永永一直看着宁宁的小车。宁宁把小车递给永永，邀请他一起玩。妈妈对他说："我看到你邀请永永一起玩你的小车，我真开心呀，因为你懂得和别人分享。"

2. 避免充满怒气的"我讯息"

在与孩子沟通的过程中,避免充满怒气的"我讯息"。愤怒是很多无法表达的负面情绪的积累,失望、难过、苦闷、生气……这些情绪压抑得太久,就会以愤怒的形式表达出来。如果家长可以把连接在愤怒上的感觉表达出来,这样就能避免恶意的"我讯息"。

【案例 12】

南南跟爸爸妈妈去旅游,正好到一个景点的时候,南南走岔了路。妈妈担心南南是不是发生了什么事情。在寻找南南的过程当中,妈妈从担心、害怕到生气、愤怒。但是,她知道,孩子这时候肯定也是害怕得不得了。所以,她连接了孩子和自己的感觉,并不表现她的愤怒。看到南南的时候,妈妈一把把孩子抱到怀里,"终于找到你了,我以为发生了什么事情,可把我吓死了。"

用"我讯息"的方式,可以使孩子感受到尊重,显示出当自己被孩子的不良行为激怒时,仍然重视和尊重孩子,不以谩骂、责备或威胁的方式处理问题。

3. 对孩子保持合理期望

对于年幼的孩子,反应式倾听以及"我讯息",这种沟通方式是指导的工具而非控制的工具。孩子有时候并不能全盘理解和体会家长的意思,所以这些沟通方式并不能完全达到我们期望的效果。但如果家长在孩子小时候就尝试用这种方式跟他沟通,那么,随着孩子的成长,这就会成为亲子之间的沟通模式,从而帮助家长和孩子在一种互相尊重的氛围中去了解并体会彼此的感觉。

【案例 13】

1 周岁多的小佳佳很享受洗澡的过程。每次洗完澡,当要从水中抱出来时,小佳佳就会使劲挣扎。妈妈也就会说:"我看你很喜欢留在水中的感觉,很喜欢洗澡,是不是不想出来呀?"小佳佳挣扎着哭闹一番,"可是我们现在要爬起来喽,下次可以继续来玩水。"

现在小佳佳不能完全明白妈妈的语言,但"我讯息"的沟通方式会让小佳佳逐渐感知到妈妈对她的理解。

(四)与青少年沟通中运用"我讯息"

1. 创设良好的沟通氛围

与青少年沟通,最尴尬的就是无话可说。其实,于青少年而言,听和说的氛围是基于亲子之间良好的关系，这远胜于语言的技巧。如果家长的语言文字表达很到位，而语气中透露着愤怒，怎么可能让孩子相信家长没有责怪他呢？敌对防卫的心态，对问题的解决是不利的。

【案例 14】

妈妈和春春今天预约了牙医就诊。因为要搭乘高铁，昨晚妈妈就跟春春说准备好身份证，可是早上临出门时，春春却满屋子找身份证。妈妈感觉生气到了极点，担心搭不上动车，也错过了牙医的预约，再约下一次要等一个月。妈妈越想越生气，真是一团糟，她很想把心中的怒火发出来，可是这又能怎样呢？结果肯定是引发一场母女的战争。

于是妈妈强忍着怒火说："你没有准备好证件，我觉得很生气，但我更着急，因为这样我们就没法出门，预约的牙医也得取消，你能不能冷静地回想一下，当初是收纳在什么地方？给你5分钟。"

春春在寻找身份证的5分钟内，妈妈也冷静地想了想，没有身份证还可以用户口本作为临时证件。

2. 杜绝过度使用"我讯息"

与青少年沟通，"我讯息"是良好的技巧，但也不能是一成不变的。为了运用技巧而运用，如果每次他出现问题都用"我讯息"来处理，会让他反感，甚至是愤怒，适时适度地运用才是最有效的。

【案例 15】

爸爸："我看到你回来后一声不吭，感觉挺难受，因为家里的气氛怪怪的。"

楠楠："我不想说话。"

爸爸："看到你一声不吭的样子，我有点儿担心。"

楠楠（提高了嗓音）："我跟你说了，我现在不想说话。"

爸爸："你生气了吗？这让我不知所措。"

楠楠（一脸痛苦）："我好难受，我已经说过了，我现在不想说话，能不能让我安静地待一会儿。"

楠楠都快哭了。

虽然不知道楠楠怎么了，但至少她明确地告诉爸爸，目前没有表达的欲望。而爸爸一再想要打探，虽然他很小心地使用"我讯息"，但这反而激怒了楠楠。与青少年的沟通，简单明了地请求也不失为有效的办法。

在良好的沟通氛围中，要选择适当的时机，以尊重而非责备的方式通过反应式倾听的表达来表示你了解孩子的感受，同时表达你的正面感受以及不悦的事情，尽可能地让谈话限于友善地交换意见。

第三节　鼓　励

鼓励是肯定孩子的优点长处，建立自信自尊的历程，通过适当有效的鼓励，可以帮助孩子相信自己和自己的能力，帮助孩子有勇气面对不完美。鼓励是不再专注于孩子的缺点，而是指出他们所做的成就，用积极正面的方式来对待。所以说，鼓励是改善亲子关系的重要技巧。

一、父母应该避免挫败孩子

家长若想变成多鼓励少责备的父母，就要清楚哪些态度和行为是你应该避免的。

（一）明确挫败感

【案例1】

9岁的小薰是一位三年级的学生，她近来受到了太多的批评，这让她对自己丧失了信心，连续三次计算考核不过关，又多次被老师留下补作业，她觉得自己非常失败，老师家长也是如此认为，这种感觉太糟糕了。小薰为何对数学如此缺乏信心？其实她体验到的是强烈的挫败感。

当孩子放弃参与学业和活动时，大多是因为挫败感。他会认为自己的能力不足，无法达到别人对他的期许。觉得周围所有人都不看重自己，于是他任由自己，并且不再做尝试和努力。看到孩子如此自暴自弃，家长是否着急得想要让他振作起来？若是方法不当，不仅不能帮助孩子，反而会更激发他的反抗，徒增他的挫败感，而新的冲突又会让亲子之间争执不下。家长应该做的是放下固执，从争执转向鼓励。

（二）父母影响孩子挫败感的行为

父母在与孩子的互动中，哪些行为会让孩子更感到挫败？

1. 消极期望

当孩子执行某项任务或迎接某项挑战时，家长通常会担心他不能成功，殊不知，家长的担忧对孩子来说就是消极的期望，他把家长的期望内化变成自己的期望，于是就开始怀疑自己的能力。结果大多如期望那样走向失败。

【案例2】

5岁的妮妮第一次上台走秀，妈妈却显得比妮妮还要紧张。在妮妮上台前，妈妈反复对她说："妮妮，你不要害怕，要跟着音乐节奏走，不要偏台，亮相动作一定要干脆有力……"妮妮听着妈妈说了一大堆，看到妈妈紧张的表情，感觉到妈妈一点儿都不相信自己，也担心自己会在舞台上怯场。果然妮妮上台后显得特别慌乱，脚步未能合上音乐的节拍，她还站错了位置。整个上台过程，妮妮的笑容都是凝固的。一下台，她就哇哇哭了。

【案例3】

已经初二的明轩即将面临校运会1500米比赛。班主任在一旁给他打气，"这次的1500米，对你来说是巨大的挑战。你看，这次你遇到的对手都很强劲，他们是……你真的要打起精神，可不能小看他们哦，加油！"明轩听到班主任的担心，心里发毛，气都泄了一半。想到他们班的运动会成绩向来糟糕，自己的担心就更重了。比赛开始，明轩拼尽全力，结果还没过1000米，就感觉到精疲力竭，远远地落在后面了。

在人际关系中，最大的力量是"期望"，亲子关系尤为如此，如果家长传达的是消极的期望，这会让孩子连尝试都不敢。家长应该好好思考，以往自己给孩子的期望传达的是什么信息？是增强了他的力量还是削弱了他的力量？

2. 标准过高

我们常说，不要让孩子生活在别人家孩子的阴影之下。回想一下，无形之中家长是否会用别人家孩子的标准来要求你的孩子呢？虽然家长是出于好意，但这给孩子传达的信息却是：你不够好，你还没有达到更高的标准，你可以做得更好！设想一下，如果孩子也用别人家家长的标准来要求你，你会是什么感受呢？

【案例4】

栋栋的期中测试破天荒地进了班级前五。晚饭后，爸爸拿着栋栋的成绩单说："这次考得真不错，其实你是可以做到的。如果数学上能再加把劲，你完全可以进入前三名。"听到这里，栋栋的心就凉了，他心想：如果我下次不能达到爸爸的要求，该怎么办呢？还不如不要考到第五名才好呢。

【案例5】

齐齐新买了一双系带运动鞋，妈妈旨在锻炼他的手部灵巧性，但却提出一个要求，让齐齐两天学会系鞋带，因为同龄的小林系鞋带已经很熟练了。以同龄孩子掌握的技能要求自己孩子做到，这是很多家长会参考的标准。齐齐一次次努力系鞋带，但是又很快会散开，以至于他想脱掉新鞋子，再也不要穿了。

过高的标准有时来自要求完美的父母，他们不仅对自己严格要求，还用高标准来要求孩子。他们觉得自己的孩子应该跟自己一样，还经常会把自己当年是如何做到的告诉孩子，以此来激励。可这样往往会让孩子不敢去尝试，如果他认为自己不够完美，或者存在失败的可能，他就止步不前了。

【案例6】

高一的心悦在跟父母交流学习上的事，她说高中化学真的很难，老师每次课都会讲到好多知识点，自己都有点儿应付不过来了，打算晚上整理错题。爸爸在一旁按捺不住了，他很想把自己当年的学习经验告诉心悦，刚说了一句，心悦就很不耐烦，"又来了，每次我一说到学习难，你就说你的那套经验，你的意思就是我不如你，你对我的测试是不满意的……"爸爸愣在那里，还一脸无辜的样子："我说的是事实，高一你不抓紧，错过知识点，以后还怎么跟得上。"

有些家长会说，不是自己对孩子要求高，是孩子对自己高要求，我们会看到很多想赢怕输的孩子，这背后是否有一个追求完美的家长呢？

【案例7】

9岁的路远和爸爸妈妈一起下飞行棋，每次他都想要赢，如果输了，他就发脾气，要求重来，一直到他赢了才肯罢休。爸爸妈妈觉得很奇怪，为什么他对下棋这么较真？我们并没有过分强调赢的概念呀！

我们来看看路远在平时的作业中爸爸妈妈是什么态度。考试要基本达到优秀的标准，假如没有考到优秀，爸爸就会拿着他的卷子全面分析；作业书写必须端正工整，如果路远的书写稍显潦草，妈妈会勒令他擦掉重写；老师布置的背诵，必须流利有感情，否则要重新背。

当你次次让他重来的时候，他就知道，不管自己做什么，在你眼中都是不够好的。换句话说，你期望孩子的表现超过他们的年龄与能力。所以，逐渐地，在路远的信念当中，必须达到完美的标准才可以停歇下来。他不能控制自己的学习，却可以控制下棋的场面。

3. 双重标准

"蹲下来和孩子说话，让孩子感受到平等"，听到这句话你会感觉到熟悉吧。而作为家长的心理优势，是否也能"蹲下"来呢？你是否会认为，身为家长，应该有孩子没有的权利和特权，从而否定对孩子应有的尊重？

【案例8】

今天轮到爸爸辅导作业，晚饭后，他让桐桐拿出拼音训练开始朗读。拼音朗读是枯燥而漫长的过程，对听的人来说也是如此。爸爸听了一会儿，就躺在沙发上，捧起了手机。

桐桐问爸爸："爸爸，为什么你可以看手机，而我不能看？"

"因为你要写作业，爸爸忙了一天，看手机是在放松。"爸爸都不看桐桐一眼。

"你白天在工作，我白天在上学，你晚上可以看手机放松，而我晚上还得写作业，这样不公平。"

爸爸转过头看着桐桐说："因为……"爸爸一时说不上来，桐桐抬着头在等着爸爸回答。"因为我是爸爸，你以后长大了就懂了。"

这种有特权的回答让桐桐很沮丧，可又有什么办法呢？他只能很不情愿地读拼音，而脑袋里想的都是"这不公平"。

【案例9】

宇飞放学回家，把外套往沙发上随手一扔，恰好被妈妈看到了，"跟你说过多少次了，外套要挂在衣架上，不能随便扔在沙发上。"宇飞觉得很奇怪，爸爸的外套也是随手扔在沙发上，妈妈为什么不说他呢？

当你享有特权而否定孩子的权利时，就会让他感受到，他在家中是比较没有价值的。

【案例10】

每个周末，小宣都要去参加英语培训课，由于培训地点紧挨着商场，妈妈每次送完小宣之后就会去逛商场，小宣就很奇怪，为什么我每次要学习，而妈妈可以放松呢？妈妈的回答是："因为你是学生，而我是成人，可以自由支配自己的时间。"这个回答也许是大多数家长共同的观点吧。但是，让小米质疑的是，我什么时候可以安排自己的时间，可以自主地选择自己的学习方式？

既然想让孩子有所提高，就不要跟自己的要求背道而驰。让孩子学习，你却去逛商场；孩子处于紧张的学习状态中，而你却在悠闲地逛街……如此，孩子很容易感到心理不平衡。因此，父母不能用双重标准来对待孩子和自己，要求孩子做某件事时，自己也要尽量向孩子靠拢，同样是上面的案例，孩子上辅导班时，你完全可以拿本书在外面看或者找些事情来做，不要让孩子觉得你无所事事。

4. 助长无效竞争

当你有两个甚至更多个小孩，是否有这样的时候？当看到某个孩子的不良行为时，无意之中会把两个孩子作比较。在你的言行中，表现好的孩子就成了标杆，忽视或批评表现不好的孩子。或许是非语言的方式，通过表情、动作、眼神等给孩子传递这种感觉。这无疑助长了孩子之间的竞争。

【案例11】

10岁的菲儿，虽说已经上小学四年级了，在校表现良好，可是一回到家，她就和8岁的妹妹闹矛盾。在妈妈眼里，妹妹比菲儿更乖巧听话。菲儿很喜欢看课外书，完成作业后她会窝在沙发上或者坐在书桌前看书，但是菲儿不注意自己的姿势，也不注意周边的环境，比如天色暗下来了，她还没有开灯。

平时妈妈总会提醒，不知从什么时候开始，妹妹就学着妈妈的样子提醒，"姐姐，你又不开灯看书，真不懂事……"在菲儿听来，这是妹妹抓她的小辫子了，就没好气地说："瞎操心，你管好自己吧。"妹妹就跑过去跟妈妈告状，自然会引来一顿唠叨。

菲儿狠狠地瞪了妹妹一眼。妈妈说："你作为姐姐，都没有姐姐的样子，有时候真得向妹妹学学。"在妈妈眼中，谁表现会更好，这成了菲儿和妹妹相互竞争的目标。而菲儿已经习惯了没有姐姐的样子那种角色，似乎在跟妹妹的竞争中，耍赖不合作、无理取闹才会让她在家庭中的地位更稳固。

【案例12】

姐姐小雨和弟弟小雷是一对龙凤胎，他们俩一起去学架子鼓。姐姐的节奏感、手眼协调能力等各方面都比弟弟略胜一筹，一期学下来，小雨可以进入高一阶的课程，而小雷依然学习基础课。每次跟人说起两个孩子学习架子鼓的情况，妈妈就会对小雨一番赞赏，对小雷连连摇头，小雷越来越没有学习的信心，还没等第二期学完，就想要放弃了。

每个孩子都有长处和短处，当你用一个孩子的短处去对照另一个孩子的长处时，对于有短处的孩子来说，是永远做不到像对方那么优秀的，既然做不到，就不要努力了，于是，孩子选择了放弃。

二、表现出鼓励的态度和行为

要避免让孩子产生挫折感，应该用怎样的态度和行为来对待呢？

（一）对孩子表达充分的信任

父母对孩子积极信任的态度能帮助孩子更信任自己，要不断鼓励孩子，停止对孩子的消极评论，消极的评论会给孩子负面的暗示。鼓励要以尊重为基础，面对发生的问题，以积极态度先倾听，然后给予建设性的意见，分析可能的后果，一起寻找孩子应对此类事件的方法。

【案例 13】

2岁半的琳琳新买了一件系扣子的外套，奶奶抱怨说："这衣服穿着实在太麻烦，琳琳还太小，根本就不会扣，你不该买这样的衣服。"

妈妈对待这件事情的方式却不一样，她看到琳琳学系扣子的认真劲儿，相信只要教她技巧，给她时间多多练习，她就可以扣得很好。所以，妈妈阻止奶奶想要帮助她包办替代的行为，而是告诉琳琳："慢慢来，不着急，你的小手好灵巧，又一个扣上了。"

有时琳琳会扣错，妈妈仍然会说："慢慢来，咱们又多了一次练习的机会，小手会更灵巧的。"听了妈妈的鼓励，琳琳很愉快地学扣扣子。如果孩子要求帮助是为了得到注意或是一时想不出更好的办法，他不能独立完成要面对的困难，你要坚定地告诉他，你对他的能力有信心。

【案例 14】

13岁的云岩要参加演讲比赛，可在比赛前一天，云岩在演练的过程中指导老师连连摇头。老师寄予他非常高的期望，给他提出了很多意见，无论是稿子的编排，还是演讲的技巧，似乎都不让老师满意。这让他十分焦虑，修改稿子已经很不现实，怎么办，难道要放弃比赛吗？

云岩回到家，爸爸看到他耷拉着脑袋的样子，问："儿子，怎么了，看上去不开心？"

"唉，明天就要参加演讲比赛了，今天被老师批得一塌糊涂，稿子不行，也来不及修改了，我怎么去嘛！"云岩沮丧地说。

看来老师的点评让云岩对即将到来的比赛失去了信心，与其去弥补不能在短时间内去修改的稿子，不如发挥他的长处，并信任他。

爸爸告诉云岩："我知道你有担心，现在无法临时再修改稿子，你看看可以做怎样的小调整。你想想演讲最重要的是什么？"

"气场喽！"

"对啊，你曾经有过多次上台的经验，你的演讲气势、场控能力是你的优势。我相信你可以充分发挥你的优势。"

云岩回想起自己曾经演讲的成功经验，给自己打气，从容上阵。

请家长永远记住，只有你对孩子足够信赖，他才会相信自己。即使孩子犯错，你也要低调地处理，把你的信心传达给他，不断鼓励和肯定孩子努力的积极面。

（二）避免消极的语言和行为

当孩子不断地重复出现同一类型的负面行为，家长要反思一下，你帮助他的方式是否在不断强调他的短处，而这样做将适得其反，会让孩子变得很灰心。

【案例15】

4岁的子轩最近看到，幼儿园小朋友发出各种各样的怪叫总能赢得大家的大笑。子轩觉得很搞笑，也试着模仿怪异的声音，并且回家后时不时发出这样的怪叫声。妈妈很好奇地问他："子轩，你学的是什么叫声？你从哪里学的呢？"子轩就跟妈妈讲了幼儿园里天天发出怪叫声的趣事。

妈妈明白，子轩只是想引起大家的注意。之后一连几天，子轩依然不停地发出怪叫声，妈妈好像没听见似的，对他的行为不予理睬。几天之后，子轩或是觉得没有人关注他，感到很无趣，也就自然停止了怪叫声。

有些孩子通过关注别人的行为来引起你的注意，比如打小报告。其目的是让自己看起来很好，或者是获取平等的待遇。如果你允许孩子以这种方式达成目的，那么他下一次还会故伎重演。有效的方法是不理会，同时要随时关注他的积极行为。

【案例 16】

每个周末，4 岁的小默会跟随爸爸妈妈去外婆家。他很喜欢跟哥哥一起玩，但是每次都要向大人们告哥哥的状，以至于哥哥总要抛开他独自玩。这次哥哥在画画，不小心水粉涂到了桌布上，小默马上去告诉大人们。对于小默的告状，妈妈说知道了，但是并不予理会。小默不得不自己找乐子，他拿出黏土自己玩，妈妈看到后说："小默自己玩黏土，也很开心哦。"

看到孩子向自己打小报告，妈妈并没有理会，不可否认，这位妈妈是明智的。孩子之间的问题，就让他们自己去解决，否则孩子永远也长不大。

（三）聚焦孩子的优点和长处

一个人要觉得自己有能力，必须先觉得自己有用，并知道他的贡献是受到肯定的。肯定他的才能，并建议发挥利用这些才能为家庭做贡献的方法，会协助孩子找到自我价值。如果孩子对家庭有贡献，便会在家庭当中获得满意的位置。

【案例 17】

8 岁的小颜参加夏令营回来，已经学会了洗衣服。回家后妈妈发现她在洗衣服、整理衣柜等方面比自己还要有条理，就由衷地表示了自己的惊喜和欣赏。

"哇，小颜，夏令营回来不一样喽，妈妈才发现你这么能干，把衣服洗得这么干净，衣柜也整理得井井有条。能不能告诉我，你怎么做到这一切的呀？""妈妈你看……"小颜兴奋地讲她洗衣服和整理的经验。

妈妈顺势提出来家里花圃的日常浇水，需要有一个人来分担，询问小颜是否可以帮忙分担家里的家务活。小颜想了想说可以考虑。

自妈妈把这项工作纳入下一次家庭会议的议题。经过会议的讨论，小颜承担家里的花圃浇水的日常工作。家人也时常对小颜的付出表达真诚的感谢，这让小颜觉得自己越来越能干，每次劳动心情也非常愉悦。

看到小颜擅长洗衣服、整理衣柜等，家人经过商量，决定让她承担起花圃浇水的工作。不可否认，这确实是小颜发挥长处的好方法。

每个孩子都有自己的长处或优点，家长要积极发现，鼓励他们将优点发扬光大，更要给他们提供发挥长处的机会。如果孩子的某种特点好像是缺点，也可以应用这样的方法，把他的缺点转变成优点。

【案例18】

15岁的云云升入高中，开始住校生活。开学之前，她对住校充满了好奇和兴奋，但两个星期后这种感觉就荡然无存了，取而代之的反而是对寝室的厌烦以及对家的渴望。

她回家后开始抱怨，自己并不适应住校生活，洗澡洗衣服都要跟同学抢水龙头，也正因如此，会跟同学发生一些小摩擦。爸爸妈妈知道女儿向来敏感，这既是玲玲的缺点，也是她的优点。他们就利用云云细腻敏感的特点，让她去感受对方的立场，云云总能准确捕捉到对方的想法，而站在别人的角度看问题，就正好化解了她与人相处中的摩擦。

人无完人，我们都是有缺点的人。如果家长能从全面的角度来看待孩子的优缺点，不把焦点集中在他的缺点上，而多去看他的优点，就能给他更多支持和鼓励，从而给他面对生活中挑战的勇气。

（四）肯定孩子的努力与进步

如果家长只对孩子的成就和良好表现才表示认同，这会让孩子误以为，除非自己近乎完美，否则就是不够好。鼓励含有理性的期望，接受孩子正在努力，不论失败或者是成功。如果家长只是在事情完成时才给他鼓励，那么鼓励的机会就会大大减少。肯定他的努力，而不局限于他的成就，对他来说，一点一滴的进步都是有价值的。

【案例19】

7岁的璐璐刚刚学写毛笔字。爸爸走过来，拿起一张璐璐练习的毛笔字欣赏起来。

璐璐有点儿怯怯地问："爸爸，我写得好不好？"

爸爸好奇地问小语："璐璐，爸爸看到你写得非常用心，你能告诉我你自己觉得写得好不好吗？你的感觉很重要。"

璐璐手指着练习纸,"我觉得这几个字写得不错,我喜欢写毛笔字!"说完,璐璐开心地笑了。

璐璐的毛笔字写得不错,她渴望得到爸爸的肯定,而爸爸也感受到了女儿的心思,于是便给出了肯定的表示,继而让璐璐坚定了写毛笔字的信心。

如果孩子有始有终地完成一件事,就会看到事情的结果。比如说,赢得了某项比赛,得到了某个荣誉,在这种情形下,家长很容易给予孩子鼓励,肯定他的努力和进步。可是,在孩子努力的过程中,我们并没有看到成就,如果家长只有在事情获得成功的时候才给他鼓励,那么鼓励的机会是不那么容易得到的。承认他的努力和进步,能够帮助孩子体验到点滴的进步,也是一样有价值的。

【案例20】

14岁的嘉嘉在新学期加入了非洲鼓小组。学习任何一样乐器,练习总是很重要的。嘉嘉在家练习的时候,虽然已经把门关上了,但不那么合拍的鼓声还是会响彻整个屋子。爸爸回家后,嘉嘉马上停止了打鼓,她怕爸爸听到这么不和谐的鼓声。的确,听不和谐的演奏声或打鼓声都是一种受罪。

而爸爸却说:"你怎么停下来了?听起来今天鼓声的节奏感比昨天好多了,我想你应该打得很开心吧!"

嘉嘉不好意思地一笑,"是吗?那我继续练习。"在爸爸的鼓励下,嘉嘉又愉快地打起了鼓。

父母对孩子的鼓励,确实能让孩子更加有信心,提高做事的主动性。当孩子在客厅里哼唱歌曲时,你可以说:"我闺女唱得真棒,比原唱歌手唱得还有味道。"当孩子将书架整理有序时,你可以说:"整理得这么整齐,地还扫得这么干净!"当孩子帮助同学时,你可以说:"真是个乐于助人的孩子,好好跟同学相处!"

三、鼓励和称赞的不同之处

你是否会鼓励孩子?大多数父母会说,有啊,我一直都会夸奖称赞孩子。但是,你是否知道称赞可以是鼓励,但称赞不等于鼓励。要了解两者之间的差异,就要考虑称赞和鼓励的目的和效果。

（一）目的的不同

称赞注重结果，而鼓励更注重过程。称赞是奖励，以竞争为基础，是对达成结果的奖赏，只有获胜者才能得到。很多家长称赞孩子时的心态是：你做了我认为好的事，你会从我这里得到承认和嘉许。而鼓励是对孩子付出的努力和改进而言，无论改进是多么微小，鼓励的目的是帮助孩子觉得自己是有价值和被尊重的。凡事有努力、有用心、有改进，甚至有兴趣，在孩子表现低落的时候，都可以给予鼓励。如果孩子觉得自己做得不够好，面对失败的局面，家长依然可以给予鼓励。

【案例21】

13岁的雨菲第一次参加国际钢琴大赛就获得了金奖。所有人都来祝贺，可以说称赞声铺天盖地地来了。"你得到金奖真棒啊！""恭喜你获得了金奖。""你太厉害了，真替你感到骄傲！"听到这一切称赞的时候，雨菲想起了之前多次参加比赛却没有得奖的情景。

在此之前的三年，雨菲参加过好几次钢琴大赛。每次都是进入了复赛后，但没能取得好成绩。她看到很多人会像今天恭喜她那样给获得奖项的选手投去羡慕的目光，以及由衷的各种称赞，而她收到的仅仅是安慰，身边很多人会对她说："雨菲，这次没得奖没事的，你只要多练习，可以重新再来的。"

在这次报名之前，她都想放弃了。而妈妈始终会跟她说："我看到你很努力。在这么多人面前你顺利地演奏下来已经很不容易了，你的经验又丰富了。"

平时妈妈对她的鼓励也是如此，每次她坚持练习时，妈妈都会鼓励。这一次，雨菲得了金奖，妈妈还是注意有效的鼓励："哇，雨菲，恭喜你获得金奖，这是你这几年来的努力和坚持训练的结果。其实这奖杯不仅仅是对今天比赛的奖励，更应该奖励给平时你付出的努力。"雨菲听到妈妈的鼓励，很感动地点点头。

可以看出，赞美是奔着目的而去，而鼓励可以随时都在。

（二）效果的不同

称赞是通过外在的奖励来激励孩子，是一种社会控制的方法，依赖称赞，会让孩子认为，最好以他人的意见行事，只有让他人满意，我才显得有价值。

他的努力方向会指向如何获得称赞，而不是合作。称赞让孩子学会拿别人的目标来衡量自己能力的高低，遵从别人的要求，学会服从和讨好。

【案例22】

小溪从进幼儿园开始就乖巧懂事，老师总夸赞她，"小溪好乖，小溪真是个好孩子，小朋友们要向小溪学习。"对于小溪来说，好不好、乖不乖，老师是不是喜欢，每天有没有听到老师的夸奖，是自己追求的最大目标。而现在她进入了小学，老师不再夸奖小溪很乖之类的话。一个星期下来，小溪很沮丧，她想是不是自己做得不够好，是不是老师不喜欢自己呢？明明跟小溪是幼儿园同学，现在又成了小学同学。在幼儿园时，明明可调皮了，总被老师指出来。他回家时会跟妈妈说起，"幼儿园里有个叫小溪的小朋友特别乖，老师很喜欢她。"

妈妈就会问明明：什么是特别乖呢？明明就去观察，然后告诉妈妈他所观察到的。上课时，小溪没有离开座位，屁股坐在凳子上没有动来动去。吃饭时，小溪很安静，会把饭菜都吃完……妈妈对明明一点一滴的观察及时给予鼓励："你的观察能力很厉害！"

后来，明明不断地告诉妈妈，今天课堂上他的小屁股只离开了座位两次。每次明明说到一点点的变化，妈妈都及时给予鼓励，正是如此点滴的变化，让明明感觉到自己在不断进步，这种我可以做得越来越好的感觉就是明明自我价值的提升。进入小学后，他知道自己该怎样跟老师更好地合作，而不是一心只想做乖小孩。

对自己的行为负责，在鼓励中衡量自己的进步，这会让孩子接纳真实的自己，哪怕是不完美的。帮孩子建立面对困难的勇气，并学习自己做判断。

（三）表达的不同

赞美运用的字眼，是对孩子有价值判断的，是对结果的评价，"你是个好孩子""你是个乖孩子""你得到了满分，真为你骄傲"。在家长认为那是好的表现时，能够确定孩子也是同样的感觉吗？谁的评价更重要呢？不要对孩子抱着每次都要有杰出表现的期望，不要只在他获得成就的时候表示以他为荣。鼓励注重孩子努力的过程，是对孩子有价值表现的肯定。

【案例23】

4岁的欢欢开始学习叠自己的小衣服，她昨天把自己的衣服叠得很整齐。

妈妈称赞地,"真棒,衣服叠得这么整齐,妈妈很开心哦。"可是今天的衣服是丝质的,滑溜溜的,欢欢怎么也叠不好。她每叠一次,会抬头看一下妈妈,妈妈似乎在等她叠出完美的小方块,很有耐心地等着,却一言不发。欢欢越发着急了,怎么也叠不好,又重新来几次之后,她"哇"的一声哭了出来。

当欢欢一次次叠不好衣服的时候,她想到自己不能得到像昨天一样的称赞了,所以她感到很挫败。如果这时候妈妈给她鼓励,"欢欢,这件衣服很滑,叠起来很难,但你已经努力在做了,这很不容易,谢谢你的帮忙。"这会让欢欢感到自己在做的是有帮助的、有价值的。

【案例 24】

14 岁的鹏鹏没有接受过任何形式的舞蹈培训,近期却突然宣布,元旦文艺汇演他要跳一支爵士舞,父母都为此很惊讶。看他在家里对着视频练习,蹩脚而又滑稽的舞步,妈妈还是饶有兴致地作为忠实的粉丝在观看,鹏鹏跳完一遍会问妈妈:"我跳得是不是很丑?"妈妈说:"我看你跳得很投入又很开心的样子,我被这样的快乐感染了,你觉得自己是不是很享受这样的过程呢?你如果开心快乐,就能传递给每个人。"

妈妈做到了以孩子的感受为重,这样的鼓励才会让其不断地提升自我价值感。

四、学会使用鼓励的用语

当家长评论孩子的努力时,要注意避免对他的行为加上价值判断的字眼,鼓励比称赞更能帮助孩子建立自信。

(一)接纳

接纳意味着看到了孩子的状态,通过描述事态变化,表达或询问孩子的感受,以及你对此的感受,会让孩子感受到自我价值。

"我看得出你很开心。"

"你对这次活动感觉怎么样?"

"你处理那件事的方法我很欣赏。"

"你对这个人的宽容,我很敬佩。"

"你既然不满意这样的状态,你想做些什么可以让自己觉得快乐一些呢?"

"看到你因帮助佳佳而感到开心,我也很高兴。"

【案例 25】

7 岁的坤坤在做黏土手工,可袋鼠太难捏了,怎么也捏不好,一气之下,坤坤把黏土摔在桌子上揉成一团。妈妈对坤坤说:"看上去你很生气,对自己捏的袋鼠不满意,那么,你想想看,怎么捏才是你想要的样子呢?"坤坤沉下心来,又开始搓揉黏土,继续黏土的制作。

【案例 26】

12 岁的李鑫新学了吹葫芦丝,上了几次课以后,他的新鲜劲儿就过了,觉得练习好枯燥。他回家后极少练习,妈妈很想像以往一样提醒他练习,但想到这是李鑫自己经过思考后选择的培训,该是让他学会自己承担了。

妈妈对李鑫说:"学习葫芦丝是你自己的选择,你如果不练习,等这一学期课结束后,我将不再为此投资,你可以选择。"

赋予责任是一件有价值的礼物,表示我对你是尊重的和信任的,我相信你可以做到,也能为你自己负责。

(二)信心

当孩子感受到父母对自己有信心,就能从心底产生一种向上的动力,主动做事,提高效率,而这也更容易让孩子做出成绩。

"我相信你可以做得很好!"

"这件事情很不容易,但我想你是有办法解决的。"

"你会想出办法来的。"

"我了解你在这项工作上的投入,我有把握,你可以做得很好。"

"我相信你可以完成。"

【案例 27】

8 岁的恩哲是个昆虫迷,他制作了大量关于昆虫的标本,在学校要给同学们做关于昆虫标本制作的话题的演讲。没想到通知一发出,这次活动吸引到了比恩哲大得多的一些孩子。

恩哲有些担心,"妈妈,我怕讲得不好,会让学长学姐们笑话,他们怎么会来听一个二年级小朋友的演讲呢?"

妈妈告诉恩哲:"儿子,你对昆虫的研究是你的兴趣,你看过很多书籍,去过很多科技馆，也很多次去野外采集昆虫，你所展示的每一个标本都是你亲手采集、亲自制作的。现在，你是把你的乐趣分享给大家，这些经验是大家想听到的，妈妈相信你可以做到。"

【案例28】

周末，初二的欣欣收到老师的邮件，是一则征文的紧急通知，要求写一篇读后感。近来欣欣的文风屡次受到老师的指正，而这次作为市级征文，老师把这么宝贵的机会交给她，她又惊喜又担心。她觉得自己写不好，有点儿想放弃。爸爸对欣欣说："写文章，每个人的视角和体验都不一样，老师既然把这么宝贵的机会给你，也一定是相信你的，我也相信你会有自己的创意。"

（三）承认

孩子的努力和进步总是希望被父母看到，承认他们的努力或进步，孩子的内心情感就能得到满足，做起事情来也会更加富有主动性。

"我看得出你是花了一番心思的。"

"看得出你在不断地努力。"

"你已经有很大的进步了。"

"你也许不觉得自己已经达到目标了，但是你跟之前相比已经跨越了一大步。"

"在……方面，已经改进很多了。"

【案例29】

思思学习书法已经一个多学期了，虽然她很认真地在写，但是和同龄的孩子相比，她写的字还是显得稚嫩了一些，她有点儿泄气，"为什么我总是写得不如其他同学好呢？"妈妈告诉她："你能写成这样已经很不容易了，你看，跟你刚刚学习书法时的字相比，你已经进步很多，看得出你是在不断地努力。"

（四）欣赏

强调孩子的优点，承认孩子的贡献，表达对孩子的欣赏，孩子就能知道自己的优点是值得夸赞的，自己的贡献是值得肯定的，自己是值得他们欣赏的。之后，他们就会更加发扬自己的优点，努力做出更多的贡献。

"谢谢你的帮助，我轻松了很多。"

第四章　家庭教育的沟通技巧

"你可不可以帮我一下？"

"你替我做的……给我帮了一个大忙，我非常感激你。"

"在这项工作上，我需要你的帮助。"

【案例30】

这两天妈妈的手指划破了，不能沾水。爸爸和丹丹分担了家务活儿。晚饭后，丹丹就开始洗碗，妈妈走过去说："谢谢你给我分担家务，你把碗洗干净，真是帮了我一个大忙，我非常感谢你。"

运用鼓励的话语，目的是提升孩子的自我价值感，增强自信。要提醒的是，不要在说完鼓励的话语之后再补上一刀，即加上一个评论，比如说，"你做得很好，继续保持哦""其实你是可以做到的，还可以做得更好些""我看你做得很认真，今天的感觉不错吧，希望你以后每次都要这样做"……这些加上去的期待和评论，传达的是你对他的现状还是不满意，要求他做得更完美。

第五章

儿童全面发展与家庭教育

家庭如同小社会，社会是个大家庭。一个人受到的家庭教育，一般都能形成社会生活中为人处世的原则。当前，社会迅速发展，家庭教育应该更具远见，着眼于未来社会所需要的人才。

教育孩子学会做人、走向成才是一个细致而复杂的过程，必须遵循育人规律，才会收到预期效果。春华秋实，掌握时机，注意科学耕耘，方可获得丰收的喜悦，育人同样需要抓住时机、注重科学。

本章从儿童全面发展的角度阐述家庭教育的几个重要方面——健康教育、情感教育、智力教育以及人生指导。

第一节 家庭的健康教育

人的健康包括身体健康和心理健康两个方面。心理健康是教育的目的，心理卫生保健是教育的手段。就家庭教育来说，加强对孩子的生理和心理卫生工作，是促进其身心健康必要的教育内容。

一、家庭生理健康教育

身体健康是在先天遗传与后天习得的基础上表现出来的机体功能和形态上的良好状态。具体是指生长发育良好，形态无异常；各器官、各系统生理机能正常；身体无疾病等。生长发育是否正常，卫生保健部门可根据各年龄指标进行测定。身体健康还表现在身体的良好素质和运动能力水平上，即一个人在运动时表现在速度、耐力、力量、柔韧、协调等方面的素质和走、跑、跳、投掷、攀登、钻爬等基本动作的水平上。此外,健康的人对外界环境的适应性及对疾病的抵抗力很强,对周围社会生活及自然环境的变化有良好的适应能力,能保持机体与环境的平衡、和谐。

为了保证家庭正常和幸福的生活,每个成员都应做定期的健康检查。对正处于生长发育的孩子,首先,家长应该全面细致地了解他们的健康状况,对照正常儿童身心发展指标特点,有针对性地做好卫生保健工作。其次,应针对孩子不同年龄阶段生长发育、新陈代谢特点,了解他们对能量及营养素的需求,为他们提供合理膳食,并注意培养其良好的卫生习惯。再次,家长要注意疾病的防治工作,在定期、全面的体格检查中,及时发现各种病症的早期症状,采取必要的防治手段;同时为孩子制定合理的家庭生活制度,安排充实、健康的生活内容,鼓励孩子参加有益健康的体育活动,注意活动中的安全卫生教育。最后,还要注意改善家庭生活条件,做好环境卫生;对于正处于青春发育期的少年孩子,还必须进行适时的青春期卫生教育。

二、家庭心理健康教育

心理健康表现在一个人内部心理状态的平衡和内部心理活动同外部世界的协调上。心理健康的人具有乐观开朗的性格、积极奋发的精神状态,他们能面对现实,具有平和稳定的情绪,情趣广泛;心理健康还表现在对社会生活的良好适应,诸如在入学、谋职、友谊、婚姻等问题上能随机应变、正确处理;心理健康还表现在精力充沛、求知欲旺盛、智力发展良好、具有创造精神;心理健康的人在面对生活中的困难与挫折时,态度积极,冷静沉着,试图运用有效的方法解决问题,而不知难而退、气馁消沉;在与他人交往中,心理健康的人主动热情,尊重、信任、赞美等积极情绪多于畏惧、憎恶、嫉妒等消极情绪。

心理健康是以生理健康为基础,在人生各阶段逐步形成和发展的能够促进和增强心理健康需要的多方面活动内容。如加强对人体脑神经系统保护及预防损伤的各种卫生保健服务;参与使心理需要获得满足、情绪困扰减少到最低限度的有益活动;改善社会环境、家庭环境,强化社会组织的心理卫生功能等。

心理卫生保健工作一般分三个层次:一为初级预防,这是积极的预防,指在家庭生活中不断充实和促进孩子的心理健康条件；二级预防是指对孩子心理异常的早期发现和治疗，防止其发展；三级预防则指预防曾患过心理疾病、目前已恢复健康的孩子病情的复发，或减少和排除心理疾病可能引起的残障现象。作为家长，首先要加强对孩子的初级预防，积极创设良好的生活条件，保持和谐、愉快的家庭气氛，丰富健康的生活内容等；对于二、三级预防更不能忽视，如发现孩子有心理疾病的征兆，应及早求医，家长积极配合心理保健医生，做好心理卫生工作。

不同年龄阶段的心理卫生保健具有不同的内容和要求，一般应注意如下几方面工作。

（一）了解并满足孩子的合理需求

需求是激发动机、引导行动的源泉。需求的满足与否，能导致产生积极或消极的情绪，影响个性的形成与发展。人们的需求有生理的、心理的、社会方面的。在教育和环境的影响下，孩子的需求内容与要求不断发展和变化，家庭教育应针对孩子身心发展的规律及特点，适时地以适当的内容和方法，满足他们的合理需求，提出明确的教育要求，从而促进孩子的发展。例如，一岁左右的婴儿有明显的依恋感，需要爱抚，父母则应给予体贴入微的关怀、爱护和照顾，使他们产生平和而愉快的情绪和对父母的信任感、安全感，并在此基础上发展社会化行为。孩子进入青少年时期，独立性得到发展，开始表现出闭锁性心理特点，他们不再需要依赖父母，而产生了与同伴建立友谊的强烈需要。作为家长，应该理解孩子的心理特征，创造孩子与同龄伙伴交往的条件，指导活动的方式，发展他们的独立自主行为。满足孩子这一合理需求，对促进青少年心理健康具有重要意义。

人的需要有合理与不合理之分，那些超越现实可能性，或有碍身心健康的需求，是不合理的。作为家长，对孩子的合理需要，应积极创造条件予以满足；对那些不合理的需要，则应该给予解释和诱导，帮助孩子理解并改变那些不合理的需要。当前，许多家长为了孩子高兴，对孩子的需求不加分析，一切有求必应、迁就满足，由此促成孩子任性、霸道、自私、嫉妒等不健康心理，这是家庭教育中应引起家长重视的问题。

一个人的需要是多方面的，欲望没有止境，随着年龄的增长，需要和欲望日益复杂化，并会不断发展变化。家庭教育需要同学校、社会配合起来，才能有效地发展孩子的合理需求，抑制他们过分的欲望，促进孩子的心理健康。

（二）鼓励孩子的人际交往活动

一个人出生便开始了他的社会生活，日益扩大与周围人们的交往。三四岁的幼儿有了与同龄伙伴交往玩耍的迫切需求。到了青少年时期，儿童的交往范围越来越广，社会化情感和行为得到增强。社会交往可以互通信息，交流经验，体验行为准则，培养合作意识；增强性别、角色认同，加强自我意识。

只有在正常的交往活动中，儿童的身心才能获得健康发展。我国古代流传的"孟母择邻"的佳话，为家长提供了帮助孩子择友的重要经验。青少年儿童在相互交往中彼此模仿、认同，产生影响。"近朱者赤、近墨者黑"，说明了交往、择友对一个人成长的重要影响。然而，在复杂的社会生活中，作为父母不能以防止不良影响为由，禁止孩子与同伴的交往活动。有些家长，为了避免外界对孩子的不良影响而限制孩子的交往行动。长期的社会剥夺，将严重影响孩子的身心发展，从而形成智能低下、个性的非社会化倾向等不健康心理。

在家庭教育中，家长为孩子创设社会交往的条件，鼓励他们与同龄孩子开展有益身心的活动；了解孩子在社会交往中的心态和问题，及时指导和帮助他们解决交往中遇到的难题，对促进孩子的心理健康具有重要意义。

（三）关心孩子性格的形成与发展

良好的性格是心理健康的标志，同时又是促进身心健康的条件。性格是表现在人的态度和行为方面稳定的、起核心作用的个性特征，它贯穿于全部生活之中，影响着整个的精神生活。

儿童性格的形成和发展大体经过三个阶段：第一阶段是幼儿时期，他们的行为依从于具体的生活情境，并未形成巩固的态度和行为方式，他们的行为比较容易受到改造；第二阶段是学龄初期和学龄中期阶段，儿童正在形成比较稳固的行为习惯，性格的改造比较困难；第三阶段是青年期，行为受自觉的意识支配和制约，比较稳定的态度和行为习惯已经形成。这个阶段的性格改造就更加困难。因此，在家庭教育中，父母应重视孩子早期性格的培养，进而为他们形成良好性格打下基础。

第二节　家庭的情感教育

家长的心愿在于培养孩子学会做人，走向成才。为达成此目标，家庭教育亦应坚持面向现代化、面向世界、面向未来，促进孩子身心健全发展，培养他们具有宽广的胸怀、健康的体魄、丰富的创造力；重视教育孩子追求"真、善、美"，发展理性的、伦理的道德情感；培养他们对社会、对自然界美好事物的向往与追求等高尚的情操。

一、情感教育的重要性

情感教育是家庭品德教育的核心内容。情感是受认识制约，推动人们有所追求和奋斗的心理驱力，是道德观念转化为道德行为的中介，是使儿童的道德意识升华为信念，形成道德情感，进而外化为道德行为，使知、情、意、行达到统一的心理动因。家庭的品德教育是紧紧围绕道德意识、道德情感、道德意志和道德行为习惯这四个方面进行的。作为父母，要使孩子在家庭中形成精细的、温存的、敏感的、富有同情心的心灵。要教育孩子不仅用头脑和理智，更重要的是学会用心灵去认识外部世界，处理现实生活中的问题。在知、情、意、行这一道德结构中，知是道德品质的理智特征，主要表现在道德判断和道德评价上，也表现在道德是非观念上，如对善恶、荣誉、幸福等的认识，它是道德行为的前提。情，作为道德品质的情感特征，具有强烈的驱动力，能激发人们追求真理，是克服困难的精神力量；它调节着个人言行，指导道德行为方向。只有借助情感教育，美化孩子的心灵，才能使他们学会做人，正确地去追求人生价值。

一个人的高尚情操、良好品德，首先是童年时代在家庭中培养起来的。孩子们从小就开始思考好坏、善恶问题，多数是从父母那里去寻求答案。作为父母，应该积极创造条件，使孩子在家庭生活中获得健全的个性，发展积极的情感。随着年龄的增长，孩子不仅能从家庭中得到直觉的道德形象的情感体验，而且能从父母及家庭成员的身上受到具有社会性内容的情感熏陶，从而形成是非观念、善恶标准及爱国主义、集体主义、爱劳动、爱科学、责任心、义务感等观念。父母的职业、家庭的文化氛围、家长的期望,在对孩子的情感教育中能够产生强有力的潜移默化的影响作用。父母的文化水平、职业及对孩子的期望,对幼儿形成积极情感和良好品德均可以达到显著水平。因此,家庭的文化氛围、家长的职业及期望指向等因素,都会转化为对孩子的日常要求,并始终反映和渗透在家长自己的行为、态度和习惯上,进而影响到孩子的情感和个性。

二、家庭情感教育的内容

(一)理智感教育

理智感是人们在判断事物是否符合个人认定的真理标准时所产生的情感体验。如果符合个人认定的真理标准,感到道理讲得透彻,就会产生佩服之感或自愧不如。理智感是以理智信条为基础的。在家庭教育中,注意提高孩子的知识水平和认知能力,发展他们的理智感,使之疾恶如仇,从善如流,才能维护真理,反对谬误。一个人具有高尚的理智感,才会成为为正义和真理奋斗的革命者和科学家。

理智感的发展是在与他人交往、学习他人经验、掌握社会行为准则中实现的。作为家长,要为孩子提供交往活动的环境和条件,从而提高他们的社会化水平。父母和家庭是影响儿童社会化进程的第一个也是最重要的一个因素。在现实生活中,有些家长为了避免孩子受到外界的不良影响,限制孩子同他人交往,使孩子习惯于孤独地生活,其结果不但影响了孩子个性社会化的进程,也影响了孩子高尚理智感的形成。

儿童自我意识的发展,是直接影响情感教育效果及其道德品质发展水平的又一个重要因素。自我意识在儿童品德发展和个性形成中具有定向和调节控制作用。当他们意识到个人在社会生活某种道德环境中的地位和作用时,道德观念将随之提高,并促使他主动去掌握有关的社会经验和道德规范,调节自己的情感和行为。自我意识的发展,有利于道德判断独立性、原则性、批判性的培养,有助于道德情感和良好品德的形成。

（二）道德感教育

道德感是由别人或个人的行为是否符合自己相信的道德标准引起的，诸如对他人做了好事的敬慕感、自愧不如的惭愧感、个人做了好事的成就感、做了错事的内疚感等。道德感取决于复杂的情感对象是否符合个人的道德信条。当人们满足儿童的心理需求和社会需求时，也就是说，他们的社交活动得到满足、自尊自信得到肯定、求知求美的心情得到理解时，便会产生积极奋进的情绪体验，由此影响他们的动机、目的、爱好、理想、信念、世界观的形成，影响他们对善恶、义务、良心、荣誉、幸福、节操、正直等道德情感的发展。一般说来，积极进取的心态，能够促使儿童的道德水准有所提高；消极的心态，则会改变儿童原有的品德特征。

在儿童道德感的培养中，家长的情感具有至关重要的作用。温馨和谐的家庭气氛，有助于孩子形成积极的生活目标、道德观念和道德情感。父母不和、分居离异对孩子道德情感的形成会产生不良影响。研究材料表明：4~6岁离异家庭的儿童与同龄的完整家庭的儿童存在心理差异，亲子关系、同伴关系、控制能力、乐观情绪均差于完整家庭儿童，且他们所具有的"问题行为"多于完整家庭儿童。4~6岁是儿童个性的奠基阶段，此时造成的心理偏差会为日后的发展与教育带来很大困难。

（三）美感教育

美感教育是家庭美育的基本内容。美感是指周围的自然景物或社会生活中人的言论、行为、思想符合人审美的需要而产生的情感体验。美感是家庭情感教育的基本内容之一。

美感教育有陶冶情操、塑造心灵的功能。儿童美感的发展是开发智力、启迪创造才能、培养意志、净化灵魂、愉悦精神、增进健康的钥匙。

美的情感教育是以认知为基础，通过想象自由扩展和抒发，与理解的深度密切相关。由此可见，家庭以美感为内容的情感教育与理智感、道德感的发展相联系，包括思想美、品德美、情操美、性格美、习惯美、语言美、行为美、风度美、仪表美等多方面的内容。家庭情感教育在促进上述各方面的美感教育中，应着重培养儿童的审美感受力、鉴赏美的能力、创造美的能力、表达美的能力及丰富的审美情趣等。

家庭情感教育中的美育，应针对儿童不同年龄阶段的特点进行。婴幼儿时期，以引导他们到大自然、艺术世界中培养对美的兴趣和爱好为重点，使之注意欣赏周围生活中的美好事物和现象，并利用游戏活动促进美感的发展，在丰富生活印象中，培养其创造美的能力。对童年时期的儿童，则应以对审美对象的形式、结构、形态的直观感受能力、审美想象力，加强对儿童情感的理性调节等方面为重点。少年时期的儿童，以审美的理解力，广泛的审美情趣、审美的表现力和创造力方面为重点。青年时期则应以培养青年按照美的规律提高审美理解力、表现力和创造力，培养高尚审美情感、正确审美观教育为重点。

（四）实践感教育

人们在各种丰富多样的实践活动中所形成的情绪体验是家庭情感教育的又一内容。儿童在劳动、学习、运动、游戏等实践活动中，或因对活动本身的兴趣，或因掌握了某种技能技巧，也可能通过努力探索取得了满意成果，都会带来积极愉快的情绪。而枯燥单调、消耗精力、过度疲劳、紧张或毫无成果和收获，都会引起消极的情绪反应。实践感的范围、内容、强度有所差别，家庭的情感教育应以促进积极的、强烈的高级情感为重点。

劳动是人类生存的基础，也是促进儿童身心健全发展的实践活动，当前在独生孩子教育中，劳动实践在情感教育中占有重要地位。作为家长，要教育孩子把劳动体验作为人生必要的活动，体验为克服困难焕发朝气的源泉，体验为顺利完成任务的快乐感受，使孩子不仅对劳动过程而且对劳动成果产生愉快和珍惜的情感。为了培养孩子热爱劳动的情感，家长必须摒弃包办代替、过度教育的错误态度，树立"人才自古多艰难"的教育观念，对孩子适当施以必要的劣性刺激（艰苦的、困难的、劳心劳力的），从而收到促进儿童身心健康发展的效果。

在实践感范围内，还有一种与创造性劳动有关的情感形态，即创造感。社会需要创造性人才，因此应在早期的家庭教育中重视创造感的培养。为孩子创造条件，使他们有机会在动手创造新的事物形象中体验到欢欣鼓舞；在探索创造性活动的过程中，情绪高涨；在遇到失败时，体验到情绪的不安和失望；在正确解决困难获得成功时，体验到快慰等。

在当前高科技迅猛发展的现代社会，以电脑为标志的自动化生产，开辟了人类的新纪元,由此,人们摆脱了繁重的体力劳动,从直接的物质生产中解放出来,更多地从事某种欢快的、产生美感的、体脑结合的创造性劳动。从这个角度出发,在家庭教育中,鼓励孩子动手、动脑,从事力所能及的劳动技术活动,是培养他们具有高尚情操及完美个性不可忽视的内容。

三、家长期望在情感教育中的作用

家长对孩子的期望是家庭情感教育中的隐性内容,对孩子身心健康发展有明显的导向作用。家长的期望是家庭教育目标的具体反映,受家长的教育价值观的制约。家长对孩子的期望,通常以暗示、提问、辅导等方式表现出来。孩子获得了父母的期望信息,进一步加深了亲子情,增强了信任感,以积极的行为回答父母的期望。而家长也会以深切的感情和期望投向孩子,喜爱孩子,并由此激起孩子积极向上的热情。研究指出,父母的文化程度、职业、家庭结构和是否是独生子女,均是家长对孩子期望的影响因素。这些影响因素,有的通过影响家长的教育观念而发生作用,有的通过影响家长的学习辅导能力而发生作用,有的通过影响对孩子的教育投入而发生作用……可以肯定的是,家长的文化程度、社会经济地位、是否是独生子女,都会影响对孩子的期望大小,并进而影响孩子的身心发展。在家庭情感教育中,及时调整或矫正家长的期望心理是一项必要而有效的内容。

第三节　家庭的智力教育

家庭智能教育的主要内容包括:帮助孩子扩大知识领域、发展智力才能、培养技能技巧等方面。

一、扩大知识领域

儿童智力才能的发展,是在掌握知识的过程中实现的。为了发展孩子的聪明才智，注意不断扩大他们的知识领域，具有重要意义。陈鹤琴先生说过："教儿童直接与大自然、大社会相接触，发现环境中的新事物，认识周围的世界。"❶陶行知先生也说过："我们要解放小孩子的空间，让他们去接触大自然中的花草、树木、青山、绿水、日月、星辰以及大社会中之士、农、工、商，三教九流，自由地对宇宙发问，与万物为友，并且向中外古今三百六十行学习。"❷从古至今，周围世界、大自然、大社会是人类智慧取之不尽的源泉，而好奇心则是打开知识大门的门径。因此，家长要重视以生活为扩展知识的教材，以培养好奇心、求知的愿望为手段，对孩子进行启迪智慧的教育。

二、发展智力才能

在人的智力结构中，观察力、注意力、记忆力、思维力、想象力、创造力都是基本因素。培养孩子全面、正确、深入、细致观察事物的能力；专心致志、精神集中，稳定持久的注意力，及时、准确、敏捷、巩固的记忆力；广阔、深刻、独立、灵活、逻辑、创新的思维能力；丰富联想、自由创造的想象力，是发展其智力才能的必要品质。其中，创造力的培养是智力才能发展的核心因素。

富有创造力的儿童的特征，有以下几个方面：常常专心地倾听别人的讲话；说话和作文时常常使用类比和推断；能较好地掌握阅读、书写和描绘事物的技能；喜欢对权威性的观点提出疑问；爱寻根究底，弄清事物的来龙去脉；爱好细致地观看东西；非常希望把自己发现的东西告诉别人；即便在干扰严重的嘈杂环境中，仍能埋头于自己的研究；不太注意时间；常常能从乍看起来不相干的事物中找出相互的联系；即使走在街上或回到家里，仍然喜欢思考课堂上的东西；有较强的好奇心；常常自觉不自觉地运用实验手段进行研究；喜欢对事情的结果进行预测，并努力去证明自己预测的准确性；很少有心不在焉的时候；常常将已知的事物和学到的理论重新进行概括总结；喜欢自己决定学习和研究的课题；喜欢寻找所有的可能性……因此，家长在发展孩子的智力才能时，要

---

❶ 陈鹤琴.家庭教育[M].武汉：长江文艺出版社，2013：124.
❷ 陶行知.教育的本质[M].长沙：湖南人民出版社，2019：65.

注意培养他们的独立性、疑问性、好奇性、创新性、目的性、坚持性、自制性和兴趣性等方面的心理素质。

现代社会和未来世界需要高智能型人才，智能的高低是反映一个人心理健康的又一指标。在现代社会激烈竞争的环境中，人们需要有高度发展的智能。然而，人们对产生智能的大脑的使用还缺乏足够认识，人类的智慧潜能远未充分开掘。

人们的大脑，包括操纵语言、具有逻辑思维功能的左脑和具有非逻辑功能，产生直觉、形象、想象、思维的右脑。我国传统教育重在左脑的使用，而对创造力源泉的右脑则使用不足，并且左脑的潜力也远未充分挖掘。因此，在家庭教育中，要注重全脑潜能的开发，并要特别注意开发右脑潜力。

目前，在家庭教育中，要求年幼孩子不解其意地死记硬背古诗、辅导孩子依照统一教科书选择正确答案、单纯训练抽象的心算能力等都是过分强调使用左脑的做法。随着脑生理学的揭秘，单纯的左脑开发显然无法适应高科技发展的现代社会。研究表明，幼儿时期已开始形成自己的用脑习惯。只有帮助孩子认识到自己的用脑习惯，并积极锻炼使用右脑，使左右脑协调发展，才能使大脑潜能得到充分发挥。

对孩子智能发展具有明显作用的影响力主要表现在以下几点：第一，家长的成就动机及升学期望。家长对孩子的成就动机与期望成为挖掘孩子智能潜力的重要动力。第二，注重孩子形象思维能力的训练。人们的思维过程总是先由右脑产生形象，再运用左脑使其语言化，是左、右脑协调活动的结果。家长注意教育孩子阅读文艺作品、观看文艺活动、参加有趣的体育比赛、开展游戏活动，都能达到激活右脑、促进左脑活动的目的。第三，鼓励孩子的创造性活动。科学家爱因斯坦说："我思考问题时，不是用语言进行思考，而是用活跃的跳跃的形象进行思考。当这种思考完成之后，我要花很大力气把它们转换成语言"他创造相对论的智能活动正是运用形象思维思考问题，并不断使用左脑修正形象，交替作用左右脑的结果。这是因为创造性活动是从想象开始的，先由右脑工作，继而由左脑引导，左右脑协同活动，直接转换为创造力。因此，家长鼓励孩子自由联想，充分想象；为孩子提供充分发挥独立性的机会；帮助孩子克服困难，获得成功，是充分开发智能潜力所必需的。第四，鼓励孩子动手实践，加强左半身感觉训练。借助手指的运动神经，通过皮肤感觉，使掌管运动神经和感觉神经的右脑活跃起来；特别是左半身的感觉机能为右脑支配，多用左手、左脚、左耳、左视野，可以达到锻炼右脑、开发智能的目的。

三、培养技能技巧

技能技巧是聪明才智的重要表现，将心智技能和动作技能运用于问题情境中，则是智力操作的解决问题的过程。在家庭教育中，家长要创造条件，使孩子有既动脑又动手的机会，并督促孩子加强练习，使之在心智与动作的协调下，逐步形成迅速、准确、自动化的熟练技巧。家长可以帮助孩子通过音乐、舞蹈、绘画、手工、体育运动、书法、劳动等途径，练习掌握动作的技能技巧；也可以在孩子学习数学及语言的过程中，培养他们的心智技能技巧，这是培养孩子聪明才智的重要途径。

为了培养孩子的技能技巧及解决问题的能力，还要注意使他们保持积极的精神状态。当孩子产生强烈的学习动机，情绪稳定、兴趣浓厚、高度专注时，掌握心智技能和运动技能，解决问题就会比较顺利。因此，在家庭的智能教育中，应该同时加强对孩子非智力因素的培养。

智力才能、技能技巧的掌握，不仅依靠左脑，还依靠右脑的积极活动。传统的教育更注重左脑机能的开发，根据现代科学左、右脑分工的理论，要提高儿童的图形、空间、形象等方面的认知能力，发展儿童的观察力、判断力、创造力、自主力及社会适应力，则需要重视对儿童右脑潜能的开发，真正做到人体潜能的全面发挥。这是关系到提高人的智能素质，造就现代化人才，使国家昌盛、民族兴旺、社会和谐、家庭幸福的大事情。

第四节 家庭教育中的人生指导

孩子从出生到长大成人，家庭教育贯穿其中，为人父母始终担负着对孩子人生指导的责任。

家长对孩子人生观的形成以及学习、谋职、交友、婚姻等方面给予关心和帮助，是结合人生具体的重大问题、实施全面发展与综合教育的过程。

一、人生观指导

随着社会的发展和进步，人们在现实生活中面临许多选择，其中包含着对人生正确和错误的看法，即好与坏、是与非的判定。涉及人类生活问题的选择，反映了一个人的价值观、人生观。家长应该教会孩子面对人生，作出各种正确的选择。

中国教育家杨贤江主张对青少年实施"全人生指导"，着重提出了育人过程中培养"勤勉、执着、奋斗"三种人生品质。

在家庭教育中，父母也应注意培养孩子的勤勉精神。勤勉精神源于劳动，在人生观指导中，家长应帮助孩子树立正确的劳动观。幸福来源于劳动，价值依靠创造。家长要教育孩子懂得劳动创造幸福生活的道理，体验与他人分享劳动成果的快乐。同时，还应教育孩子懂得劳动离不开集体，离不开社会，否则个人价值无从体现。在劳动中，儿童经过实践，自我意识得到发展，自我中心观念逐步得到克服，理解个人、集体、社会的正常关系，从而学会调节和约束自己的行为，服从集体和社会的需要。

人生指导应从幼儿期开始，要培养幼儿执着追求和勇于奋斗的品质，培养他们对生活充满情趣。兴趣是智慧的钥匙，也是理想追求的源泉。利用游戏指导幼儿体味人生的情趣和快乐，是卓有成效的手段。

对少年儿童来说，家长为了帮助他们逐步树立正确的人生观，要着眼于解决好独立性与依赖性、反抗与服从、闭锁性与开放性的心理矛盾；帮助他们发展健康友谊，培养良好的兴趣和志向，使他们顺利度过"危险期"。

青年时期是确立人生观的重要阶段。理想是人生观的精神支柱，是人生观的重要组成部分。家庭教育应注意帮助青年孩子树立正确的生活理想、职业理想和社会理想，从选择生活道路、确立生活目标开始，帮助他们选择未来职业，并逐步明确做人标准，树立崇高的社会理想。能否正确处理公与私、劳与逸、荣与辱的关系，影响着人生观的树立。对青年进行人生观的指导，要从培养他们心中有他人、有集体、有国家做起，并以帮助他人、服务集体、报效国家为荣，以追求个人安逸、损害他人、影响集体和国家利益为耻。

二、学习指导

学习是青少年儿童的主要活动形式和任务，教会孩子学会学习，是家庭教育人生指导的重要内容。家庭的学习指导，指对孩子的自学辅导，提高孩子自学的积极性，教会孩子掌握自学方法，培养他们具有良好的学习习惯。

由于家长的文化层次不同，在学习指导方面，会有不同的效果。然而，作为家长，始终应该关心孩子的学习，并尽个人的努力给予力所能及的指导。

学习的目的是学会生存并获得发展，使孩子掌握科学文化知识、技术以服务社会、造福人类。有了明确的学习目的，才能激励孩子产生勤学的动机和善学的动力。在孩子学习目的导向上，家长应破除光宗耀祖、追名逐利的狭隘观念；要脚踏实地，不可要求过高。有条件的家长还可以在学习方法上给予孩子必要的指导。第一，要帮助孩子在学习中掌握疲劳度。疲劳包括生理疲劳和心理疲劳，疲劳达到一定程度，学习效率就会下降。为此，家长要引导孩子学会分配时间，劳逸结合，使他们的大脑能够积极紧张又有弹性地工作，从而提高学习效率。第二，要帮助孩子选择适当的学习内容，不可一味追求数量不顾质量，因负担过重而厌学；注意学习内容的少而精，并引导孩子发展举一反三、触类旁通的创造性思维能力。第三，家长指导孩子学习方法要多样，运用多种形式的听、说、读、写、练，提高他们的学习兴趣。第四，要为孩子创造整洁、安静、有条理的学习环境，保证他们有足够的自学空间与时间。

家庭的学习指导在引导孩子完成学校学习任务外，还要鼓励他们课外学习，这是一种自由选择学习内容、方法灵活多样的自学。这样可以帮助孩子加深理解教材内容，扩大知识领域，培养兴趣、爱好和自学能力。同时，家长应注意帮助孩子选好课外读物，创造条件与他人交流、讨论，达到开阔眼界、启发思考的目的。

三、交友指导

儿童从三四岁开始，便产生了与同龄伙伴交往、玩耍的要求，随着年龄的增长，他们的交往要求日益强烈，并不断扩大交往范围。但是，学龄初期儿童在交往中情感表现脆弱而不稳定，并无深刻友情。进入少年时期，在自发性合群心理和兴趣倾向的支配下，儿童有了比较稳定的交往范围，与三五个知心朋友开展小群体活动，密切了伙伴朋友的依存关系和友谊交往。同时，在少年性萌发期，对异性伙伴产生了好奇、害羞、喜欢接近的友情。到了青年时期，孩子的横向交往范围扩大，他们突破了封闭型交往圈，交往活动面向社会，结交志趣相近，需求、利益一致的朋友，社交内容丰富，交往方式也更加多样化。

家长对孩子的交友指导，应着重做好下述几方面工作：第一，教育孩子正确认识交往中的角色关系，使孩子理解不同的交往关系具有不同的行为准则，交往中要分寸适度；第二，教育孩子在交往中做到自尊、自重和关心他人，使交往关系正常协调；第三，以科学的态度对待青少年阶段的异性交往问题，引导孩子正确处理友谊、恋爱与学业的关系以及爱情与道德的关系，预防早恋。

四、职业指导

我国是男女平权的社会主义国家，人民具有根据个人特长与志愿选择专业和谋职的自由。但是，每个青少年儿童在成长的过程中，如何选择最适合个人特点的职业目标，并为此做好各方面准备，家长应担负起职业指导的责任。

一个人的价值观、周围环境、心理因素、教育影响、文化水平都会影响其职业选择。在家庭中，儿童的早期经验与其谋职的态度也会对职业选择产生影响。

职业选择的理论指出个人职业选择的四个阶段：幻想期：11岁以前的儿童，根据自己的需要和兴趣，幻想自己想做的事；试验期：11~17岁，根据个人的价值观和能力，作试验性选择；现实期：18~20岁，根据现实因素（如教育机会、职业需要等），作实际考虑；具体化阶段：21岁以后，确定个人所从事的职业，并就此制订定向的奋斗计划。从我国的教育实际看，大中城市学生高中后分流确定职业定向；广大农村多数在初中后分流，确定升学与就业的专业定向选择。作为家长，应在分流之前，根据孩子的身心发展特点以及孩子的兴趣、志愿，帮助他们进行职业选择指导。

在职业指导中，家长可根据孩子的早期家庭经验，帮助孩子选择职业。研究证明，儿童的早期经验与择业倾向有某种联系：如受到家长关心爱护与教育要求严格的孩子，倾向于选择与人关系密切的职业；被排斥、忽视的孩子，倾向于选择与人不产生关系的职业；过度保护、过度教育的孩子，基于防御性，也可能选择与人不产生直接关系的职业；有些在家中受到排斥的孩子，为了情感上的补偿，也可能选择与人有关的职业。家庭氛围不同，将直接影响孩子的择业态度、兴趣和能力。从这个意义上说，家庭教育的职业指导具有超越具体的职业指导的宽广含义。

我国当前的家庭教育存在着家长依据个人的价值观，强制孩子早期职业定向，或将家长的意志强加于孩子的现象。由于忽视了孩子的心理素质、生活环境以及其他因素对职业选择方面的影响，这种家长对孩子的职业指导往往是失败的。

五、越轨行为的矫正

在青少年儿童身心发展的过程中，内外环境的迅速变化，社会与家庭对孩子的高期望与家庭教育中违反科学的现象之间的矛盾，都会导致孩子出现某种违背社会规范（法律及习惯规范）的反常行为。对此，家长有责任配合学校与社会，对孩子进行必要的教育指导。首先，与学校合作，充实教育课程，加强教育的针对性；其次，要注意培养孩子的自尊心，创造丰富生动的、孩子乐于接受的家庭教育环境；再次，加强对孩子情绪的指导，培养他们经受挫折的耐受力；最后，正确采用鼓励与批评的方式，帮助孩子矫正越轨行为。

家长对孩子的人生指导是贯穿在家庭生活之中的，同时，必须同学校教育、社会生活密切配合，方能卓有成效。

指导孩子正确面对人生，是健康成长、完善个性的一个重要内容，包括对他们进行伦理道德教育，这是当前我国家庭教育中必须予以充分重视的教育问题。家庭伦理道德教育的主要内容是，教育孩子理解并遵守人与人相互关系的道德准则。

第一，尊老、养老，善待父母，注重孝道。我国是具有优良传统的礼仪之邦，尊老、养老是社会公德。现代社会也应注重孝道。作为孩子，对于父母、岳父母、公婆、祖父母、外祖父母以至养父母等长辈，都应尊敬，并承担赡养义务，使老人在正常的伦理关系中愉快生活，欢度晚年。

尊老主要指尊重老人的人格、生活习惯、兴趣爱好和意见，尊重他们的生活经验，遇事共同研究，寻找解决办法。养老指要保证老人物质和精神生活的基本需求，在老人年迈体衰、卧床养病的时候，孩子能够细心照料，耐心服侍。自尊心、孤独感、智力退化、怀旧是老年人普遍的心态，作为孩子，应理解老年人的心理，并善待他们。

现代社会是高度发展的文明社会，发扬优良传统、提倡孝道是社会生活的正常需求。但新社会提倡的孝道，具有新的内涵，要做到合情、合理、合法；对待家中老人应以爱心为本，给予关怀照顾；孩子尽孝应有理智，不可置老人于不顾，也不可走入极端；孩子尽孝应以遵守社会法律为原则，不因亲情行违法之事。

第二，抚养教育未成年孩子，形成正常的亲子关系。父母抚养孩子是天职，也是社会义务。父母对孩子的抚育不仅表现为体贴入微的生活照顾以及基本物质需求的满足，而且体现在关心孩子的心理健康以及满足必要的精神需求方面。

父母对孩子不仅负有养育责任，也有教育孩子学会做人、培养成才的义务。从德、智、体、美、劳诸方面精心培育，促其全面发展。作为家长，还应正确对待孩子犯错或失足犯罪，应主动弄清原因，热情帮助，耐心引导，帮助他们改过自新。总之，父母孩子之间是平等、民主及长幼有序的伦理关系。只有相互信任和尊重，才能在愉快幸福的家庭气氛中使孩子健康成长。

第三，与亲友的良好关系。亲友之间的良好关系对孩子来说是良好的人生教材。平时的相互拜访，遇到困难时的彼此相助，婚丧、年节时的礼仪相待等，不仅是增强家庭成员之间向心力的因素，也是教育孩子学会处理人际伦理关系的契机。

现代社会打破了传统的封锁型交往囿于左邻右舍、三亲六故的狭小天地，开阔了青少年儿童的视野，使其开展意趣相投的社交。纵向有老师、师傅、长辈、领导等，横向有伙伴、同学、朋友、同事等，具有丰富的社会交往内容。尊师敬长、同志友谊、邻里友好都是家庭伦理教育的具体内容。

第六章
家庭教育的方法

未成年人是祖国未来的建设者，是中华民族复兴的接班人，他们的思想道德修养和价值观，他们能否健康成长，能否全面发展，直接关系到国家和民族的希望、家庭和社会的稳定与社会主义建设的发展步伐。

对于未成年人的教育应讲究方式方法，本章现代家庭教育方法主要内容包括聚焦于养成良好习惯、培育优良道德品质和形成规则意识等方面。

第一节 良好习惯的培养

一、习惯的内涵

古今中外大凡成功人士，大都是因为从小养成了良好的习惯，所以才走向成功的。东汉天文学家张衡，从小就喜欢观察周围的事物，对于不懂的问题总喜欢寻根究底，弄个水落石出，凭借着这种勇于探索的习惯，终于成为卓越的科学家；明代的宋濂，小时候家里非常贫穷，没有书看，就向有钱的人家借书来读，而且边读书边记录，凭着这勤奋好学的好习惯，终成一代大儒；世界闻名的科学家爱因斯坦与三个小板凳的故事，更是告诉我们，永不放弃对于一个人的成功有多么重要。

习惯的力量是惊人的。好的习惯就像鸟的双翼，能帮助一个人越飞越高；相反，不好的习惯，则如沉重的枷锁，使人寸步难行。培养好习惯应该从孩子抓起。而培养孩子良好习惯的主阵地是家庭，父母是其最主要的老师。

首先，我们先来看什么是"习惯"。"习惯"原为"习于旧贯"的意思。

《现代汉语词典》的解释有两种：一是作为动词，指常常接触某种新的情况而逐渐适应，如习惯成自然；二是作为名词，指在长时期里逐渐养成的、一时不容易改变的行为、倾向或社会风尚，如不良习惯。无论是作为名词还是动词的"习惯"，有两点特性是相同的：第一，习惯是长时间形成的；第二，习惯是难以改变的。

从习惯养成的主体性特点出发，我们可以把习惯分为两种，即无意识养成的习惯和有意识养成的习惯。无意识养成的习惯是个体本身的个性特点与其生活、学习环境相互作用而产生的，因而常常具有偶然性的特点。其中的影响因素往往是个体无法选择与控制的，如个体的生活与发展环境。所以，不同的环境下，不同的个体所养成的习惯可能大不一样。无意识养成的习惯一般来说是由以下原因形成的：

一是个体有时在无意识的状况下做出了某一行为，他感觉到非常快乐，因而以后就多次做出同样的动作和行为，慢慢就形成了习惯。比如，孩子小的时候，第一次说脏话，大人觉得好玩儿，没有加以制止，而且还用大笑等方式让孩子感到自己的行为可以获得大人的赞许。因此，孩子就会不断模仿说脏话，久而久之就形成了习惯。

二是长期生活在某一环境中，环境中的隐性因素（如家风、校风）潜移默化在个体身上发生影响。孩子在不知不觉间受到影响，进而养成了习惯。如孩子生活在一个人际关系和谐的家庭，他待人接物就会和善友爱；反之，如果生活在一个争吵不断的家庭，孩子处事往往偏激、急躁。

有意识形成的习惯则更主要是孩子在父母、教师的要求下，或通过听别人介绍、书籍浸润、周边同学表现、榜样人物示范等，意识到某些习惯对身体、学习或工作有好处，就把它当作一个目标去追求。比如，不乱扔垃圾、对人要有礼貌等，最开始往往就是通过父母或者老师给孩子做示范或者约束，慢慢孩子就自己养成了习惯。再比如说，孩子放学回家后就能马上写作业，这种习惯就大多是在父母、老师的要求下养成的，是孩子有意识形成的一种习惯。

当然，无意识习惯和有意识习惯往往是相辅相成、相互促进的。如某一孩子在课堂发言中受到老师的表扬，他就会想，原来这样做会得到老师的赞许，因此每次老师提问时，他都积极思考，举手发言。这样时间长了就养成了习惯。也就是说，开始是无意识状况下做出的行为，意识到其功效后就有意识地去反复实践，并最终成为一种习惯。

习惯一旦作为一种行为在人身上形成，就具有了"自动化"的特点，无须再用意识去控制。换句话说，习惯一旦形成想要改变是困难的。比如，习惯于大声说话的孩子，你要让他低声细语，他可能能坚持一会儿，但是不知不觉间，他就又会提高分贝；习惯于天天上网游戏的孩子，你让他突然断网开始读书，他可能坚持一天两天，时间一长，他觉得受不了了；习惯于磨磨蹭蹭写作业的孩子，你让他快速写作业，他也会感到不习惯。因此，我们要争取在孩子未养成坏习惯之前，尽量让他养成好习惯。

二、什么是好习惯

好习惯，顾名思义，就是良好的习惯。那么，什么是良好的习惯呢？良好的习惯，就是做有益于自己、有益于他人、有益于社会的事，并长期坚持，直到成为习惯性的行为。

第一，好习惯是习惯的一种，因此它具有习惯的特性；

第二，好习惯能带给自身、他人、社会有益的影响，是有益而非有害的；

第三，好习惯需要长期坚持，不是心血来潮，也不是昙花一现；

第四，好习惯是一种习惯性行为。

综上分析可见，好习惯就是人在生活、学习、工作以及成长的过程中，经常重复养成的，对自己、他人、社会能产生有益影响的一些言和行。著名教育家乌申斯基说：人的好习惯就是在银行里存入了一笔钱，你可以随时提取它的利息，享用一生；一个人的坏习惯就好像欠了别人一笔高利贷，老在还款，老是还不清，最后逼得人走入歧途。这个比喻贴切地告诉我们，培养孩子的好习惯就是父母留给孩子最宝贵的财富。

那么，对于一个孩子来说，好习惯究竟有哪些呢？最主要的应该包括生活方面、学习方面的习惯。

生活方面的好习惯包括良好的卫生习惯、饮食起居习惯、锻炼身体习惯、遵守规则习惯以及所有对生活有益的行为习惯。拥有良好的生活习惯，是拥有高质量生活的前提，也往往是一个人获得成功的重要因素。好的习惯能够给人带来更多成功的机会，坏的习惯常常使你在不知不觉中走向失败。

良好的学习习惯，有助于学生提高学习效率，有利于培养孩子学习的主动性。良好的学习习惯往往使孩子的学习达到事半功倍的效果。作为老师，我们经常会看到这样的情况，同样的班级、同样的老师、同样的时间，但是学生的学习效果却大不相同。有人说这是智商的问题。其实不是，决定孩子学习效率高低最主要的因素，就是孩子能否养成良好的学习习惯。

三、良好习惯培养的原则

好习惯的培养是一项漫长而艰巨的事，它不可能一蹴而就。同时好习惯的培养应该遵循孩子的身心发展特点，要因人因事而异。总体来看，好习惯的培养应该遵循四大原则。

（一）环境影响，潜移默化

在什么样的环境下，与什么样的人接触，对孩子习惯的养成起着重要作用。其实现代社会中很多家长也都意识到了这一点。除了大环境，家长更应该注意家庭环境对孩子的影响。你给孩子创造了一个怎样的环境，孩子就有可能成为怎样的人。

那么，我们家长应该怎样给孩子创造一个良好的家庭环境呢？

1. 民主平等的家庭氛围

家庭中的民主意味着人人平等，个个有发言权，孩子也不例外。凡事家长说了算，不算民主；孩子拥有特权，不受约束，也不算民主；家里某一个人至高无上，指手画脚，更不算民主。

首先，相对于大人而言，孩子的心智、能力、思维、判断等都远远不如大人。这就要求我们家长要俯下身来，以孩子的视角去对待孩子，而不能居高临下。我们要接纳孩子的幼稚，我们更要允许孩子失误或者失败。孩子正是在一次次的失败中成长起来的。如果我们家长因为孩子某一件事没做好，就横加指责或者嘲笑挖苦，那么孩子只会畏首畏尾，最终放弃。

其次，当今社会，孩子越来越趋向成熟化。如果我们家长还以老眼光来看孩子，那就大大落伍了。举个简单例子，你经常会发现，当大人讨论某一个问题的时候，孩子会突然插上一句，或者问一句："你们说什么呢？"如果按以往的教育方式来做，家长应该马上声色严厉地训导说："大人说话，小孩别插嘴。"可是这样的后果，就是孩子以后不敢说话，不敢发表自己的意见，即使说话也会唯唯诺诺。这就是家长没有把孩子当成家庭的一员，没有平等地对待孩子。当然，平等民主不意味着对孩子百依百顺，家长应该有自己的威信，有决断力，当孩子的思维或做法出现偏差的时候，要毫不迟疑地帮助孩子纠正，并且指导孩子找到切实可行的解决办法。

2. 尊重和谐的人际关系

现代社会的家庭组成主要是父母和孩子，有的还包括爷爷奶奶等长辈。在家庭关系中最重要的应该是夫妻关系，它在某种程度上要比亲子关系更重要。夫妻关系融洽、相敬如宾，孩子就会提升幸福感和安全感。在一个家庭中，较为正常的关系应该是，父母孝敬长辈，老人疼爱儿孙，一家人其乐融融。生活在这样的氛围中，孩子自然懂得应该怎样待人接物，自然会做到与人和善相处。多年的教育实践告诉我们，学校中的"问题生"大多是来自家庭成员关系不和谐的家庭。

3. 轻松安静的学习氛围

培养孩子的学习习惯应该是孩子持续、健康发展的重要环节。而要让孩子养成这一习惯，关键是要给孩子创设出一种安静、轻松的学习氛围。其实这种氛围的创设不仅对孩子的学习有重要作用，而且对孩子各方面良好习惯的培养都有重要作用。如果一个孩子整天生活在一个书香氛围浓厚的家庭中，即使孩子差，也不会差到哪。我们再看看前边提到的那位孩子，父母整天带着一群人到自己的家中打麻将，孩子就是想学习，又怎么能做到呢？轻松安静的氛围，能让孩子内心平静，不急躁、不浮华，这样有助于孩子良好性格的塑造。

（二）榜样示范，以身作则

父母是孩子的第一位老师，也是终身的老师，其一言一行都对孩子品质的形成、行为的培养起着重要作用。在家庭教育中，家长就是孩子行为习惯的表率与榜样，是孩子最重要的学习榜样。父母是孩子的师表，父母的言行是孩子学习的最直观教材，父母以身作则的示范，不仅可以增强说理的可信性和感染性，而且也能像春风化雨一样起着耳濡目染、潜移默化的作用。因此，父母应时刻检查自己，以自己良好的行为，为子女的品德修养做出示范。一般来说，有什么样的家长就有什么样的孩子，是绝对正确的。

在教育界流传这样一句话：一个问题学生的背后，一定站着一个有问题的家长。要想培养孩子的好习惯，在日常生活中，家长至少要在以下几个方面给孩子做出表率。

1. 言行一致，文明得体

家长是孩子的老师，是孩子学习的榜样。家长的言行在潜移默化中对孩子进行着教育和影响。有些家长给孩子提出这样那样的要求，但是自己做不到，可以说这样的要求是起不到效果的。比如，父母要求孩子要远离手机，不要玩网络游戏，但是，每天晚上，孩子写作业的时候，家长就在旁边打游戏，你想想，你不让孩子玩这些，他能做到吗？父母就是孩子的标杆，言传身教中塑造了孩子的个性和品格，也培养了孩子的习惯。

2. 孝敬父母，礼貌待人

有人说，你现在对自己的父母怎样，将来你的孩子对你也会怎样。作为儿女，对父母最大的孝顺其实就是无论在怎样的情况下始终要有一副好脸色，有一副好脾气。而这些正是孩子天天能看到的、感受到的。作为父母，我们会发现我们用怎样的语气和老人说话，孩子也会用同样的语气和他们说话。

同样的道理，在社会交往中，你怎样与周边的人相处交谈，孩子也会用同样的方式进行他的交际。家长对别人谦逊有礼，孩子往往是一个彬彬君子；家长遇事急躁、斤斤计较，孩子也往往缺乏大胸怀、大肚量。

3. 热爱工作，积极进取

这是一个非常有意思的话题，有的人整天唉声叹气、怨天尤人，抱怨工作累、薪水低、生活苦，在工作中得过且过。但是，他们却有一个很好的愿望，希望自己的孩子将来工作出色，积极生活。然而，这样的精神状态，想让孩子拥有阳光心态、进取精神，是很难做到的。因为家长不仅是孩子生活中的被模仿者，也是情感、态度、价值观的导师。

家长对待生活、对待工作的态度就是孩子现在或将来对待生活和工作的态度。

4. 兴趣高雅，健康生活

父母的兴趣爱好、生活方式都会成为孩子模仿的对象。一个天天吸烟酗酒的父亲，孩子往往不会觉得厌烦，而会觉得那很酷；天天打麻将赢钱的父亲，孩子会觉得那就是成功；整天领着孩子上酒吧K歌，孩子会觉得那就是快乐。如果家长真的希望孩子成为一个情趣高雅、热爱生活的人，就请从改变自己的不良习惯入手吧。

每天孩子写作业的时候，你捧一本书慢慢地读，孩子就会成为一个爱读书的人；每天劳累的时候，放一段轻缓的音乐，闭上眼睛静静地听，孩子就会成为一个爱好音乐的人；每天清晨早早起床，出去跑跑步、打打球，孩子就会成为一个喜爱锻炼身体的人。其实父母的举手投足都是教育，所以身为人父人母的我们要给自己的孩子做个好榜样。

（三）循序渐进，持之以恒

教育需要"慢"似乎已经成为一些有识之士的共识。教育孩子切勿揠苗助长，要善待生命，静待花开。其实，作为家长，想要培养孩子的好习惯，也需要"慢"，在"慢"中循序渐进，在"慢"中体会孩子的成长。

这是一个有些浮躁和功利的社会。急功近利、急于求成，会让我们的内心变得躁动不安。有的家长急于让孩子从无知变得睿智，从顽劣变得懂事，为此付出了无数汗水，甚至强加无数手段。而结果呢？孩子却在家长的叹气呵责中，慢慢消沉，直至枯萎。这不是家长不够努力，也不是花儿不愿意绽放，而是他还未到开放的时候。好的习惯的养成是需要慢慢培养的，不是一朝一夕可以完成的。所以，在培养良好的习惯的时候不要着急，不要贪多。习惯是在不断重复和练习中逐步形成的，要培养孩子良好的习惯不能贪多求全，而应有计划地一步一步实施，要长期坚持，不可以三天打鱼，两天晒网。

（四）严格要求，奖惩结合

好习惯的培养是一个长期而复杂的过程。在这个过程中，父母只有做到严格要求、奖惩严明才能真正地培养出孩子的好习惯。

首先，要求一定要严格。在很多家庭中，所有人都围绕孩子转，这样就容易养成孩子的娇气和唯我是从的心理。有时候，父母要求孩子做某件事，孩子不愿意去做，一哭闹家长就心软了，就不要求孩子做了。父母一定要坚持原则，动之以情，晓之以理，或劝慰或说服，或激励或批评，总之，要让孩子坚持下来。

其次，要奖惩结合，赏罚分明。面对孩子在习惯培养过程中出现的问题，家长一定要有奖有罚，做到奖罚分明。在奖罚过程中，要注意把握四个原则：

1. 奖惩目的要明确

在习惯培养过程中，无论是奖励还是惩罚，最终的目的是要孩子能拥有好习惯改掉坏习惯，而不能把奖励或者惩罚这一手段作为最终的目的。在现实生活中，我们经常看到这样一种情况，孩子被批评完了，你问他为什么挨批评，他会一脸疑惑，显然这种批评就是无效的。

父母应该非常明确地指出孩子所犯的错误，如打游戏、书本乱扔等，使批评有的放矢。

2. 奖惩不要过于随意

孩子和成年人类似，也会期待、想要得不到的东西，一旦拥有或者大量拥有就不珍惜了。奖励是一种促进孩子好习惯形成的有效措施，但绝不能随意，一旦泛滥，就不起作用了。

3. 奖惩要及时

奖惩及时是培养孩子好习惯的重要一点。要让孩子在当时具体真实的情境下感知自己做得对还是错，也就是说要抓住教育契机，很多时候这种机会一闪而过，错过了就很难达到预期的效果。有些家长喜欢翻后账，事情已经过去很长时间了，突然间想起来了，就把孩子训一顿："你还记得那天你做了什么吗？"孩子会一头雾水，努力回想，拼命摇头。其实就算孩子想起来了，他也不会轻易承认。有的家长发现孩子有问题了，不及时处理，总愿意说一句："你等着！"看似挺有杀伤力的一句话其实教育效能却不高。因为孩子明白"等着"就意味着有可能从轻发落，就意味着这个问题可能不严重。

4. 奖惩要有度

做人做事要讲究度，在孩子能力培养的过程中，奖惩也要有度。无论是奖励还是惩罚，过多或过少都是不对的。有的家长热衷于表扬孩子，只要孩子有一点点出色的地方，就不吝赞美的语言，甚至不惜花钱买礼物。有的家长则认为惩罚越严厉越好，这种做法也是错误的。

惩罚孩子的最高境界，是让孩子自责自省，而不是身体受苦，心灵受伤。惩罚孩子要把握好"四度"。

首先，事先有态度。在惩罚孩子前，一定要摆明自己的态度。就是让孩子知道为什么要惩罚他,知道自己错在哪里了,他才能心甘情愿地接受惩罚。家长态度要明确,切不可含糊其辞。对待孩子的错误,要做到对事不对人,不要因为孩子犯了一个错误,就把孩子所有的过错都翻出来,或者把以前那些已经解决完的问题也摆出来,这样不仅会让孩子觉得失去自尊,也会让孩子倍加反感,是很难解决问题的。

其次,惩戒有力度。惩罚必须让孩子感到痛痒,从内心感到敬畏,否则惩戒就失去了意义。当然严厉的惩戒并不是靠打,靠体罚。有时候身体上的惩罚只能带来短期效果,只有孩子从心底认识到错误,他才能真正改变坏习惯。惩戒需要点化,你要让孩子深感羞愧,让他良心不安,只有这样他才能改过。惩戒孩子切忌隔靴搔痒,这种不痛不痒的教育,只会让孩子感到犯错原来也无所谓。当孩子失去敬畏之心的时候,就非常可怕了。

再次,内心有温度。惩戒永远不是目的,惩戒的最终目的是改变孩子,是让他改掉坏习惯,养成好习惯。因此,父母的任何一种惩罚,都不能与孩子结下冤仇,而应该让他感受到父母对自己的爱意。当然,这种爱意并不是只靠一句"这都是为了你好"就能感受到的。它需要智慧,也需要策略。比如,在惩戒之后,你要心平气和地和孩子聊聊天,要聊你的期望和苦衷。但是,我们知道,要让孩子理解父母是很难做到的,这需要一个过程,家长不能急于求成,孩子毕竟是孩子,很多事情只有经历了才会慢慢懂得。

最后,事后要大度。有些家长惩戒完孩子后,就采用冷处理的方式,不理孩子。这种做法是极其不可取的,这会让孩子产生强烈的孤独感和对立感。一些心理脆弱的孩子,怕的不是父母的责打,而是被抛弃。所以,父母的责罚要有期限,适可而止,要把爱和信任及时还给孩子。同时,家长还要注意,切不可因为一件事而惩罚与其不相干的事。孩子犯错了,家长适时适当地加以惩戒,惩戒后还要一如既往地对待孩子,切不可揪住不放,没完没了。

第二节　优秀品质的培养

在日常教育中,越来越多的家长更重视孩子生活习惯和学习习惯的培养,而往往忽视了品质的培养。这样的做法，就像无源之水，无本之木一样，孩子很难获得持续性的发展。作为父母，也许你不能给孩子富裕的物质生活，不能给他英俊美丽的外表，但是如果你能让他拥有良好的品质，那么你就给了他一个成功的人生。拥有良好的品质，不仅是一个人价值的体现，更是一个国家甚至全世界共同发展的需要。

在物质文明高度发达的今天，很多人却已经开始淡漠对孩子的品格教育了。他们甚至认为，吃苦耐劳、艰苦奋斗这些精神品质对现在的孩子已经没有用了。

一个孩子要想在将来的社会中更好地生活，家长就应该注意从小对孩子进行良好品质的培养，比如，要让孩子充满自信地生活、学会感恩、要让他们学会合作、要懂得分享、要有战胜困难的决心和勇气，等等。只有拥有了这些品质，孩子才可能战胜风雨，走向成功，走向幸福。

一、自信心的培养

什么是自信？自信是指人对自己的个性心理与社会角色进行的一种积极评价的结果。它是一种有能力或采用某种有效手段完成某项任务、解决某个问题的信念。它是心理健康的重要标志之一，也是一个人取得成功必须要具备的一项心理特质。

从自信的定义来看，我们不难看出它由以下四个因素构成。

一是优势认定：对自己的优势与劣势有正确的认识，并对自己的实力、优势有正确的评估。

二是信念：相信自己有能力实现既定目标。

三是敢于挑战：主动地接受挑战，将自己置于挑战性极强的环境中。

四是坚持不懈：即使在受到阻挠、诽谤等困难境地，也不改变当初定下的目标，直到实现预期的目的。

那么，应该怎样培养孩子的自信呢？

（一）尊重鼓励

在日常生活中，家长应该做到"蹲下身子"与孩子对话，也就是说，要多从孩子的角度去思考问题，切不可把自己的主观想法或者成年人的感受强加给孩子。对于孩子提出的问题要耐心细心地解答，和孩子对话讲究平等，切不可因为对方是孩子就置之不理或者淡然处之，否则，会大大打击孩子的自信心。遇到一些问题，要让孩子自己做出选择，这对培养孩子的自信心大有好处。比如，周末的时候，是去游乐园还是公园，要让孩子自己做出选择，在孩子选择的过程中，他会感觉到自己受到了尊重，被尊重是提升孩子自信心非常重要的因素。

有人说，打击孩子自信心的最好办法，就是挖苦嘲笑孩子。挖苦被列为孩子最不能接受的家长行为之首，可见其危害之大。任何一个有自尊心的人都不能忍受别人的挖苦和讽刺。家长对孩子讽刺挖苦会造成很多不良的后果。孩子会不再信任家长，他们不会再把自己的真实想法告诉家长。如果家长的话再重一些，孩子会觉得被当头打了一棒，因为他们会觉得父母对自己并没有信心。他们会干脆放弃努力，因为他的父母亲对他不屑一顾。同时，孩子会觉得父母虚伪、不公平，因为他知道如果他对父母也用这种嘲讽的口气，一定会挨骂。

经常被家长挖苦、讽刺的孩子，进步非常慢，有的甚至失去信心。挖苦只会使孩子上进心受到打击、自尊心受到伤害，对孩子的精神健康造成无法挽回的严重损害。而且，家长的挖苦往往使孩子变得感情冷漠，对父母失去信赖和依靠，对家庭充满厌恶与反感，进而引发孩子的反抗和报复心理，很容易造成孩子和父母之间的感情壁垒。

而很多家长误以为讽刺挖苦是一种激将法，这种认识是极其错误的。对于孩子来说，他们的心智还都不够成熟，大人的良苦用心恐怕很难体会到。

（二）赏识赞扬

做父母的经常犯一个毛病，就是总愿意拿自己的孩子和别人家的孩子做比较。做比较的孩子往往都是身边比较熟悉而且比较优秀的孩子，所以有的孩子会说，自己永远有一个竞争对手，那就是"别人家的孩子"。从这句笑语中我们更多的是感受到孩子的落寞和无奈。家长在将孩子做比较时，还经常犯一个错误，总是拿自己家孩子的弱项和别人家孩子的强项进行比较。

父母对自己的孩子应该有个正确的评估，不能要求自己的孩子成为一个

"完人"。要多用赏识的目光去欣赏孩子，这样孩子才会找到自信。

自信是一种美丽，而很多人却因为太在意外表而失去了那种富有内涵的美。无论是贫穷还是富有，无论是貌若天仙还是相貌平平，只要你内心充满自信，昂起头来，你就会变成世界上最美丽的人。

（三）注重生活细节

在日常生活中，有很多细节需要家长注意。关注这些细节，也就是在培养孩子的自信心。比如说，孩子走路的时候，要让他挺胸抬头，切不可低头弯腰；孩子说话的时候，要让他目视对方，切不可左右游离。我认识一个同行，他说话的时候，基本不看对方的眼睛，即使偶尔四目相对，他也赶紧离开。他平时做事的时候，也总是优柔寡断，甚至讲课的时候，也不敢看学生。因此，大家可想而知，他的课上得艰难，学生学得也艰难。之所以会这样，就是家长没有注意从他小时候加以纠正培养，以致养成习惯，想改也就困难了。

平时带孩子出门的时候，有些事情尽量要让孩子自己去做，这样既锻炼了他的独立性，又培养了他的自信心。比如，去饭店就餐的时候，可以让孩子点餐；去看电影，可以让孩子买票；去听报告的时候，尽量让孩子坐在前面，鼓励孩子积极提问题；在人多的地方鼓励孩子表演……父母就是要通过这些锻炼，让孩子参与生活的主体意识渐渐增强，这样自然信心也就增强了。

（四）正确面对挫折

挫折、失败、困难，这些都是一个人成长离不开的因素，尽管很多人都不愿意有这些因素的陪伴，但是，它们往往都会不期而至。对于一个人来说，适当地遭遇挫折，战胜失败，往往会变得越来越优秀。对于一个孩子的成长来说，家长也应该注意通过正确面对挫折，来培养孩子的自信心。可是，在生活中，很多家长都试图为孩子扫除成长道路上的一切障碍，他们生怕孩子遇到困难，生怕孩子遭受失败。事实上，孩子在战胜困难的过程中才能更加自信。

当然，培养孩子自信心的方法不止以上这些，它需要家长、老师的共同努力。但愿我们所有的孩子都能满怀信心，斗志昂扬地去迎接属于自己的未来。

二、抗挫折能力的培养

抗挫折能力是指当个体遇到挫折时，能积极主动地摆脱困境并使其心理和行为免于失常的能力。因为没有这种能力，所以他们承受不了一点点生活的打击。当生活的暴风雨来临时，他们不能像勇敢的海燕那样高喊"让暴风雨来得更猛烈些吧"，而只能向暴风雨妥协，向命运屈服。当他们一步步屈服的同时，也正是让自己一步步走向毁灭的深渊。当今社会，竞争越来越激烈，只有那些勇于向命运挑战，勇于同困难作斗争的人，才能最终走向成功。而那些唯唯诺诺，不堪生活重压的人，早晚会被社会所淘汰。可以说，培养孩子的抗挫折能力，已经成为孩子将来立足于社会洪流中的重要一环。下面从四个方面来谈谈如何培养孩子的抗挫折能力。

（一）在生活中让孩子感受挫折

现在的孩子，在他们的成长中，没有挫折可言。即使偶尔有些想法或做法没有获得家长支持，他们就哭几声、闹几下，也就如愿以偿了。"绝对的权威"几乎是每个孩子在家中地位的体现。可是这样真的对孩子的成长有利吗？答案是否定的。我们知道，孩子将来走向的是社会，而每一个家长都不能陪伴其一生。试想，一个连起码自立能力都没有的人，又怎能在社会中独立生存？

家长应该注意了，即使自己的家庭条件再优越，也一定不要真把自己的孩子当作"小皇帝"来宠着。该让他们做什么的时候一定让他们自己去做，该让他们"受苦"的时候一定要让他们"受苦"。我们谁都不知道，孩子未来会遭遇怎样的困难，但我们相信一点，如果孩子从小就经受生活的磨砺，那么即使有一些困难，也不会难倒他。

在生活中，我们家长还要学会对孩子说，并且要让孩子从小就懂得，不是他所有的想法都能实现，不是所有的人都要服从他的指挥。只有这样，当他有一天走向社会，遭遇周围人不认同的时候，他才会有勇气和信心继续走下去。家长一味地顺从和迁就，只会培育瘦弱的小苗，是经不起风霜雨雪的。

不一样的教育也必定决定了不一样的未来与人生。其实，我们要传给孩子的不仅仅是物质财富，更重要的是精神财富，是他们能独立面对未来的勇气与能力。

（二）在困境中让孩子自信乐观

培养孩子的自信乐观精神，是提升孩子抗挫能力的重要环节。人的一生中会经历无数的困难和挫折，在教育孩子的问题上，我们要坚信，从困难与挫折中走出来的人会更坚强、更勇敢，要让孩子懂得无论遇见怎样的艰难困苦，都要积极乐观地面对人生，唯有自信乐观才能让人走出困境，迎来崭新的明天。

要得到欢乐就必须承受痛苦和挫折。这是对人的磨炼，也是一个人成长必经的过程。通过这样的故事，也是在告诉孩子，人生道路上经历一点儿挫折与困难算不了什么，它是意志的磨刀石，是成功的金钥匙，要用积极阳光的心态去面对。

在生活和学习中，总免不了会遇到一些失败与挫折，作为家长，如果只是一味批评埋怨，让孩子陷入失望沮丧的泥潭里，久而久之，就会使孩子产生自卑、颓废甚至自暴自弃的心态。面对孩子的挫折和失败，家长应当帮助孩子分析原因，从中吸取教训，教育孩子不再犯同样的错误，让孩子逐渐明白"挫折也是一种财富"，进而培养他们坚强乐观的心态。

要想培养孩子自信乐观的心态，可以从以下几个方面进行：

一是尊重赏识孩子。父母对孩子的了解、欣赏、赞美、鼓励会增强孩子的自尊、自信。因此，每当孩子取得了哪怕是一丁点儿进步时，都要对孩子竖起大拇指：孩子，你真棒！这样孩子在体验到被父母鼓励的幸福感的同时，也会产生一种乐观向上的心态。

二是父母在孩子面前要乐观自信。父母是孩子的榜样，不仅指在行为上，在心态方面也要起到榜样示范作用。如果父母整天在孩子面前唉声叹气，孩子也会愁眉不展、心事重重；相反，如果父母乐观豁达，孩子也会自信满满。所以，作为父母，在日常生活中，要时时以自信乐观、奋发向上的精神去感染影响孩子。

三是允许孩子宣泄情绪。当孩子遭受委屈或者感到压抑的时候，父母要让孩子发泄情绪，而不是一味地压抑。我们经常发现，往往走上极端的孩子都有一个共同点，就是不会给情绪找出口。他们遇到问题的时候容易钻牛角尖，做出不理智的举动。而那些善于宣泄情绪的人，即使遇到再大的困难，哭一场、打打球、找人聊聊、唱唱歌，也就一切都烟消云散了。

四是教会孩子说三句话。言为心声,在生活中想培养孩子的自信乐观精神,要教会孩子经常说三句话,即"太好了""我能行""让我来"。

"太好了"是一种赞美,是一种豁达的心态,是让孩子学会微笑地面对世间万物。学会说这句话,能让孩子有效地避免烦躁、焦虑,能让孩子感受到生活更美好。

"我能行"是对自己的一种认可,是在困难面前百折不挠的勇气。经常说这句话能让孩子更加自信。

"让我来"是一种担当,是一种先忧后乐的情怀。一个勇于担当的孩子必定会成为一个意志坚定的人。

(三)在失败中让孩子看到希望

勇于承认失败,坦然接受失败,并能在失败中吸取教训,总结经验,继续前行,这是一个抗挫折能力强的人的突出表现。我们家长要善于教育孩子在失败中争取胜利,在绝望中寻求希望。历数中外有大成就者,都是因为善于在失败中酝酿希望,而最终成功的。

家长应该如何引导孩子正确面对失败呢?

首先,父母应该端正态度,正确对待孩子的失败。很多时候,孩子是看父母脸色行事的。如果父母过分在意孩子的失败,那么就会给孩子造成很大的心理压力。父母面对孩子的失败,应该坦然处之。要告诉自己,孩子的失败是正常的,也要告诉孩子,经历失败是每一个人必须经历的。当孩子失败的时候,父母切忌在孩子面前唉声叹气,甚至责骂。当孩子遭遇挫折的时候,有的家长总喜欢从别人身上找原因,不能让孩子正视挫折和困难。我们经常会看到这样一种现象:刚刚学走路的孩子喜欢在屋外到处跑,看得家长都胆战心惊。偶尔被路上的石头绊倒了,就坐在地上哇哇大哭起来。妈妈立马抱起孩子,搂在怀里连声哄:"宝贝别哭,我看看是谁绊倒了我家宝贝的?妈妈帮你打它!"然后还真就为了哄孩子开心,伸出手拍几下石头,或者用脚踢几下,然后对孩子说:"你看,妈妈帮你教训它了,看它以后还敢欺负我家宝贝不?"这时候,孩子往往就会破涕为笑。

但是家长可曾想过,石头在那里是不会动的,明明是孩子绊了石头,却把错误归结到石头身上,这种做法很容易让孩子遇到不痛快就去迁怒别人,不懂得宽容和自省,更不会主动去寻求解决问题的办法。其实,面对这种情况,如果不严重,家长大可不必惊慌失措,要让他自己起来,可以走过去帮他揉一揉,告诉他:"没事,妈妈揉一揉就好了。"等孩子情绪稳定了,还可以告诉孩子:"你看,石头是不会动的,而你这么灵巧,所以下次走路的时候,你一定要躲开它。"这样的教育,让孩子知道了处理问题的办法,更主要的是培养了孩子主动反思的能力。

其次,要帮助孩子找到失败的原因。坦然接受失败不是目的,家长要和孩子一起找到失败的原因和解决问题的方法。父母在孩子失败以后,应该帮助孩子分析自己失败的原因,哪些失败是可以避免的,哪些是不可避免的。只有当父母帮助孩子找到失败的原因之后,孩子才有更多超越的可能。

最后,要学会接受失败。每个人的能力有大有小,不是所有的事情都一定会成功的。当孩子所做的事情超过自己的能力范畴的时候,就会遭遇失败。这时,父母如果要让孩子接着进行,就会接二连三地遭受失败,这样就会大大挫伤孩子的自信心。所以我们说很多事情要量力而行,"蚍蜉撼大树"只会留下笑料罢了。明智地承认失败,坦然地接受失败,有时候也是人生的大智慧。

三、创新精神的培养

一个人没有创新精神,就会故步自封;一个民族没有创新精神,就会停滞不前。可以说,个人的成长、社会的进步都离不开创新精神。那么,什么是创新?创新是指以现有的思维模式提出有别于常规或常人思路的见解为导向,利用现有的知识和物质,在特定的环境中,本着理想化需要或为满足社会需求,而改进或创造新的事物、方法、元素、路径、环境,并能获得一定有益效果的行为。创新的本质是突破,即突破旧的思维定式、旧的常规戒律,它的核心是"新"。

很多时候,很多事情看似毫无办法解决,或者已经山穷水尽了,但是只要换一个角度想一想,就又会柳暗花明。一个小小的改变,往往会引起意想不到的效果。而这种改变靠的是什么?靠的就是一种不落俗套的创新精神。

那么,怎样培养孩子的创新精神呢?

（一）创设平等宽松的家庭氛围

宽松平等的家庭氛围有助于孩子的个性发展，也有助于孩子创新能力的培养。所谓的家庭平等就是指家庭成员在家中的地位是平等的，不能因为父母是大人就绝对"霸权"，也不能因为孩子小就事事迁就，而应该相互理解，相互体谅，营造出一种轻松愉悦的家庭氛围。只有在这样的氛围中，孩子才敢于表达，敢于创新。对孩子来说，平等宽松的家庭氛围主要指以下几个方面：

1. 家庭成员之间相互尊重

尊老爱幼，夫妻和睦，这是良好的家庭关系的一种表现。家中有事情需要解决，大家坐在一起，互相商量，看看谁说的对，看看还有哪些好的补充。家长在这里尤其要注意尊重孩子的个性差异和独特体验。孩子因为年龄小，考虑问题一定没有大人周全成熟。对于孩子过于幼稚的想法，家长不要嘲笑，更不要置若罔闻，而应该加以鼓励，对于好的方面要接受，有欠缺的地方可以鼓励孩子换个角度再想一想，或者让孩子听听自己的想法。这样孩子才能开动脑筋，发展思维，提高创新意识。

2. 不要轻易阻止孩子

生活中我们经常看到这样的家长，时时刻刻监管自己的孩子，不让他碰这，也不让他碰那。孩子要踢球，他说踢球有危险；孩子要玩滑梯，他说滑梯太脏。试想，在这种管理之下，孩子又怎能得到发展？家长在保证孩子安全的前提下，要鼓励孩子多参与到"玩"中，更要鼓励孩子"创造性地玩"。孩子有了新玩具，很开心地这边碰碰，那边弄弄。妈妈在一边看着着急，巴不得孩子一分钟就完全学会了，尤其是看到孩子操作错误或者玩法不对的时候，就急忙说："错了错了，这个玩具不是这样玩的，妈妈教你吧！"你一句错了，孩子瞬间就有了挫败感。玩具不就是用来玩的吗？那为什么一定要讲究那么多的规则呢？孩子远比大人富有想象力，而且不受任何惯性思维的约束，让他安静地一个人认真研究，或许还真能玩出不少新花样呢！而且，自己研究出来总比被人手把手教会更有成就感，不是吗？

所以家长要让孩子尽量尝试自己玩，他需要你帮助的时候再耐心指导就行了。孩子即使方法错了，也不必直接说"你错了"，而应委婉地说"其实也可以这样玩"。引起孩子兴趣后再演示给孩子看。

3.尊重孩子的选择

现在的很多家庭都是按照父母的喜爱来设计孩子的成长。因为父母喜欢钢琴，觉得钢琴弹奏起来显得高雅，就逼着孩子去学钢琴；因为父母喜欢书法，觉得写好字特别体面，就让孩子去学写字；甚至有的家长，就因为自己特别喜欢北京大学，而自己当年没考上，就把全部的愿望都放到自己孩子身上，强迫孩子去弥补自己当年的遗憾。这些家长，都是毫不顾忌孩子的感受，没有尊重孩子的好恶。很多时候这些孩子都没有长足发展，就是因为这些选择都不是来自自己的意愿。大家可想而知，如果让一个人去做一件自己不喜欢的事，他又怎么能做好？连做好都难，又何求创新？尊重孩子的兴趣选择，对于培养孩子的创新精神极为重要。兴趣是孩子进行学习、进行创造活动的内在动力。孩子对事物有了浓厚的兴趣，就会全身心地、主动地去探索、去求知，并在学习上产生莫大的愉悦和积极的情感，从而不断进行新的尝试、新的探索。因此，培养孩子的创新意识，首要的是让孩子拥有创新的头脑。为孩子创设有利于发展创新能力的条件、情境和场所，创设自由宽松的家庭氛围，这些都有助于孩子创新能力的培养。同时，我们家长还应时刻注意对孩子进行创新兴趣的培养，尊重孩子的兴趣爱好，给他们自由选择的机会，这样他们才能大胆想象，勇于创新。

（二）保护孩子的好奇心和求知欲

对于孩子来说，他们的脑子里有无数个为什么。星星为什么会发光？月亮为什么会有圆缺？花儿为什么开了又谢了？这些问题放在心里，他们会觉得很难受，一定要解决。于是他们就把这些问题提出来问父母。好奇、好问能促使儿童像海绵吸水一样去寻求知识；好奇、好问能引导儿童细心观察世界，进行新的创造。因此，鼓励孩子好奇、好问，积极培养孩子的好奇心，是开发儿童智力，发展儿童创造力的重要环节。作为父母，要时刻保护孩子的好奇心和求知欲，要允许孩子奇思妙想。

那么，如何培养孩子的好奇心呢？

首先，要创设有利于培养好奇心的环境。对于孩子来说，他们往往对于新鲜的事物感到好奇。因此，家长要经常改变孩子的生活环境，多让孩子走出去，感受大自然的丰富多彩，激发他们的好奇心和求知欲。

其次，不要用固定思维来束缚孩子。成年人的思维大多是固定的，而孩子的思维则往往超出成年人的逻辑设想。在生活中我们要鼓励孩子多角度地观察事物，有创意地思维和表达。我们在一张纸上画个圈，如果问一个成年人这是什么，大多数的人都会说，这是数字"0"，或者是汉语拼音也有可能是英语字母，除此之外，几乎没有别的答案了。而在孩子眼里这可能是苹果，是太阳，是爸爸的眼睛，等等。可见孩子的内心世界是丰富多彩的，家长要允许孩子拥有奇异的思维，切不可用自己固定的思维来约束孩子。

最后，要适当使用"不知道"刺激孩子的求知欲。对于孩子的问题，我们要尽量解答，保护孩子的问题意识。但是，不是所有的问题都要父母来解答。适当的时候，父母要学会说"不知道"，要用这样的方式来刺激孩子自己探索的心理。比如，当孩子问"一粒花的种子要多久才能开花"，家长与其给孩子一个标准的答案，不如告诉孩子说自己也不知道，然后鼓励孩子去试一试。这样孩子就会通过实践得到自己想要的答案，更关键的是，在这个过程中，既保护了孩子的好奇心，又培养了孩子的科学探索精神。

（三）培养孩子的怀疑精神

这里的怀疑精神指的是一种对权威、经验的不盲从。只有敢于怀疑才能突破束缚，进行创新。培养孩子的怀疑精神是孩子教育过程中一件极为重要和有意义的大事。

在日常生活中，我们也要注意培养孩子的这种怀疑精神。其实就是让孩子学会独立思考，不要人云亦云，更不能过分地迷信权威。怀疑精神其实是一种科学思维。当孩子表现出怀疑的时候，就会向家长提问，不仅是一个问题，有的时候还会一个接一个地进行追问。当孩子有这种表现的时候，家长一定要进行鼓励，这说明孩子具有很强的求知欲，不满足于一知半解，或者肤浅的解释。对于孩子的怀疑，家长一定要有正确的认识，要认真对待，绝对不可以敷衍了事。要知道，没有怀疑，孩子就不会有探索，没有探索，孩子就不会有突破，在这样的条件下，孩子更不可能有所发展。

在平时，家长要鼓励孩子大胆说，敢于发表自己不同的见解。就算是孩子说错了，家长也不要责怪，这样不仅会有助于孩子活跃思维，还会让家长与孩子的关系更加亲密，让孩子的性格向良性发展。当然，创新精神和能力的培养是一件漫长而艰巨的工程,不是一朝一夕就能达成的,这就需要我们家长和老师一起努力,遵循孩子的身心发展规律,运用科学的教育方法,把孩子培养成为创新型人才。

四、合作意识的培养

当今社会越来越重视团队意识和合作精神,只靠个人的单打独斗就能获得成功的时代,已经一去不复返,"独行快,众行远"的思想已经越来越深入人心。合作可以让一个人的思想更丰盈,合作可以让一个人做起事来事半功倍。合作,意味着取长补短,互相帮助。在合作的过程中,既能体验到帮助人的快乐,也会感受到得到别人帮助的幸福。

合作是一种双赢,这就要求团队中的每一个成员都要为了共同的目标和利益而努力。有些孩子被送到幼儿园后,很长时间融入不到集体中去,总是自己玩耍。这样的孩子往往不许别人触碰他认为是自己的东西,性格比较孤僻,也就是我们经常说的"不合群"。他们往往固守在属于自己的一小片天空,不懂得参与,也不懂得分享。如果这种情况得不到及时改正,孩子的性格就会向畸形方面发展,甚至产生扭曲的心理。

合作还需要相互间的理解、支持和配合。在一个团队中,既不能盲目自大,万事都以自己为中心,也不能妄自菲薄,事不关己高高挂起。团队合作讲究的是共同的参与和共同的努力。

但是,在现实生活中,很多家长经常忽视孩子合作能力的培养,有的即使想培养孩子的合作意识,也不知道方法,往往不得要领,半途而废。现在很多家庭都是一个孩子,几代人共同呵护着一个宝贝,他们把孩子视为掌上明珠,视为家中的"小太阳"。他们认为生活中的一切都应该以自己的孩子为中心,甚至有的家长生怕自己的孩子吃亏,特意不让孩子接触别的小朋友;还有的家长特别强势,看到自己的孩子吃亏了,就会挺身而出,当然这些做法都是不可取的。在学校教育方面,有些教师虽然能意识到孩子间合作的重要性,但对合作的含义了解不够,对孩子之间相互合作的指导也明显欠缺,这样就导致了孩子既缺乏合作意识,又缺乏合作能力。比如,我们会经常看到这样的现象:当游戏过程中发生矛盾时,孩子常以告状或攻击性行为来解决;遇到困难时,往往只会求助老师而不知从同伴那里寻求帮助；同伴遇到困难时也不会主动去帮助解决，甚至有的孩子还会幸灾乐祸。如果在可塑性很强的孩提时期，家长或老师不能注意增强他们的合作意识，培养他们初步的合作能力，就会对他们将来的学习、工作、生活带来一定的负面影响。由此可见，从小培养孩子的合作意识与能力十分必要。

那么，如何培养孩子的合作意识呢？

（一）父母要发扬榜样的作用

可以说，父母的一言一行都能给孩子潜移默化的影响。如果父母通情达理，与人为善，在平时的工作和生活中注重与人合作，那么孩子也往往善于交际，性格开朗，乐于和别人共处。

生活在一个争吵不断的家庭中的孩子，往往性格乖张，脾气暴躁，容易发怒，不善于与别的孩子相处；而在一个家庭中，如果父母之间说话和气，彼此关心，处事民主，那么孩子也会彬彬有礼，沉稳大方，善于与别人相处。可见，家庭环境对孩子的影响是非常大的。这就要求我们父母，在家中，尤其是在孩子面前，要相互谦让，懂得合作，遇到事情，无论是谁都不能独断专行。有些事情，甚至可以和孩子一起商量，和孩子一起解决，在解决的过程中，既可以培养孩子的合作意识，又可以提高孩子解决问题的能力。

（二）多让孩子参加集体活动

我们都知道，合作必须是至少两个人的行为，这就决定了只有使孩子置身于集体之中，孩子才能学到与人共处的方法，才能不断地积累合作的经验；只有在集体之中，他才能学会遇到困难与人商量，共同寻求解决问题的方法；也只有这样，才能培养孩子的团队意识，提高孩子与人合作的能力。

每一个人都不可能脱离社会群体独自生存，孩子也一样，他必须生活在集体中，才能健康成长。有时候我们会发现这样一个现象：很多小朋友在一起玩得特别开心，可是单单有一个孩子在旁边参与不进去，或者自己玩耍，或者冷眼旁观。这种状况多是由于父母教育培养不当。有些父母，把自己的孩子当成"小皇帝"，生怕磕了、碰了、脏了，又怕受到别的孩子的欺负，所以尽量不让孩子参与到集体活动中。这样就造成孩子性格孤僻，这种性格一旦形成很难改掉。作为父母应该鼓励孩子多参与到集体活动中去，和小朋友一起玩耍，在这个过程中，他们就会产生合作的意识，遇到难题的时候就会一同寻找解决的办法。

随着年龄的增大，父母应该有意创造一些机会让孩子自行组织一些活动，比如外出野餐、春游，等等。父母在确保孩子安全的前提下，应该给予鼓励支持。也只有在这样的一些具有挑战性的集体活动中，他们的团队意识和合作精神才能增强。

（三）指导孩子正确处理人际关系

孩子既然生活在集体中，那么他就要学会处理与小伙伴之间的人际关系。这就像我们大人一样，好的人际关系可以使自己精神愉悦，人脉广、朋友多，有助于自己的成长和发展。在日常生活中，家长应该教给孩子处理人际关系的方法和技能，使孩子成为一个受人欢迎的人。

1. 学会分享

在集体生活中，学会与他人分享，不仅可以帮助别人，还可以改变自己在团队中的角色地位。现在的孩子大多是独生子女，很多时候养成了一切都以自我为中心的思维习惯。家长要注意加以引导，要让孩子尽快学会与他人分享。比如，新买的玩具可以让孩子与其他小朋友一起玩；有好吃的东西可以和其他小朋友一起吃。这样做就是为了让孩子在这个过程中体验给予别人的快乐和成就感。同时要注意引导孩子除了物品上的分享，还可以有精神上的分享。比如，把自己最喜欢的故事讲给别人听；别人遇到困难时主动帮助别人想办法，和他一起共渡难关，等等。

2. 正确处理小纠纷

孩子在一起玩耍，产生小纠纷是正常现象。有的父母一看见孩子产生了摩擦，就急忙让自己的孩子赶紧离开，用孩子的话说就是"不和他玩了"；有的家长则不问青红皂白，护住自己的孩子，批评训斥其他的小朋友。这两种做法都是不对的，都会导致孩子变得孤立，越来越脱离团体，这样下去培养合作意识就更无从谈起了。孩子与小朋友在活动中意见有分歧或产生纠纷，闹得不愉快时，父母应及时引导孩子，让他们相互商量采用什么方法可以让大家都玩得愉快，协调关系，确定共同的目标，使活动顺利进行。在这个过程中，家长还要引导并教育自己的孩子要学会谦让大度。

（四）培养孩子表达与沟通的能力

父母要让孩子知道，表达与沟通能力是非常重要的。很多时候，一个人不论做了多么优秀的事情，如果表达不好，或者表达不得当，都会让人无法感受和理解，甚至有时候会令人感觉不舒服。可以说，只有注重与别人之间的交流与沟通，注重培养团队精神，才能为别人所接纳与尊重。

1. 自信地表达观点

在一个团队中，要时时表达自己的观点或见解，要把自己的想法跟大家分享。孩子在表达观点时，要自信大方，说话时目视对方，字正腔圆，通顺流畅。我们知道，越自信，别人对你的话越信服。

2. 注重说话的对象和场合

公共场合经常会有一些令人不舒服的场景，比如，在图书馆阅览室里孩子旁若无人地大声喧嚷，乘飞机时与邻座的同伴打打闹闹，等等。这些情况的出现不仅会令别人感到厌烦，也会令孩子的父母陷入尴尬的境地。在平时对孩子的培养中，要让孩子注重说话时的对象和场合。不同的对象和场合，说话的语气、语调、内容都要有所变化。比如，跟长辈说话时要有礼貌，去探望病人时要轻声细语，吃饭的时候不要声张，等等。只有注意了这些，才会彬彬有礼，成为受人欢迎的好孩子。

3. 礼貌地进行表达

一个懂礼貌、通情理的孩子，必定是一个受人喜爱的孩子。在日常生活中，要让孩子学会说礼貌用语。受到别人帮助或赞美时要说"谢谢"；不小心碰坏别人东西的时候要说"对不起"；一同挤在商场门口的时候，能大度地说"您先请"，等等。能时刻把这些礼貌用语放在嘴边的孩子，无论在哪个团队中，都一定是一个深受他人喜爱的人。

第三节 规则意识的培养

规则是全社会都必须遵守的，任何人不能破例。规则意识的养成就应该从小开始，从家庭教育开始。

一、家规意识的培养

家庭是社会的基本细胞，良好的家教是优秀的文化、品质在家庭中的积淀和传承，潜移默化中成为每个家庭成员的自觉意识和行为，是取之不尽的精神财富。

（一）家风、家规、家训的含义

谈及家庭教育就离不开家风、家规、家训三个概念，我们通常所说的这个孩子没"家教"，指的就是狭义的"家教"，也就是家风、家规和家训以及在它们的影响下，家族的人们形成的一种稳定持久的习惯。三个概念从影响时间、范围和角度而言是一个由大到小的范围。具体来说，家风是家族的传统、规范及习俗，旧指一家或一族世代相传的道德准则和处世方法；家规是祖上对家族内人的行为规范，一般是一个家族所遗传下来的教育、规范后代子孙的准则，也叫家法；家训是指对子孙立身处世、持家治业的教诲。从家风的构成层次来看，其内核是家庭价值观念，中层是家庭成员的心理与行为模式，表层是制度化的家庭规范与家庭生活方式。

（二）家风、家规、家训的作用

不同的家族对于家风、家规、家训的解读是不尽相同的。有的大家族，经历历史的变迁，家风、家规、家训形成了一个系列，如《颜氏家训》《朱子家训》等。这些家训是中华文化的精髓，也是优秀传统文化的构成部分。我们要善于从中汲取营养，去伪存真、去粗取精，发挥优秀传统文化的家庭教育功能。

大多数家庭，他们的家风、家规、家训并没有形成明确的文字，但却实实在在地影响着整个家庭，甚至是家族。这些家风、家规、家训经过几代人的演进，在人们身上形成了一些特殊的烙印。

由于年代不同和时间的久远，有些家风、家规、家训我们只能通过家书来略窥一二。我们先看看"道德文章冠冕一代"的曾国藩，他的家庭教育思想，主要体现在他写给儿子曾纪泽、曾纪鸿以及诸弟的家书中。曾国藩的家书，共有三百三十多封，是历史上家书保存下来最多的。家书分为治家类、修身类、劝学类、理财类、济急类、交友类、用人类、行军类、旅行类、杂务类，共十大类。曾氏家族，向来治家极严，也很有章法。曾国藩受家风熏陶，对家族子弟也要求极严，并谆谆加以教诲。在他的家庭教育指导思想中，有许多可取之处，诸如在教子弟读书、做学问、勤劳、俭朴、自立、有恒、修身、做官等方面，都继承和发扬了中华民族的传统美德。

再看看我国文学艺术翻译家傅雷的家书。《傅雷家书》是傅雷先生写给儿子傅聪、傅敏的书信摘编。在信上不仅谈艺术学习，还谈生活、恋爱、做人、修养，甚至于儿子写错字，父亲也会"郑重其事"地指出并耐心分析、纠正。

家风是社会风气的重要组成部分，家庭不只是人们身体的住处，更是人们心灵的归宿。家风好，就能家道兴盛，和顺美满；家风差，难免殃及子孙，贻害社会。广大家庭都要弘扬优良家风，以千千万万家庭的好家风支撑起全社会的好风气。潍坊锦绣学校通过家风演讲比赛，引导更多青少年积极传承敬老爱幼、诚实守信、勤俭节约、邻里互助等家庭美德，弘扬了家风正能量，营造了崇德向善的社会氛围。

（三）家风、家规、家训的形成

家风、家规、家训绝对不是靠制定几条言简意赅的话就能形成的，而是通过长时间的积淀、升华而成。我们反对通过征集家风、家规、家训的方式催生家风、家规、家训的落地，而是要像山东潍坊锦绣学校那样，通过讲自己家的故事，感受家风、家规、家训的作用，进而去挖掘、提炼自己家庭中形成的稳定持久的"习惯"，那才是真正意义上的家风、家规、家训。

1. 潜移默化

乐善好施历来是中华民族的传统美德，也理应是家风中最为普遍的一条。

中央电视台有一个公益广告：一位年轻的妈妈在劳累了一天后，为年迈的老母亲打水洗脚，老母亲说："快歇歇吧，你也累了一天了！"年轻的妈妈慢慢直起腰杆，一边用拳头捶打着后腰，一边说："不累不累。"这一幕深深地映在了儿子的脑海。一米左右的小儿子拿起脸盆到卫生间去打了半盆洗脚水，跟跟跄跄地端到了年轻的妈妈身边，说了句："妈妈，洗脚！"稚嫩的童声传达了浓浓的爱意。妈妈微笑着点了点头，一是对洗脚的答应，二是对孩子孝心的肯定。这要比任何的说教都管用。

2. 约法三章

现在,孩子们缺少玩伴,父母又忙于工作或者其他事情,无暇顾及孩子,于是,电视、手机等电子产品就成了孩子们最好的伙伴。从两三岁开始,就以电视、手机为伴,成了电视迷、手机控。

对于大数据时代的原住民,手机等电子产品天生就是他们的玩伴。尤其是独生子女时代带来的弊端,更加重了这一情况。孩子们缺少玩伴,就容易产生手机依赖,变成手机控。就像网络评说的那样:现在的孩子小时候把玩具当朋友,长大后把朋友当玩具!缺乏人情味,也成了这一时代一些孩子的特点,同时,他们总是生活在虚拟的世界中,整天沉迷于电脑和手机,容易玩物丧志。因此,当孩子超过我们规定的时间,就明确告诉他这一天不能再看手机或电脑,这一关键环节丝毫不能放松。

3. 亲子互动

最好的教育是陪伴。我们应该时刻记住这样一个观点,玩是孩子的天性,但是怎么玩就是一种学问了。孩子随便疯跑,在3~6岁以前是可以的,但是此后就应该注意了,应该让孩子在玩中感受学习,感受到家庭教育的理念,同时在玩中理解规则,培养兴趣。

比如,角色扮演就是一种很不错的玩法。有时候,家长不妨和孩子玩玩过家家的游戏,尝试一下角色互换。让孩子做一天家长,从为家人准备早餐开始,包括做饭、洗菜、洗衣服、购物,等等,事先要把规则定好,凡是家长应该做的,尽可能让孩子完成(除非是孩子做不了的)。一天下来,孩子会学习到很多学校学不到的东西,同时,感恩之心也自然而然培养起来了,这样远远胜过单纯的说教。

陪孩子玩也是有学问的。比如,陪孩子下棋,既可以锻炼思维,又极有利于培养规则意识。拿下象棋而言,让孩子懂得"马走日,象走田,小卒一去不回还"等基本的象棋规则,就知道生活中处处也有规则,要遵守规则。同时,大多数家长还面临着一个难题,就是孩子总想赢,当看到自己丢了一个棋子的时候,他会反悔,为了吃掉你的一个棋子,他会不按游戏规则胡乱走棋。是故意装输还是跟孩子决一胜负,这是一个很有意思的话题。陪孩子玩就应该让孩子快乐,为了让他赢,就要不计规则,大人还和小孩子一般见识,这样的教育方式是极大的错误。其实这恰恰是培养挫折商的最好时机。告诉孩子，人生没有永远的赢家，由于各种原因，不可能所有的事都称心如意，要学会承受挫折和失败，总结经验教训，否则孩子永远不会下棋。同时，明确生活中有很多规则，是不可以轻易打破的，谁打破了规则，谁就要承担这种错误带来的结果。

4. 真假务辨

如果说世界上有一种爱是无私的，那么一定是父母对孩子的爱。父母爱孩子无可厚非，也是天经地义的，但是我们真的要警惕自己错误的教导方式，会不会害了孩子，莫让"妈妈爱吃鱼头"成了规则。

一个生活条件拮据的家庭，偶尔会改善一下生活，做顿鱼吃。母亲为了让孩子多吃些鱼肉，每次都是先把鱼头夹到自己碗里，然后吸吮一番，吃得津津有味。一次，孩子就问妈妈："妈妈，你为什么每次都是只吃鱼头呢？"妈妈说："鱼头好吃呀！"多年以后孩子成家了，母亲也老了，到生活在城市的儿子家中住上一段时间。儿子也很孝顺，经常为妈妈炖鱼吃，但每次吃鱼时，都会先把鱼头夹到妈妈碗中，因为他知道"妈妈爱吃鱼头"。

其实，母亲年纪大了，啃起鱼头也费劲了，她更想吃鱼身上的肉。因此，我想对所有的家长说：别让"妈妈爱吃鱼头"成了规则。儿子不是不孝顺，而是不知道母亲的真实想法。

5. 常规礼仪

中华民族历史悠久，有许多礼仪常识。体现在家庭教育中的礼仪常识，很多已经成了老家规，这些老家规在今天看来，有其现实意义。这里简单列举几种老家规：

就餐时不许吧嗒嘴；不许筷插碗；不许吃饭咬着筷子；不许拿筷子、勺子敲碗；不当众剔牙；倒茶不能倒满；走路时不要摇摇晃晃，不要吃东西；上楼梯时长者先行，下楼梯时晚辈先行；与人谈话时，应目光注视对方，以示专心；要善于聆听对方谈话，不轻易打断别人的发言；一般不询问妇女的年龄、婚否；不说女性长得胖、保养得好坏；男子一般不参与女性圈内的议论，不与之开玩笑，争论问题要有节制；谈话中要使用礼貌语言，如你好、请、谢谢、对不起、打搅了、再见，等等。

只有常规礼仪做好了，习惯了，才会在日常生活中表现出优雅的生活方式，才算得上是一个有修养的人。

二、法治意识的培养

家风、家规、家训是从道德的角度去约束、规范人们的行为，而另一方面，对于人的行为的约束还需要法律的介入。道德与法律是社会这台机车前行的两个轮子，或者说是社会这部飞行器飞行的两翼，缺一不可。二者是相辅相成、互为补充的。

书法的临摹有其笔法，数学的运算有其算法，京剧的唱腔有其唱法，武术的习练有其身法……万物皆有法，有法天下和，这都说明了法治的重要。

作为规则之一的法律，它的最明显的特征就是其强制性，可以由国家强制力保证实施。这样就有效地克服了道德的单纯说教，对于部分人违反规则的无能为力，用国家意志这一公权力来约束他，并对其进行相应的处罚，保障了大多数人的合法权利和利益。

规则无小事，即使小也要遵守，因为事关我们每一个人，只有人人遵守才能社会和谐。

大家经常遇到这样的情况，有时候孩子非常喜欢别人的东西，他会想方设法把他喜欢的东西从别人那里弄到自己手中。有的会告诉家长东西是从哪里来的，怎么弄来的；有的不会告诉家长，怕挨批评。对于孩子的这一行为，家长会出现不同的态度：有的家长会说我家孩子多么聪明，有办法；有的家长假装没看见，听之任之；有的家长会盘问东西是哪里来的，怎么得来的，如果是不正当的手段，会让孩子把东西归还回去。对是非的判断不是问题，关键在于这种贪小便宜的习惯，迟早会害了孩子。从小偷根针，长大偷块金，这道理是不容忽视的。别再把孩子不遵守规则的底线当作天分，那样只会害了孩子。

很多家长会认为法治教育是学校的事儿，与家长无关，与家庭教育无关；或者孩子还小，又不会犯法，法治教育没有意义。其实，这是大错特错的。家庭暴力或者变相家庭暴力就在挑战着家庭教育中的法治教育。这恰恰是我们必须关注的核心问题。我们要永远记住，有什么样的父母就有什么样的孩子。

（一）家庭暴力的影响

家庭暴力简称家暴，是指发生在家庭成员之间的，以殴打、捆绑、禁闭、残害或者其他手段对家庭成员从身体、精神、性等方面进行伤害和摧残的行为。家庭暴力主要包括两类：一是丈夫对妻子的家庭暴力（也有妻子对丈夫的家庭暴力）；二是家长对孩子的家庭暴力或变相家庭暴力（软家庭暴力）。

家庭暴力对夫妻双方的感情会产生巨大的影响，久而久之，婚姻就会处于崩溃的边缘。一旦夫妻离婚，受伤害最大的还是孩子。孩子最大的不幸，莫过于失去父爱和母爱，从而失去了快乐的童年，对于成年以后的生活也会带来潜在的影响。

同样，对孩子的家庭暴力无疑会增加孩子的心理阴影。尽管你的出发点是好的，是为了孩子未来着想，但是请别再以"爱孩子"的名义去对其实施家庭暴力或变相家庭暴力，这样的爱让人无法接受。爱要通过正确的渠道表达出来，我们要的是有质量的爱，有方法的爱，而不是扭曲的爱。

（二）家庭暴力的预防

1. 提倡男女平等

我们既不要"男尊女卑"，也不要"阴盛阳衰"，提倡男女平等非常重要。应该摒弃"大男子主义"，提倡构建平等和谐的家庭氛围。家庭和谐了，社会才能和谐。妻子也罢，孩子也罢，他们不是任何人的附属物，更不是私有产品。家庭暴力并不是个人和家庭私事，而是一种侵犯人权，违反社会道德的行为，要在家庭中营造一种"平等、文明、和睦、关爱、进步"的良好生活环境。

深入开展文明家庭和学习型家庭创建活动，把公民道德教育和"不让家庭暴力进家庭"活动结合起来，通过引导，帮助家庭树立平等的育人环境。比如，开展亲子阅读、亲子游等活动，增进亲子沟通，拉近距离，让家长的关爱真正走进孩子的心田，从而实现家庭成员人格的平等，构建和谐的家庭氛围。

2. 整合社区资源

各村委会、社区居委会要整合本社区的人、财、物等各种资源，特别要凝聚一支预防和阻止家庭暴力，促进社区平安的人力资源队伍，积极保护妇女儿童的合法权益。社区妇联、地段民警、调解员是最基层的调解网，对本社区的家庭暴力事件负有直接的预防和阻止责任。每一个成员都是直接责任人，对本社区受害人的求助要积极妥善地给予帮助解决。充分发挥社区妇女维权站、悄悄话倾诉室、法律顾问志愿者队伍的工作热情，使维权系统的作用更趋完善，使家庭暴力在初发阶段即可及时得到阻止。

3. 树立正确观念

长时间以来，家庭暴力没有引起相关部门的重视，认为那是家庭私事。受暴力侵害的人本身没有认识到暴力实施者行为的违法性，逆来顺受，法治意识淡薄，不会用法律的武器维护自身合法利益。受面子影响，"家丑不可外扬"的思想还长期存在。当合法权益受到侵害时，要及时报警，对家庭暴力情节较重、违反治安管理条例的，公安机关要立案查处。对构成犯罪的，公安机关应依照《中华人民共和国刑事诉讼法》的有关规定依法提起公诉，确保家庭暴力的行为及时得到阻止。

参考文献

[1] 陈小艳，杨梦琪，叶妙企.学前儿童家庭与社区教育[M].北京：中央广播电视大学出版社，2016.

[2] 毕诚.中国古代家庭教育[M].北京：商务印书馆，1997.

[3] 赵忠心，周雪敏.中国家庭教育发展史[M].南昌：江西高校出版社，2020.

[4] 赵忠心.中外家庭教育思想简史[M].北京：中国妇女出版社，2021.

[5] 黄河清.家庭教育学[M].上海：华东师范大学出版社，2014.

[6] 何东昌.中华人民共和国重要教育文献1949—1975[M].海口：海南出版社，1998.

[7] 中华全国妇女联合会."四大"以来妇女运动文选（1979—1983）[M].北京：中国妇女出版社，1983.

[8] 薛二勇，周秀平，李健.家庭教育立法：回溯与前瞻[J].北京师范大学学报（社会科学版），2019（6）：12-21.

[9] 全国妇联办公厅，妇女儿童工作文选（2004年1月—2004年12月)[M].北京：中国妇女出版社，2005.

[10] 夏征农，陈至立.辞海[M].6版.上海：上海辞书出版社，2009.

[11] 金炳华.哲学大辞典（分类修订本）[M].上海：上海辞书出版社，2007.

[12] 默顿.社会理论和社会结构[M].唐少杰，齐心，等译.南京：译林出版社，2008.

[13] 中国社会科学院语言研究所词典编辑室，现代汉语词典[M].7版.北京：商务印书馆，2016.

[14] 中国大百科全书总编辑委员，中国大百科全书(第11卷)[M].2版.北京：中国大百科全书出版社，2009.

[15] 傅维利.家庭教育资本的本质属性及投资风险管控[J].教育科学文摘，2022，41（2）：2.

[16] 邓伟志. 社会学辞典 [M]. 上海：上海辞书出版社，2009.

[17] 马铺. 中国家庭教育史 [M]. 长沙：湖南教育出版社，1997.

[18] 李浩英. 好习惯重塑全新大脑 [M]. 北京：电子工业出版社，2021.

[19] 陆士桢，魏兆鹏，胡伟. 中国儿童政策概论 [M]. 北京：社会科学文献出版社，2005.

[20] 彭立荣. 家庭教育学 [M]. 长沙：湖南教育出版社，1994.

[21] 张永泽. 家庭教育与孩子健康成长研究 [M]. 秦皇岛：燕山大学出版社，2021.

[22] 陈鹤琴. 家庭教育 [M]. 武汉：长江文艺出版社，2013.

[23] 陶行知. 教育的本质 [M]. 长沙：湖南人民出版社，2019.

[24] 贾炜. 家庭教育"心"智慧 [M]. 上海：上海远东出版社，2024.

[25] 毕诚. 新家庭教育导论 [M]. 郑州：大象出版社，2023.

[26] 洪伟，李娟. 家庭教育指导手册 [M]. 北京：机械工业出版社，2023.

[27] 张立驰. 中国传统家庭文化的现代教育价值研究 [M]. 上海：上海三联书店，2023.

[28] 蔡仲淮. 重塑家庭教育 [M]. 北京：中国纺织出版社有限公司，2022.

[29] 覃洁莹，曾玲娟. 家庭教育学 [M]. 上海：上海交通大学出版社，2023.

[30] 张竹林. 学习管理与家庭教育 [M]. 上海：上海远东出版社，2021.

[31] 郑磊. 家庭行为对子女教育的影响研究 [M]. 北京：中国经济出版社，2021.

[32] 赵忠心. 中国家庭教育发展史 [M]. 南昌：江西高校出版社，2020.

[33] 孙传远. 家庭文化与家庭教育 [M]. 上海：上海远东出版社，2021.

[34] 张慧娟. 迷失中的家庭教育心理咨询师手记 [M]. 北京：海潮出版社，2013.

[35] 李天燕. 家庭教育学 [M]. 上海：复旦大学出版社，2012.

[36] 翁丽霞. 和谐社会中的中国家庭教育 [M]. 长春：吉林人民出版社，2005.

[37] 廖香武. 现代家庭教育 [M]. 长沙：湖南科学技术出版社，1995.

[38] 张甲昌. 系统的家庭教育学 [M]. 北京：知识产权出版社，2020.

[39] 朱梅林. 静待花开家庭教育指导用书 [M]. 北京：知识产权出版社，2019.

[40] 皇甫军伟. 家庭教育的捷径 [M]. 桂林：广西师范大学出版社，2019.

[41] 关颖. 家庭教育指导者培训教程 [M]. 天津：天津社会科学院出版社，2018.

[42] 曾莉，刘胜林，黄曦. 家庭与社区教育 [M]. 北京：语文出版社，2017.

[43] 郑福明，骆风. 儿童家庭教育 [M]. 北京：教育科学出版社，2017.

[44] 王一集. 家庭与儿童早期发展：交互发展理论的视角 [M]. 上海：上海教育出版社，2017.

[45] 高学生，都荣升，王君鹏. 家庭教育研究与方法 [M]. 沈阳：辽宁大学出版社，2017.

[46] 刘琪，杨雄. 家庭教育与儿童发展 [M]. 上海：上海社会科学院出版社，2017.

[47] 潘士君. 当代家庭教育 [M]. 沈阳：东北大学出版社，2016.

[48] 陈鹤琴. 家庭教育与父母教育 [M]. 上海：上海人民出版社，2016.

[49] 李本友，罗生全，朱家雄. 家庭教育学儿童家长篇 [M]. 北京：中国轻工业出版社，2015.

[50] 吕建国. 家庭生态与教育 [M]. 太原：山西教育出版社，1992.